中国国土经济高质量发展报告
（2021）

中国国土经济学会　　洛阳师范学院/编著

中国财经出版传媒集团

经济科学出版社
Economic Science Press

图书在版编目（CIP）数据

中国国土经济高质量发展报告.2021/中国国土经济学会，洛阳师范学院编著 . -- 北京：经济科学出版社，2021.11

ISBN 978 - 7 - 5218 - 3113 - 9

Ⅰ.①中… Ⅱ.①中…②洛… Ⅲ.①国土资源 - 资源开发 - 研究报告 - 中国 - 2021 Ⅳ.①F129

中国版本图书馆 CIP 数据核字（2021）第 240714 号

责任编辑：王　娟　李艳红
责任校对：徐　昕
责任印制：范　艳

中国国土经济高质量发展报告（2021）
中国国土经济学会　洛阳师范学院/编著
经济科学出版社出版、发行　新华书店经销
社址：北京市海淀区阜成路甲 28 号　邮编：100142
总编部电话：010 - 88191217　发行部电话：010 - 88191522
网址：www.esp.com.cn
电子邮箱：esp@esp.com.cn
天猫网店：经济科学出版社旗舰店
网址：http://jjkxcbs.tmall.com
北京季蜂印刷有限公司印装
710×1000　16 开　18 印张　340000 字
2022 年 3 月第 1 版　2022 年 3 月第 1 次印刷
ISBN 978 - 7 - 5218 - 3113 - 9　定价：72.00 元
（图书出现印装问题，本社负责调换。电话：010 - 88191510）
（版权所有　侵权必究　打击盗版　举报热线：010 - 88191661）
QQ：2242791300·营销中心电话：010 - 88191537
电子邮箱：dbts@esp.com.cn

序

生态文明建设是关系中华民族永续发展的根本大计，生态兴则文明兴，生态衰则文明衰。党的十八大以来，加快推进生态文明顶层设计和制度体系建设，把生态文明建设纳入中国特色社会主义事业五位一体总体布局，明确提出大力推进生态文明建设，建设美丽中国。党的十九大报告中指出，完成生态保护红线、永久基本农田、城镇开发边界三条控制线划定工作。开展国土绿化行动，推进荒漠化、石漠化、水土流失综合治理，强化湿地保护和恢复，加强地质灾害防治。构建国土空间开发保护制度，完善主体功能区配套政策，建立以国家公园为主体的自然保护地体系。当前，我国经济已由高速增长阶段转向高质量发展阶段，对国土经济的建设和发展提出了新的要求，融入新技术、新发现、新趋势是必然选择。

长期以来，中国国土经济学会站在国家安全的高度，认真践行大国土理论，跨行业、跨领域、跨学科，以推动人口、资源、环境协调可持续发展为宗旨，依托理事会、专家团队，始终站在经济社会发展的前沿，谋划战略发展问题，以中小城市为服务对象，陆续创建并组织实施生态环境建设实验区、低碳国土实验区、空间优化实验区和深呼吸小城（以下简称"一城三区"），目前覆盖全国 168 个中小城市。为推动国土资源开发利用与保护，优化国土空间开发格局，促进我国国土经济高质量发展提供理论和实践支撑，中国国土经济学会编辑出版《中国国土经济高质量发展报告》。

《中国国土经济高质量发展报告》是一部系列蓝皮书，计划每年出版一本。报告将密切关注国家经济社会发展、科学发展的大局，以绿色发展为理念，以产业优化布局推动效率变革，优化资源配置，促进资源在城乡之间合理布局，实现城乡统筹发展。最终实现绿色低碳、空间优化的国土空间布局，满足人民对美好生活的需要。同时，结合"一城三区"高质量发展的实践经验，尤其是成功的典型案例，回顾历史走势、展示发展成就、总结经验教训、找出问题对策。作为一部系列蓝皮书，本书将是我国国土经济高质量发展理论研究与实践相结合的总结和推广。

2020 年 9 月 22 日，国家主席习近平在第七十五届联合国大会一般性辩论上表示，中国将提高国家自主贡献力度，采取更加有力的政策和措施，二氧化碳排放力争于 2030 年前达到峰值，努力争取 2060 年前实现碳中和。绿色低碳发展是实现人与自然和谐共生的重要路径。国土经济高质量发展，是推进生态文明建设的主要路径，是贯彻落实新发展理念、坚持和发展中国特色社会主义基本方略的重要内容，是 2035 年基本实现美丽中国目标、21 世纪中叶建成富强民主文明和谐美丽的社会主义现代化强国的重要支撑。

本书的出版将对国土经济的高质量发展提供有力的理论支撑，有利于资源高效利用、居民生活环境宜居、产业布局优化、土地资源利用集约高效、城乡协调发展、区域发展差距缩小、居民的幸福感和获得感不断提升。国土经济的高质量发展将优化国土空间布局，形成集约节约、绿色低碳的发展模式，促进资源的空间优化配置，提高资源利用效率，促进经济发展由要素驱动向创新驱动转变，减少资源消耗，全面提升自然生态系统的稳定性和生态服务功能，筑牢生态安全屏障，促进生态文明建设。

党的十九届五中全会提出在"十四五"时期生态文明建设实现新进步，国土空间开发保护格局得到优化的发展目标。希望继本书之后有更多更好的国土经济领域的书籍问世，以推动我国国土经济领域的研究，为人类社会的可持续发展做出应有的贡献。

中国国土经济学会首席顾问
第九至第十二届全国政协人口资源环境委员会副主任
国际木材科学院院士

江泽慧

二〇二一年三月

目 录

第一篇

主题报告

中国国土经济高质量发展

国土资源的集约、节约、高效利用，对于促进一个国家或地区人口资源环境协调发展以及保障国土资源安全意义重大。2016 年，《全国国土规划纲要（2016 – 2030 年）》提出要以主要城市化地区、农村地区、重点生态功能区、矿产资源开发集中区及海岸带（即"四区一带"）和海岛地区重点开展国土综合整治。2020 年 10 月，《中共中央关于制定国民经济和社会发展第十四个五年规划和二○三五年远景目标的建议》提出，要立足资源环境承载能力，发挥各地比较优势，逐步形成城市化地区、农产品主产区、生态功能区三大空间格局。

一、我国国土经济的现状与问题

国土不同于领土，也不同于土地。国土首先是国家的领土，有明确的地理界限和主权归属，具有政治内涵。在一国范围内，水、土地、能源、矿产、生物等自然资源是构成国土的基本要素。除此之外，国土还包括自然资源所构成的人类及其他各类生物的生存环境。作为自然综合体的国土，在提供基础生存环境的同时，也提供了一个时间维度上的立体空间。国土经济主要包括两个方面：一是国土的经济问题，即国土开发、利用、保护、整治、改造的经济因素、经济现象、经济问题与经济机制，即分析国土资源开发、利用等过程的经济可行性和合理性；二是经济发展的国土安全问题，即经济发展的资源保障、环境效应、生态效应、空间支撑等。

（一）我国国土经济现状

国土是一切生产、生活和生态活动的基础。2000 年以来，我国区域经济协调发展战略进入全面实施阶段，陆续提出和实施了西部大开发战略、东北地区等老工业基地振兴战略、促进中部崛起战略、主体功能区战略以及京津冀协同发展、长江经济带发展、粤港澳大湾区建设、长三角区域一体化发展、黄河流域生态保护和高质量发展等国家重大战略，使我国的国土开发格局发生了新变化。

1. 资源丰富与稀缺并存。

我国资源绝对数量大。我国幅员辽阔，地质条件多样，自然资源总量丰富。其中国土面积 960 万平方千米，占世界的 7.3%，居世界第三位；耕地面积 134.9 万平方千米，占世界的 8.4%；森林面积占世界的 5.2%；2018 年石油探明储量占世界的 1.4%，天然气探明储量占世界的 3.0%，煤炭探明储量占世界的 13.2%①。矿产资源丰富，品种齐全，截至 2019 年底，全国已发现 173 种矿产，已探明储量的有 162 种，其中钨、锑、稀土、钼、钒和钛等矿产的探明储量居世界首位，煤、铁、铅锌、铜、银、汞、锡、镍、磷灰石、石棉等的储量均居世界前列（见表1）。

表 1   **2019 年我国主要自然资源的资源量**

资源类型	资源量
国土面积（万平方千米）	960.0
耕地（万平方千米）	134.9
林地（万平方千米）	252.8
牧草地（万平方千米）	219.3
水资源总量（亿立方米）	29041.0
地表水资源总量（亿立方米）	27993.3
地下水资源总量（亿立方米）	8191.5
石油（亿吨）	35.5
天然气（亿立方米）	59665.8
煤炭（亿吨）	17182.6
铁矿（矿石，亿吨）	853.0
磷矿（矿石，亿吨）	259.1
钾盐（KCl，亿吨）	10.1
钠盐（NaCl，亿吨）	14701.3

资料来源：《中国统计年鉴 2020》。

---

① 根据世界能源、世界农林数据计算而得。

　　按人均占有量计算，大多数资源低于世界平均水平。如我国国土总面积居世界第四位，但人均不足 1.0 公顷，不足世界人均水平的 1/2；耕地面积居世界第四位，但人均耕地面积约 0.1 公顷，是世界人均水平的 27.78%；草场面积居世界第三位，但人均草场资源约 0.35 公顷，是世界人均水平的 46.05%；森林面积人均 0.107 公顷，约为世界人均水平的 16.5%；人均地表径流量不足 2300 立方米，只有世界平均值的 1/4[①]。由此可见，我国资源总量虽大，但人均资源占有量不足。

　　2. 资源空间分布差异大。

　　我国地域辽阔，资源空间分布不平衡、开发历史各异，区域间资源利用差异明显。天然林集中分布在东北和西南地区，而人口稠密、经济发达的东部平原，以及辽阔的西北地区，森林却很稀少；天然草地主要分布在大兴安岭—阴山—青藏高原东麓一线以西以北的广大地区；人工草地主要在东南部地区，与耕地和林地交错分布。我国水资源分布南多北少，而耕地的分布却是南少北多。我国小麦、棉花的集中产区——华北平原，耕地面积约占全国的 40.0%，而水资源只占全国的 6.0% 左右[②]。水、土资源配合欠佳的状况，进一步加剧了我国北方地区缺水的程度。

　　我国水能资源 70.0% 分布在云南、四川、贵州和西藏[③]，其中以长江水系为最多，其次为雅鲁藏布江水系。目前，水能已开发利用的地区集中在长江、黄河和珠江的上游。水资源开发利用的空间格局表现为开发利用程度呈北高南低向北减南增变化。持续的高强度开发已危及水生态环境的整体安全，人和自然争水矛盾加剧，北方地区尤其突出。东南部地区光热水土资源匹配相对较好，平原面积所占比重高，是我国重要的农区和林区，生产力水平高，土地利用程度高，但人多地少、部门之间争地矛盾突出。西北地区相对人少地广，难以利用的土地面积大，土地开发较为困难，加之干旱高寒，土地生产力低，也不同程度地存在着人多地少的矛盾。

　　我国矿产资源分布的主要特点是地区分布不均匀。铁矿主要分布于辽宁、冀东和川西，西北地区很少；煤主要分布在华北、西北、东北和西南地区，其中山西、内蒙古、新疆等省份最集中，而东南沿海各省则很少。这种分布不均匀的状

---

　　① 　根据世界能源、世界农林数据计算而得。

　　②③ 　中央政府门户网站. 自然资源［EB/OL］.（2021 - 04 - 09）. http：//www.gov.cn/guoqing/2005 - 09/13/content_2582636.htm.

况，使一些矿产具有一定的集中性，如钨矿在全国 19 个省份均有分布，但储量主要集中在湘东南、赣南、粤北、闽西和桂东—桂中一带，虽有利于大规模开采，但也给运输带来了很大压力。

3. 海洋资源潜力较大。

我国是海洋大国，濒临渤海、黄海、东海和南海，我国已明确公布的内水和领海面积为 38 万平方千米①，是海洋开发活动的核心区域，海底矿产资源、海洋生物资源、空间资源、港湾资源、海水资源和海洋能资源丰富。2019 年，我国海洋生产总值占国内生产总值的比重为 9.0%②。

我国海洋矿种主要包括海滨砂矿、海滨土砂石等非金属矿，以及海滨有色金属、海滨贵金属矿等金属矿种，其中海滨砂矿拥有的矿种达 65 种之多，已发现的滨海砂矿几乎覆盖了黑色金属、有色金属、稀有金属和非金属等各类砂矿；我国海洋盐业生产持续增长，一直保持着世界原盐和海盐产量最大国的记录；我国海域拥有丰富的海洋生物资源，总物种达 22561 个，已鉴定的鱼、虾、蟹、贝、藻等生物品种共有 20278 种；海水资源丰富，截至 2018 年底全国已建成海水淡化工程 142 个，产水规模 120.17 万吨/天，年利用海水作为冷却水量为 1391.56 亿吨，新增海水冷却用水量 46.71 亿吨/年，2018 年海水利用产业全年实现增加值 17 亿元，比上年增长 7.9%③；我国海域从北到南共跨越近 40 个纬度，以及温带、亚热带、热带三个气候带，拥有总面积约为 3.87 万平方千米的 6500 多个岛屿，旅游资源具有极大发展空间；海洋能理论蕴藏量高达 6.3 亿千瓦④，但受开发技术等影响因素的限制，目前利用的较少，未来开发利用潜力大。

4. 都市圈和城市群已经成为我国城镇化的主体形态。

中心城市、都市圈和城市群是城镇空间结构变化不同阶段的空间形态，是我国国土空间开发格局的空间单元，城镇空间结构演进遵循着"中心城市—都市圈—城市群"的演进路径，都市圈是城市群的初级阶段。改革开放以来，我国城镇化快速推进，1978～2019 年，常住人口城镇化水平从 17.92% 增加至 60.60%⑤；1978～2019 年，城市数量从 193 个增加到 679 个⑥，建制镇数量从 2173 个增加到

① 国务院. 关于印发全国海洋主体功能区规划的通知［Z］. 2015.
② 自然资源部. 2019 年中国海洋经济统计公报［Z］. 2020.
③ 自然资源部. 2018 年全国海水利用报告［Z］. 2019.
④ 国务院. 全国海洋经济发展规划纲要［Z］. 2003.
⑤ 新型城镇化建设促乡村经济多元化［EB/OL］.（2020 - 03 - 18）. https://baijiahao.baidu.com/s?id=1661461344428210803&wfr=spider&for=pc.
⑥ 中华人民共和国住房和城乡建设部. 中国城市建设统计年鉴 2019［M］. 北京：中国统计出版社，2020.

21013 个①。在我国城镇化快速推进过程中，也存在着农业转移人口市民化、城市群内部分工协作不足等一系列问题。事实上，我国部分城市群规划面积过大、城市间联系程度低，缺乏实质性合作，仍处于都市圈形成阶段。尹稚、袁昕和卢庆强等（2019）识别出 34 个都市圈，其中有 8 个都市圈的范围相互重叠、连片发展，形成了都市连绵区，其余 26 个则是相对独立的都市圈，可分为 2 个都市连绵区、16 个发展型都市圈、11 个培育型都市圈。安树伟和张晋晋等（2020）明确界定了我国 24 个都市圈，并基于城市功能将其划分为萌芽期、发育期、成长期、成熟期四种类型。2019 年，国家发展改委革发布的《关于培育发展现代化都市圈的指导意见》明确指出，培育发展一批现代化都市圈，形成区域竞争新优势，为城市群高质量发展、经济转型升级提供重要支撑。《中华人民共和国国民经济和社会发展第十四个五年规划和 2035 年远景目标纲要》指出："发展壮大城市群和都市圈，分类引导大中小城市发展方向和建设重点，形成疏密有致、分工协作、功能完善的城镇化空间格局。"总的来说，随着我国城镇化的快速推进，地域上相近、功能上互补的都市圈甚至城市群，将逐渐成为推进我国新型城镇化和增强国际竞争力的主要载体，都市圈成为引领城镇化高质量发展的核心载体（安树伟、张晋晋等，2020；中国宏观经济研究院国土开发与地区经济研究所课题组，2020）。

5. 城市空间拓展与国土整治同步推进。

城市的发展是一个外向扩展与内部重组同时作用的过程（郝前进、王淼薇，2013）。城市的空间拓展主要通过两种方式：一种是内涵式拓展，即通过科技创新、结构优化、功能提升等带来的经济效率提高和速度加快，走高质量发展之路；另一种是外延式拓展，即在地理空间上的扩展，例如，城市范围扩大、与毗邻城市之间的经济社会联系的密切、盐碱地的使用等。

目前，在高质量发展的背景下，一方面，我国东部沿海城市注重产业结构转型升级，中西部城市结构优化与功能提升并重。另一方面，城市通过设立开发区、产业承接转移示范区、中国自由贸易试验区、综合配套改革试验区、开发开放试验区、自主创新示范区等各类功能平台的方式拓展城市空间。截至 2019 年底，国家已经设立了 19 个国家级新区和 7 个国家级承接产业转移示范区（见表 2）。

---

① 2020 中国镇域经济发展报告发布，西湖区桃花镇进百强 ［EB/OL］.（2020 – 12 – 30）. https：// baijiahao. baidu. com/s? id ＝1687517131357443070&wfr ＝ spider&for ＝ pc.

表2   中国国家级新区和承接产业转移示范区

类型	国家级新区/产业转移示范区
国家级新区	上海浦东新区、天津滨海新区、重庆两江新区、舟山群岛新区、甘肃兰州新区、广州南沙新区、陕西西咸新区、贵州贵安新区、青岛西海岸新区、大连金普新区、四川天府新区、湖南湘江新区、南京江北新区、福建福州新区、云南滇中新区、黑龙江哈尔滨新区、吉林长春新区、江西赣江新区、河北雄安新区
国家级承接产业转移示范区	晋陕豫黄河金三角承接产业转移示范区、皖江城市带承接产业转移示范区、湖南承接产业转移示范区、湖北荆州承接产业转移示范区、江西赣南承接产业转移示范区、重庆沿江承接产业转移示范区、广西桂东承接产业转移示范区

资料来源：根据国务院官网整理得到。

与此同时，我国也加强了国土整治和生态修复。一是对资源枯竭地区的综合治理。2013年11月，国务院发布《全国资源型城市可持续发展规划（2013－2020年)》，首次明确了我国262个资源型城市，旨在促进资源型城市可持续发展。二是开展了生态恢复和建设以及环境治理，包括"三北"防护林体系建设、退耕还林、退牧还草、天然林保护、京津风沙源治理、青海三江源保护、石漠化治理等一系列生态建设工程，以及以淮河水污染治理、滇池治理、二氧化硫排放控制和治理为代表的水污染和大气污染治理工程。这些活动减轻了历史上国土空间粗放式开发对于资源环境所造成的破坏，也起到了优化国土空间开发格局的作用（肖金成、申兵，2012；肖金成、欧阳慧等，2015）。

6. 点—轴结构是我国国土开发的基本结构。

新中国成立以来，我国进行了大规模的国土开发，在生产力的配置和社会发展的空间组织方面，除了"三线"建设时期外，客观上基本符合"点—轴"的国土空间开发结构。经济要素向国土开发轴带集中的态势明显。经过多年的发展，我国经济要素向"两横三纵"的重要国土开发轴线不断集聚。其中，"两横"指长江经济带、陇海—兰新经济带（见表3），"三纵"指沿海经济带、京广—京哈经济带和包（头）昆（明）经济带。"两横三纵"沿线城市和产业集中发展，对全国产业和人口的空间组织和引导作用不断加强，以"点—轴"为标志的空间开发格局基本形成（肖金成、欧阳慧等，2015；黄征学、张燕等，2019）。在这些轴线中，长江经济带、沿海经济带和京广—京哈经济带的地位更加突出，是国土开发的主轴线。新时期，在充分发挥上述"两横三纵"经济轴带辐射带动作用外，渤（海湾）（内）蒙（古）新（疆）经济带、珠江—西江经济带和沿边经济带等经济轴带虽尚未成型，但在国家总体空间开发格局中极为重要，也将受到高度重视。

表3 "两横三纵"经济轴带沿线的主要城市

轴带	主要城市
沿海经济带	丹东、大连、锦州、营口、盘锦、葫芦岛、秦皇岛、唐山、天津、沧州、滨州、东营、烟台、威海、青岛、日照、连云港、盐城、南通、上海、宁波、舟山、台州、温州、宁德、福州、莆田、泉州、厦门、漳州、潮州、汕头、汕尾、深圳、香港、澳门、珠海、阳江、茂名、湛江、海口、北海、钦州、防城港等44个城市
京广—京哈经济带	绥化、哈尔滨、长春、四平、铁岭、沈阳、盘锦、锦州、葫芦岛、秦皇岛、唐山、天津、廊坊、北京、保定、石家庄、邢台、邯郸、安阳、鹤壁、新乡、郑州、许昌、漯河、驻马店、信阳、孝感、武汉、咸宁、岳阳、长沙、湘潭、株洲、衡阳、郴州、韶关、清远、广州、佛山、江门、中山、珠海等42个城市
包（头）昆（明）经济带	呼和浩特、包头、鄂尔多斯、榆林、延安、铜川、咸阳、西安、安康、达州、南充、广安、合川、重庆、遵义、贵阳、安顺、六盘水、曲靖、昆明、玉溪等21个城市
长江经济带	宜宾、泸州、重庆、涪陵、万州、宜昌、荆州、岳阳、武汉、黄冈、鄂州、黄石、九江、安庆、池州、铜陵、芜湖、马鞍山、南京、镇江、常州、无锡、苏州、南通、上海等25个城市
陇海—兰新经济带	博州、奎屯、石河子、乌鲁木齐、昌吉、吐鲁番、哈密、嘉峪关、酒泉、张掖、金昌、武威、西宁、海东、兰州、白银、定西、天水、宝鸡、咸阳、西安、渭南、三门峡、洛阳、郑州、开封、商丘、徐州、连云港等29个城市

资料来源：肖金成，欧阳慧，等. 优化国土空间开发格局研究［M］. 北京：中国计划出版社，2015：301.

7. 四大区域发展各有特色。

区域问题可以分为"落后病""萧条病"和"膨胀病"三类（张可云，2005）。对应三类区域问题，则有三类问题区域，即落后区域、萧条区域与膨胀区域。1999年以后逐步形成的西部大开发、东北振兴、中部崛起、东部率先发展的区域发展战略，就是解决区域问题的突出表现（安树伟，2018）。

西部大开发的目的是解决西部地区的落后病，西部地区地域辽阔，地处偏远，1999年西部地区人均地区生产总值4171元、城镇居民人均可支配收入5284元、农村居民人均纯收入1634元，仅分别相当于东部地区的40.6%、70.2%和54.6%；按人均625元的贫困标准统计，当时全国3400万农村贫困人口中约60%分布在西部地区；西部地区有307个贫困县，占全国贫困县总数的51.9%①。为了缩小西部地区与其他区域的发展差距，国家提出了西部大开发战略。东北振兴战略是为了解决东北的萧条病，随着改革开放的不断深入，东北老

---

① 根据《中国农村贫困监测报告2000》计算得到。

工业基地的体制性、结构性矛盾日益显现，东北进一步发展面临着许多困难和问题，如市场化程度低，经济发展活力不足；所有制结构较为单一，国有经济比重偏高；产业结构调整缓慢，企业设备和技术老化；企业办社会等历史包袱沉重，社会保障和就业压力大；资源型城市主导产业衰退，接续产业亟待发展。到2002年，东北的地区生产总值占全国的比重下降到9.5%，仅比面积占全国比重高1.2个百分点①；人口占全国的比重则与面积比重持平，属于典型的萧条区域。中部崛起是为了解决中部地区的落后病，中华人民共和国成立以来，中部地区作为我国重要的农产品、能源、原材料和装备制造业基地，为全国经济发展做出了重要贡献，中部地区的发展也面临一些突出困难，2002年中部地区人均地区生产总值为6284.17元②，与西部地区差距并不明显。因此，从问题区域的角度看，促进中部崛起也是为了解决中部地区的落后病。东部地区率先发展是为了解决东部地区的膨胀病，中国部分沿海地区经济比较发达，人口比较密集，开发强度较高，资源环境问题更加突出，《中华人民共和国国民经济和社会发展第十一个五年规划纲要》提出，东部地区要"提高资源特别是土地、能源利用效率，加强生态环境保护，增强可持续发展能力"。2010年《全国主体功能区规划》划定的环渤海地区、长江三角洲地区、珠江三角洲地区三个国家层面的优化开发区域，均位于东部沿海地区；2014年《国家新型城镇化规划（2014－2020年）》提出，"东部地区城市群主要分布在优化开发区域，面临水土资源和生态环境压力加大、要素成本快速上升、国际市场竞争加剧等制约，必须加快经济转型升级、空间结构优化、资源永续利用和环境质量提升。"党的十八大以来，国家实施的京津冀协同发展、粤港澳大湾区建设、长三角一体化发展等区域重大战略，是以解决"大城市病"为出发点的。党的十九大报告指出以疏解北京非首都功能为"牛鼻子"推动京津冀协同发展，高起点规划、高标准建设雄安新区。发挥东部地区高端要素聚集、创新能力较强、开放条件和市场环境好等优势，……加快创新驱动发展，率先实现发展动能变革，率先实现东部地区优化发展。因此，总体来讲东部地区率先发展是为了解决东部地区的"膨胀病"。"十四五"以来，国家一直致力于推动西部大开发形成新格局，推动东北振兴取得新突破，促进中部地区高质量发展，鼓励东部地区加快推进现代化。

---

①② 根据《中国统计年鉴2003》计算得到。

（二）我国国土经济存在的突出问题

我国国土空间在为经济社会的快速发展和进步提供支撑条件的同时，也存在一些影响经济社会可持续发展的突出问题，亟须重视和解决。

1. 资源约束不断加剧。

自然资源对经济增长的约束体现为"缺一不可"和"过犹不及"两个方面，又分别称为数量约束和质量约束。其中数量约束即为一般意义上的约束，即由于自然资源的短缺，资源供应不及时、不持续、不经济，影响经济发展的规模和速度；而资源禀赋也会造成对经济增长要素的过分依赖，限制经济发展模式的选择范围，经济发展陷入路径依赖，甚至"资源诅咒"的怪圈，这种约束即为资源的质量约束。我国经济发展中自然资源约束最显著的特征就是数量约束与质量约束并存。

我国大部分能源资源禀赋并不优越。2017 年，我国石油、天然气、铁矿石、铝土矿、铜、淡水等战略性资源人均占有量分别只有世界平均水平的 7%、7%、17%、11%、17%、28%。即使是我国最丰富的煤炭资源，人均占有量也只有世界平均水平的 67%①，整体上人均资源相对不足。随着经济的快速增长，对能源和重要资源的需求量明显增加，价格大幅上涨，重要能源资源对外依存度持续上升，2019 年中国石油消费量 64507 万吨，生产量 19101 万吨，对外依存度均突破 70.4%②，能源资源短缺对经济发展的制约进一步加剧。虽然我国经济在总体上面临着自然资源数量不足的约束，但在区域层面上，多数省份丰裕的自然资源并未成为经济发展的有利条件，反而制约了经济增长。如近年来国内相当一部分资源型城市和老工业基地经济增长缓慢、失业人口众多、矿山环境持续恶化（安树伟、张双悦，2019）。

2. 生态环境压力加大。

近年来，我国对于生态修复和环境治理的资金和政策投入力度不断加大，但是许多地区在工业化、城镇化的进程中，仍存在空间过度开发现象，如耕地、林地、草地和湿地被肆意开发，我国生态环境质量并没有得到较大的改善。2019

① 肖金成，董红燕，李瑞鹏. 我国国土经济高质量发展的内涵、任务与对策 [J]. 河北经贸大学学报，2021，42（4）：84 – 90.
② 根据《中国统计年鉴 2021》测算。

年，全国生态环境状况指数（EI）①值为51.3，生态质量一般，与2018年相比无明显变化。生态质量优和良的县域面积占国土面积的44.7%，主要分布在青藏高原以东、秦岭—淮河以南、大小兴安岭地区和长白山地区；一般的县域面积占22.7%，主要分布在华北平原、黄淮海平原、东北平原中西部和内蒙古中部；较差和差的县域面积占32.6%，主要分布在内蒙古西部、甘肃中西部、西藏西部和新疆大部②。部分地区森林破坏、湿地萎缩、河湖干涸、水土流失、土地沙化、草原退化问题突出，生物多样性降低，生态灾害频发。2019年，全国水土流失、荒漠化和沙化面积分别为271.08万平方千米、261.16万平方千米和172.12万平方千米，分别占国土总面积的28.2%、27.2%和17.8%③。严重的生态环境问题已经成为制约我国经济和社会健康发展的重要因素。尤其是经济增长最迅速的长三角、珠三角、京津冀三大城市群，环境负荷已接近或达到承载力的上限，环境约束显著增强，严重制约着经济发展，也对公众健康和生态安全构成了威胁。

第一，生态空间遭受持续威胁，生态系统质量和服务功能降低。城镇化、工业化、基础设施建设、农业开垦等开发建设活动占用生态空间；生态空间破碎化加剧，交通基础设施建设、河流水电水资源开发和工矿开发建设，直接割裂生物环境的整体性和连通性；生态破坏事件时有发生。低质量生态系统分布广，森林、灌丛、草地生态系统质量为低差等级的面积比例分别高达43.7%、60.3%、68.2%。全国土壤侵蚀、土地沙化等问题突出，城镇地区生态产品供给不足，绿地面积小而散，水系人工化严重，生态系统缓解城市热岛效应、净化空气的作用十分有限④。

第二，大气污染问题严重。2019年，全国337个地级以上城市中，有180个城市空气质量超标，占城市总量的53.4%，发生重度污染1666天次，严重污染452天次，臭氧（O_3）浓度上升，其他污染物浓度与上年持平⑤。近年来，京津冀、长三角城市群每年空气质量平均超标天数均高于全国平均水平。京津冀污染最为严重，每年我国空气质量后十位城市排名中几乎有一半以上来自于京津冀

---

① 根据《生态环境状况评价技术规范》（HJ192—2015），生态环境状况指数大于或等于75为优，植被覆盖度高，生物多样性丰富，生态系统稳定；55~75为良，植被覆盖度较高，生物多样性较丰富，适合人类生活；35~55为一般，植被覆盖度中等，生物多样性一般水平，较适合人类生活，但有不适合人类生活的制约性因子出现；20~35为较差，植被覆盖较差，严重干旱少雨，物种较少，存在明显限制人类生活的因素；小于20为差，条件较恶劣，人类生活受到限制。

②③⑤ 生态环境部.2019中国生态环境状况公报［Z］.2020.

④ 国务院."十三五"生态环境保护规划［Z］.2016.

（见表4）。其中，O_3 已经成为三大城市群的首要污染要素[①]。酸雨也是我国普遍性的污染问题，主要分布在长江以南、云贵高原以东地区，主要包括浙江、上海的大部分地区、福建北部、江西中部、湖南中东部、广东中部和重庆南部。

表4　　　　　　　2015～2019 年全国空气质量最后十位城市

年份	城市	京津冀城市数量（个）
2015	沈阳、廊坊、石家庄、邯郸、济南、郑州、唐山、衡水、邢台、保定	7
2016	太原、济南、西安、郑州、唐山、邯郸、邢台、保定、石家庄、衡水	6
2017	济南、郑州、衡水、西安、太原、唐山、保定、邢台、邯郸、石家庄	6
2018	晋城、咸阳、保定、太原、安阳、邯郸、唐山、邢台、石家庄、临汾	5
2019	晋城、焦作、淄博、太原、唐山、临汾、邯郸、石家庄、邢台、安阳	4

资料来源：根据 2015～2019 年《中国生态环境状况公报》整理。

第三，水污染问题引起关注。经济发展造成对水资源的过度开发利用，使诸多河道、河口及地下水位的生态问题频现，并在短期内难以修复；而且，由于城镇建设和经济社会发展中的污染物任意排放，无论是地表水还是地下水，都受到了不同程度的污染，水体和水质的恶化直接影响了区域的整体用水工程。2019年，全国地表水监测的 1931 个水质断面（点位）中，Ⅰ～Ⅲ类水质断面（点位）占74.9%，劣Ⅴ类占3.4%，主要污染指标为化学需氧量、总磷和高锰酸盐指数；全国开展水质监测的 110 个重要湖泊（水库）中，Ⅰ～Ⅲ类湖泊（水库）占69.1%，劣Ⅴ类占7.3%；全国开展营养状态监测的 107 个重要湖泊（水库）中，贫营养状态湖泊（水库）占9.3%、中营养状态占62.6%、轻度富营养状态占22.4%、中度富营养状态占5.6%；全国 10168 个国家级地下水水质监测点中，Ⅰ～Ⅲ类水质监测点占14.4%，Ⅳ类占66.9%，Ⅴ类占18.8%[②]。

第四，土壤重金属污染问题不容忽视。随着我国工业化和城市化的快速推进，越来越多的重金属污染物[③]通过大气沉降、污水灌溉、化肥施用、废弃物倾倒等途径进入耕地土壤中。由于重金属在土壤中移动性差、滞留时间长、不能被

[①]　近地面 O_3 浓度达到一定阈值时，会对人体健康造成不利的影响，会引发恶化支气管炎、肺气肿和哮喘，甚至会导致死亡率增加。

[②]　生态环境部. 2019 中国生态环境状况公报［Z］.2020.

[③]　重金属污染物主要包括生物毒性显著的镉、铬、铅、汞、类金属砷，以及具有毒性的镍、铜、锌、锡、钒等矿物质。

微生物降解，导致我国部分农田重金属累积，甚至超标。同时，重金属可通过溶解态和吸附态等形态，随坡面径流和侵蚀泥沙进入水体，引起面源污染。耕地土壤重金属污染不仅直接影响食品安全和人体健康，而且给生态环境带来巨大威胁。我国东部水蚀区综合污染指数均值为 0.63 ± 0.56，接近警戒线水平，长江以南地区的坡耕地重金属污染高度显著高于长江以北地区（马芊红、张光辉、耿韧等，2017）。以珠三角为例，重金属超标的土壤占到 28%，这些区域以广州—佛山及周边发达地区为主，农用肥料和农药对于土壤的污染不容忽视（黄征学、张燕等，2019）。

此外，全国生物多样性加速下降的总体趋势尚未得到有效遏制。资源过度利用、工程建设以及气候变化影响物种生存和生物资源可持续利用。我国高等植物的受威胁比例达到 11%，特有高等植物受威胁比例高达 65.4%，脊椎动物受威胁比例达 21.4%；遗传资源丧失和流失严重，60%~70% 的野生稻分布点已经消失；外来入侵物种危害严重，常年大面积发生危害的超过 100 种①。

3. 生态产品价值转化的通道尚不畅通。

生态产品价值实现的本质是将生态系统向人类社会提供的服务（潜在价值）转化为现实的经济价值，其关键是使其在市场上得到显现和认可（石敏俊，2020）。实现生态产品价值的转化，不仅需要良好的生态环境，还需要资本的投入，包括物质资本、人力资本等，具体来说，是自然资本和物质资本、人力资本的有机结合。但是，目前我国的生态产品与一般商品仍区别较大。一是对于生态产品价值实现机制缺乏客观的认识。生态产品多数具有公共产品和经营产品的双重属性，一些地方仅认识到生态产品的公共产品属性，将其价值实现理解为生态补偿和转移支付，或是仅认识到经营产品属性，对其过度开发（庄贵阳、丁斐，2020）。二是生态产品的价值核算方法尚未达成共识。对于生态产品价值的衡量是一个难点问题，不同学者基于不同框架的核算结果存在较大差异和分歧，因而难以为生态产品价值实现提供公认的、科学的数据支撑（石敏俊，2020）。三是生态产品价值转化市场交易机制尚不成熟。包括生态产品的市场准入、交易技术流程、各利益主体分配方式、相关管理办法等方面尚不规范，导致大量生态产品被浪费和过度使用（王夏晖、朱媛媛、文一惠等，2020）。

4. 经济活动与人口、资源分布不协调。

改革开放以来，我国产业和就业人口不断向东部沿海地区集中，市场与资源富集区的空间错位，导致我国每年有大量的劳动力、资源、能源等生产要素及商

---

① 国务院. "十三五"生态环境保护规划［Z］. 2016.

品大规模跨地区流动，经济运行成本加大。具体来看，主要表现为两个方面"不匹配"。

第一，经济活动与人口分布不匹配。产业集聚是经济集聚的核心内容，产业集聚必然导致人口集中。随着经济的增长，农业部门产生大量的剩余劳动力，随着工业和生产性服务业规模的不断扩大，提供了大量的就业岗位，也会导致人口不断向城市集聚。同时，伴随着人口的增加，又进一步促进产业（尤其是工业和服务业）的发展，直至达到甚至超过区域内环境资源的最大承载力。总的来说，经济活动和人口的空间分布匹配度越接近于 1，区域经济发展越协调。2019 年，我国 31 个省（自治区、直辖市）① 的经济与人口匹配度存在较大差异，除山东、重庆、内蒙古、陕西外，我国其余省份的经济与人口的匹配度均较低，其中，北京、上海、江苏、福建、浙江、广东、天津、湖北 8 个省份的经济与人口的匹配度显著大于 1，尤其是北京和上海，匹配度大于 2。同时，甘肃、黑龙江、广西、吉林、山西、贵州、云南等中西部和东北省份的匹配度均明显小于 1，尤其是甘肃的匹配度仅为 0.469（见表 5）。这意味着，改革开放以来，随着市场机制对资源配置作用的增强，产业向沿海地区集中，但是部分地区人口同向集聚的速度相对较弱。经济和人口分布匹配度较低，这也影响到我国的区域协调发展。

表 5　　　　　我国各省（自治区、直辖市）的经济与人口的匹配度*

（2019 年）

省（自治区、直辖市）	常住人口占全国的比重（%）	GDP 占全国的比重（%）	经济与人口的匹配度
北京	1.534	3.590	2.340
上海	1.730	3.872	2.239
江苏	5.748	10.111	1.759
福建	2.830	4.303	1.520
浙江	4.167	6.328	1.519
广东	8.207	10.927	1.332
天津	1.113	1.431	1.286
湖北	4.222	4.651	1.102
重庆	2.225	2.396	1.077
山东	7.173	7.213	1.005

① 不包含港、澳、台地区。

省（自治区、直辖市）	常住人口占全国的比重（%）	GDP 占全国的比重（%）	经济与人口的匹配度
内蒙古	1.809	1.747	0.965
陕西	2.761	2.618	0.948
安徽	4.535	3.767	0.831
湖南	4.928	4.034	0.819
辽宁	3.100	2.528	0.815
河南	6.867	5.507	0.802
海南	0.673	0.539	0.800
四川	5.966	4.731	0.793
宁夏	0.495	0.380	0.768
新疆	1.797	1.380	0.768
江西	3.324	2.513	0.756
青海	0.433	0.301	0.695
西藏	0.250	0.172	0.689
云南	3.460	2.357	0.681
贵州	2.581	1.702	0.659
河北	5.408	3.563	0.659
山西	2.656	1.728	0.651
吉林	1.917	1.190	0.621
广西	3.533	2.155	0.610
黑龙江	2.672	1.382	0.517
甘肃	1.886	0.885	0.469

注：*经济与人口分布的匹配度用"地区生产总值占国内生产总值的比重/地区常住人口占全国人口的比重"来衡量，二者的比值越接近1，说明经济与人口的匹配度越高。

资料来源：根据《中国统计年鉴2020》测算。

第二，经济活动和资源分布不匹配。从我国的资源分布来看，资源的分布相对集中，但与经济发展布局特别是工业布局不相匹配。资源集中带主要分布于经济相对落后的区域，而经济发展程度较高、资源耗费量较高的区域，资源储量相对较少，因此就产生了"北煤南运""西电东送""西气（油）东输""南磷北调"等现象，受运力等影响，使得东部发达地区的资源保障受到一定的影响。例如从我国主要能源消费中心看，长三角、珠三角、环渤海、海峡西岸、长江中游、北部湾地区均属于能源净调入区，随着我国经济社会进一步发展，这些地区的能源供应缺口还将日益扩大，同时哈（尔滨）长（春）地区、中原地区、关中地区、成渝地区也将逐步转变为能源净调入区（刘金朋，2013）。水资源的自然分布以长江为界南多北少，以大兴安岭—太行山—雪峰山一线为界呈西多东少态势，在东西方向上与经济社会发展布局错位，南北方向上与土地资源利用布局错位。能源资源空间布局具有明显的双重不平衡性，即能源富集区与生态脆弱区的空间重叠性，与经济消费中心的空间错位性。虽然我国西部资源丰富，生态环境却很脆弱，环境再生与自净能力差。

5. 陆海国土开发缺乏统筹。

我国是一个海陆兼备的国家，不仅有辽阔的陆地疆域，也有浩瀚的海洋国土，海洋经济与陆域经济共同构成了我国国民经济的大系统，海洋开发是事关国家发展与安全的重大战略问题。目前，我国的陆海统筹度较低。一是海洋经济仍处于成长阶段。2019 年，我国海洋生产总值为 89415 亿元，比上年增长 6.2%，海洋生产总值占国内生产总值的比重为 9.0%，远低于发达国家 15% ~20% 的水平，海洋三次产业增加值结构为 4.2∶35.8∶60.0。[①] 二是陆海经济互动不合理。我国的陆海系统的协调度在持续提高，但是内陆地区利用海域资源效率低，海洋经济对陆域资源的利用效率略高于内陆地区对于海域资源的利用效率，但仍属于三级水平（徐胜，2019）。三是海岸带和海域开发布局不合理。由于对海洋岸线缺乏强力规划与管理，旅游、海水养殖、盐业、港口、临海工业、自然保护区等利用方式交叉重叠，矛盾和冲突不断加剧（曹忠祥、高国力，2015）。同时，沿海城市之间的产业结构雷同，大多发展石化、钢铁、电力等产业（王丽，2013）。四是海洋生态环境整体形势依然严峻，制约了陆海深度统筹发展。2015 ~2019 年，全国入海河流监测断面中，无 I 类水质断面，IV 和 V 类水质入海断面所占比重从 36.9% 增加到 41.5%。此外，赤潮、绿潮（浒苔）等生态灾害多发频发，结构性的环境风险压力仍然较大（邓琦，2019）。

二、我国国土经济高质量发展的意义

我国基本实现社会主义现代化的目标，需要高质量的国土经济作保障。国土经济的高质量发展，有利于形成资源高效利用、居民生活环境宜居、产业布局优

---

① 自然资源部. 2019 年中国海洋经济统计公报［Z］. 2020.

化、土地资源利用集约高效、城乡协调发展、区域发展差距缩小、居民的幸福感和获得感不断提升的生活空间。

（一）为到 2035 年我国基本实现现代化奠定基础

《中华人民共和国国民经济和社会发展第十四个五年规划和 2035 年远景目标纲要》指出，到 2035 年我国将基本实现社会主义现代化，这是人与自然和谐共生的现代化。到 2035 年基本实现美丽中国建设目标，我国将广泛形成绿色生产生活方式，清洁低碳、安全高效的能源体系。生态环境质量将实现根本好转，大气、水、土壤等环境状况明显改观，生态安全屏障体系基本建立，生产空间安全高效、生活空间舒适宜居、生态空间山青水碧的国土开发格局形成，森林、河湖、湿地、草原、海洋等自然生态系统质量和稳定性明显改善。面向 2035 年我国基本实现现代化的发展目标，按照城市化地区是新发展格局的主体空间，农产品主产区和生态功能区分别是保障农产品安全和生态安全的主体空间的基本思路，能够有效指导新发展格局下高质量发展的国土空间布局，有助于持续调整和优化国民经济良性循环，充分利用国内国际两个市场、两种资源，为到 2035 年基本实现现代化提供国土空间保障。

（二）有利于构建我国优势互补、高质量发展的国土空间格局

我国幅员辽阔、人口众多，各地区自然资源禀赋差别之大在世界上是少有的，统筹区域发展从来都是一个重大问题。以胡焕庸线为界，2000 年第五次全国人口普查资料的精确计算表明，胡焕庸线东南地区以 43.8% 的土地承载着94.1% 的人口，显著表现为东南地狭人稠、西北地广人稀[①]。经过改革开放 40 多年的高速发展，我国区域经济发展的空间格局发生了重大变化，经济社会发展面临的形势也日趋复杂。

到 2035 年，我国城镇化将达到更高水平，经济规模将再上新台阶，经济发展空间面临承载规模更大、强度更高的经济活动的严峻挑战。目前，我国大中小城市土地开发失控，建设用地规模扩张过快，耕地总量逐年下降，经济发达区域优质耕地大面积消失。研究表明，2006 ～ 2030 年中国城镇化率每增加一个百分点，所需要的建设用地将高达 3460 平方千米，而当前我国仍有 15% ～ 30% 的建

---

① 孙久文，闫昊生. 中国经济地理概论 [M]. 北京：经济管理出版社，2021：35.

成区用地处于低效利用或闲置的状态（方创琳、马海涛，2013）。与此同时，区域经济分化态势明显，发展动力极化现象突出，支撑经济发展的国土空间结构也发生了系统性变化，区域性中心城市、都市圈、城市群正成为支撑经济发展的主要空间载体。国土经济高质量发展将促进大中小城市紧凑式发展，促进土地资源利用集约高效，合理控制建设用地规模，促进土地承载力规模与经济布局相匹配，构建高质量发展的国土空间布局。因此，促进国土经济高质量发展，有助于引导不同类型区域发挥比较优势，推动产业和人口向都市圈和城市群地区集中，充分发挥都市圈和城市群为区域经济主体形态的增长动力源作用。推动生态功能区域得到有效保护，深入实践"绿水青山就是金山银山"的理念，创造优质的生态产品，保障粮食等农产品主产区的生产能力，增强农产品生产保障能力，维护粮食安全和地区稳定，最终形成优势互补、高质量发展的国土空间开发保护新格局。

（三）有利于为人民提供高质量生活环境

国土是人类赖以生活的空间载体，随着人民生活水平的提高，我国国民意识和价值观在加快转变，人民对生产、生活环境提出了更高的要求，对清洁的空气、清洁的淡水和绿色食品等生态条件和良好环境的需求越来越迫切，对生态环境需求的满足也成为人民福利水平的重要标志（肖金成、欧阳慧等，2015）。根据联合国《世界人口展望（2019年）》，我国人口预计到2030～2031年达到峰值14.64亿人。随着我国工业化、城镇化、市场化、信息化、国际化的深入发展，经济总量将继续较快速扩张，人口不断向城市集中，社会转型加快，国民意识和价值观快速变化，资源与空间瓶颈制约凸显，人口老龄化和经济结构转型加快，宜居环境建设需求不断提高，对我国的国土空间布局提出了更高的要求。不仅要解决"量"的扩张带来各类国土空间的需求，也要考虑"质"的提高对国土空间的优化；不仅要考虑与国际的接轨，也要考虑区域内空间体系的构建。同时，我国经济由高速增长阶段转向高质量发展阶段，也对国土空间布局进一步提出了新要求。不能简单要求各地区在经济发展上达到同一水平，而是要根据各地区的条件，走合理分工、优化发展的路子。因此，为适应我国国民意识和价值观的转变，为满足我国广大民众的生态环境要求，需要我们在国土空间开发时大力提升国土环境质量，促进人与自然和谐发展。国土经济高质量发展，要以绿色发展理念为主，构建与生态文明理念相契合的发展方式，形成节约能源资源与保护生态环境的产业结构、增长方式、消费模式，降低高污染、高耗能产业比重，为人民创造良好的生产生活环境。

（四）有利于保障我国粮食安全和生态安全

我国粮食连年丰产，2020 年全国粮食产量达到 66949 万吨，肉蛋菜果鱼茶等产量稳居世界第一位，粮食和重要农产品供给是有保障的。但是，也要看到，当前的外部风险挑战和不确定性明显增多，在粮食安全问题上不可掉以轻心（胡春华，2020）。我国人多地少水缺，河流、湖泊、森林、草原、湿地等资源分布不均，生态系统总体比较脆弱。良好的生态环境是最公平的公共产品，是最普惠的民生福祉。高质量发展是体现新发展理念的发展，国土是生态文明建设的空间载体，生态环境高水平保护是国土经济高质量发展的重要方面。现在，我国已经进入有条件有能力解决生态环境突出问题的窗口期，如果现在不抓紧，将来解决起来难度会更高、代价会更大、后果会更严重。必须坚持问题导向，聚焦水土脆弱、缺林少绿等突出问题，实施专项治理（鄂竟平，2020）。党的十八大把生态文明建设纳入中国特色社会主义事业政治建设、经济建设、社会建设、文化建设、生态文明建设"五位一体"总体布局，做出了一系列重大决策部署，出台了《生态文明体制改革总体方案》，实施大气、水、土壤污染防治行动计划，提出大力推进生态文明建设，努力建设美丽中国，实现中华民族永续发展。党的十九大报告明确提出要"确保国家粮食安全，把中国人的饭碗牢牢端在自己手中。实施食品安全战略，让人民吃得放心"，并且在报告中提出要加快生态文明体制改革，建设美丽中国。由此可见，国家已将生态安全和粮食安全作为治国理政的头等大事，贯穿国家现代化治理的全过程。《中华人民共和国国民经济和社会发展第十四个五年规划和 2035 年远景目标纲要》明确指出："把安全发展贯穿国家发展各领域和全过程，防范和化解影响我国现代化进程的各种风险，筑牢国家安全屏障。"农产品主产区要重点增强农业生产能力，生态功能区要把发展重点放到保护生态环境、提供生态产品上。

粮食安全和生态安全是国家安全的基础和保障，农产品主产区、重点生态功能区所承担的保障粮食安全、生态安全功能是新发展格局下统筹发展与安全的主要体现。深入实施藏粮于地、藏粮于技战略，引导农业资源优先保障粮食生产，坚持最严格的耕地保护制度，严守耕地红线，严禁耕地非农化，防止耕地非粮化。以粮食生产功能区和重要农产品生产保护区为重点，建设国家粮食安全产业带，稳定并增加粮食播种面积和产量，合理布局区域性农产品应急保供基地，加强重要农产品供给保障能力建设，稳定粮食生产面积和产量，确保谷物基本自给、口粮绝对安全。推行森林、草原、河流、湖泊休养生息，坚持用养结合，合理降低开发利用强度，保护并有效恢复自然生态承载能力，提高生态系统自我修复能力和稳定性，全面提升自然生态服务价值；构建以国家公园为主体的自然保护地体系；以调节水资源时空分布为核心，加强大江大河和重要湖泊湿地生态保护治理；科学推进荒漠化、石漠化、水土流失综合治理，开展大规模国土绿化行动，补齐生态系统短板，促进自然生态系统质量整体改善，守住自然生态安全边界。通过国土经济高质量发展，保障国家的"生存空间"，尤其是可以从根本上保障国家的粮食安全和生态安全，有利于统筹发展和安全，为建设更高水平的平安中国的国家国土安全筑起一道坚固的屏障。

三、我国国土经济高质量发展的内涵

随着中国特色社会主义进入新时代，我国社会主要矛盾已经转变为人民日益增长的美好生活需要和不平衡不充分的发展之间的矛盾，我国的高质量发展是在新的发展环境、发展条件和发展阶段做出的重要判断。结合创新、协调、开放、绿色、共享的新发展理念，高质量发展就是能够很好地满足人民日益增长的美好生活需要，全面体现创新成为第一动力、协调成为内生特点、绿色成为普遍形态、开放成为必由之路、共享成为根本目的的发展，是与经济建设、政治建设、文化建设、社会建设、生态文明建设"五位一体"总体布局要求相一致，是更高质量、更有效率、更加公平、更可持续的发展。因此，国土经济的高质量发展应以绿色发展为理念，以产业优化布局推动效率变革，优化资源配置，促进资源在城乡之间合理布局，实现城乡统筹发展。统筹内陆与沿海，实现陆海一体化发展，形成协调发展的区域经济布局。最终实现绿色低碳、空间优化的国土空间布局，满足人民对美好生活的需要（见图1）。

（一）布局合理是国土经济高质量发展的起点

优化产业布局是区域经济发展的基础，是实现高质量发展的起点。合理的产业布局能适应地方经济发展条件，促进产业可持续发展及产业集聚和规模效益的形成，从而推进城镇化，提高农村经济发展竞争力，促进城乡协调发展。国土经济高质量发展的内涵强调产业布局合理，应根据资源禀赋进行产业布局调整与优化，形成与市场经济体制相适应的现代化产业体系。城市是工业集中地区，应充分发挥工业对国民经济的支撑作用，改造提升传统产业，优化产业布局，培育壮大战略性新兴产业，强化工业基础能力，提高产业链水平，打造一批具有国际竞争力的绿色、低碳先进制造业基地。农村地区是粮食产区，应优化现代农业生产布局，进一步夯实农业基础地位，在确保粮食基本自给与绝对安全的前提下，大力发展区域优势农业，形成与市场需求相适应、与资源禀赋相匹配的现代农业生产结构和区域布局，保障农产品生产空间，稳步提升地区优势农产品生产能力，全面提高农业现代化水平。

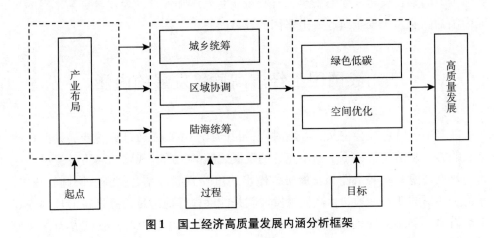

图1　国土经济高质量发展内涵分析框架

（二）城乡统筹、区域协调和陆海统筹是国土经济高质量发展的过程

城乡统筹有助于缩小城乡发展差距、促进区域协调发展、优化国土空间开发格局。其实质是通过城乡规划、政策调整、国民收入分配等手段，促进城乡各种资源要素的合理流动和优化配置，不断增强城市对农村的带动作用和农村对城市的支撑作用，缩小城乡差距和地区差距，使城乡经济社会实现均衡、持续、协调发展，促进城乡分割的二元经济结构向城乡融合发展转变。城乡之间的发展差距不仅体现在收入上，更体现在基础设施与基本公共服务方面。城乡统筹打破了城乡界限，畅通了要素流通渠道，使城市优质资源流向农村，实现城乡资源共享、人力互助、市场互动、产业互补，通过城市带动农村、工业反哺农业、建立城乡互助、共同发展的机制，逐步改变城乡二元经济结构，缩小城乡发展差距，实现农村经济社会全面发展。同时，完善农村基本公共服务均等化的体制机制，促进基本公共资源在城乡之间均衡布局，缩小城乡居民公共服务水平差距，实现城乡

居民享受均等化的生活质量，确保国土空间开发成果惠及全体民众。

国土经济高质量发展的内涵应该体现在区域协调发展，区域协调是国土资源配置合理、国土空间格局优化的基础，区域协调发展就是要提升欠发达地区综合竞争力，缩小区域发展差距，推动形成主体功能定位清晰、优势互补、良性互动、公共服务和人民生活水平差距趋向缩小的区域协调发展新格局。优化城镇布局和形态，统筹城乡空间开发，推动形成城乡一体的发展格局；完善区域协调机制，正确处理行政区和经济区的关系，充分发挥地区优势，促进生产要素合理流动，引导区域间良性竞争，加强区域合作，缩小区域差距，保持地区间人口、经济、资源、环境的协调发展；积极引导中西部地区资源环境承载力较低地区的人口向都市圈和城市群地区转移，促进区域人口比重与经济比重基本匹配。加大对中西部条件较好地区的支持力度，促进中西部地区经济增长，加快培育新的增长极，带动中西部地区发展，有效遏制人均地区生产总值绝对差距扩大的趋势。

国土经济高质量发展应该是统筹内陆与沿海，实现陆地经济与海洋经济的共同发展。我国是一个海陆兼备的国家，海洋经济与陆域经济共同构成了国民经济的大系统。我国海洋资源种类繁多，开发潜力巨大，但是海洋经济发展尚处于起步阶段，发展比较滞后，与世界主要发达国家相比存在明显差距。海陆经济关系不协调、海岸带和海域资源开发布局不合理、海洋生态环境破坏严重、新兴产业发展不足等问题，制约着陆海统筹发展的进程。

（三）绿色低碳和空间优化是国土经济高质量发展的目标

绿色低碳是生态文明建设的要求，也是国土经济实现高质量发展的必然结果，其代表了当今科技和产业变革方向。加强资源节约和生态环境保护，推动形成绿色发展方式和生活方式，坚持节约资源和保护环境的基本国策，坚持节约优先、保护优先、自然恢复为主的方针，形成节约资源和保护环境的空间格局、产业结构、生产方式、生活方式。充分认识形成绿色发展方式和生活方式的重要性、紧迫性，加快转变经济发展方式，改变过度依赖资源消耗的高耗能、高污染、粗放式的发展模式，促进经济发展方式由要素驱动型向创新驱动型转变，节约集约利用资源，推动资源利用方式根本转变，从根本上实现绿色发展。

空间优化是区域协调发展的目标，也是国土经济高质量发展的结果。目前，我国逐步形成了以四大区域为基础、五大区域重大战略为引领，以国家优化开发区域和重点开发区域为重点，依托大江大河和重要交通干线及若干国土开发重要轴带，促进生产要素有序流动和高效集聚的国土开发的主体框架。促进区域发展水平提高，优化资源的空间配置效率，形成与区域资源环境承载力相适应的区域协调发展的新格局。西部大开发、东北振兴、中部崛起、东部率先发展是统筹东中西、协调南北方的区域协调发展战略，是从国家战略层面对全国区域协调发展的统筹安排和总体部署。应打破地域界限，畅通国际和区际联系，以轴带为重点构建经济支撑带，从全球和国家治理的角度，聚焦国际国内合作和区域协同发展，致力于增强发展的内外联动性、形成区域发展新格局。绿色低碳和空间优化相互叠加，以资源环境承载能力为基础，促进国内外要素流动，优化资源的空间配置与区域空间格局，实现国土经济高质量发展。

四、国土经济高质量发展的基本思路

经过改革开放 40 多年的发展，支撑我国国土经济高质量发展的土地资源、水资源、能矿资源及生态环境等基础条件发生了重大变化，需要更加注重高效、协调、可持续的优化配置国土资源，需要更加处理好集聚与分散、开发与保护的关系，需要更加注重国土安全，形成优势互补、高质量发展的国土经济格局。

（一）遵循客观规律，实现国土经济与资源环境承载能力的基本匹配

国土经济高质量发展涉及城市化地区、农产品主产区和重点生态功能区三种类型地区，不同国土空间的主体功能不同，因而集聚人口和经济规模不同。生态功能区和农产品主产区由于不适宜或不应该进行大规模高强度的工业化、城镇化开发，难以承载较多消费人口，因此大规模高强度的工业化、城镇化开发只能在适宜开发的有限区域集中展开。同时，人口和经济的过度集聚以及不合理的产业结构也会给资源环境、交通等带来难以承受的压力[1]。从全国范围看，我国经济总量和产业活动不断向东部地区集中，而常住人口分布没有发生太大变化，中西部和东北地区经济总量占全国的比重远远低于其人口份额。2019 年，中部、西部和东北地区人口分别占全国的 26.5%、27.2% 和 7.7%，而地区生产总值分别占全国的 22.2%、20.8% 和 5.1%[2]。各地区的人口占比大于地区生产总值占比，

---

① 国务院. 全国主体功能区规划 [Z]. 2010.
② 肖金成，董红燕，李瑞鹏. 国土经济高质量发展的思路、任务与对策 [J]. 今日国土，2021（8）：18－21.

人口增加的同时地区生产总值却没有同比例增加，由此导致人口分布和经济活动相背离。在东部、中部、西部和东北地区自然条件、发展基础存在巨大差异的情况下，实现经济总量和经济比重的完全均衡是很难的，但通过人口和劳动力的跨区域转移，使人口和经济总量基本匹配，产业集中和人口集中同步，最终实现国土经济与资源环境承载能力的基本匹配。因此，要破除资源流动障碍，使市场在资源配置中起决定性作用，促进各类生产要素自由流动并向优势地区集中，实现人口资源环境的相对均衡，提高资源配置效率①。这就需要树立尊重自然、顺应自然、保护自然的生态文明理念，以资源环境承载能力为基础，根据资源禀赋、生态条件和环境容量，明晰国土开发的限制性和适宜性，科学确定国土开发利用的规模、结构、布局和时序，划定城镇、农业、生态空间开发管制界限，引导人口和产业向资源环境承载能力较强的区域集聚②。

（二）点线面耦合协同，重塑我国高质量发展的国土空间布局

国土经济高质量发展要着重解决"在哪里开发、如何开发、开发什么、开发到什么程度"这四个基本问题。1999 年以来国家相继实施了东部率先发展、促进中部地区崛起、西部大开发、东北地区振兴等为标志的区域协调发展战略；2010 年国家开始实施主体功能区战略；党的十八大以来，国家陆续实施了京津冀协同发展、长江经济带发展、粤港澳大湾区建设、长三角一体化发展、黄河流域生态保护和高质量发展等区域重大战略。2020 年 10 月，《中共中央关于制定国民经济和社会发展第十四个五年规划和二〇三五年远景目标的建议》提出，"坚持实施区域重大战略、区域协调发展战略、主体功能区战略，健全区域协调发展体制机制，完善新型城镇化战略，构建高质量发展的国土空间布局和支撑体系。"国土经济高质量发展并不是主体功能区战略、区域重大战略、区域协调发展战略的简单叠加。这三大战略既涉及城市化地区、农产品主产区和重点生态功能区三类功能区，也涉及东部、中部、西部、东北四大区域，还涉及京津冀、长三角、粤港澳、长江经济带、黄河流域等国家重大战略区域。主体功能区战略回答了"开发什么、开发到什么程度"的问题，但对于"在哪里开发、如何开发"并没有充分阐述；区域协调发展战略把全国划分为东部、中部、西部、东北四大区域，但空间尺度仍然过大、空间划分过粗；而区域重大战略突出重点区域发展。

---

① 习近平. 推动形成优势互补高质量发展的区域经济布局 [J]. 奋斗，2019（24）：4－8.
② 国务院. 全国国土规划纲要（2016－2030 年）[Z]. 2017.

按照充分发挥比较优势、充分释放增长潜能，有效集聚人口与城镇、有效保护生态与环境，合理开发土地空间、合理利用自然资源的原则，通过点、线、面耦合协同，适应"中心城市—都市圈—城市群"区域空间拓展的基本趋势，打造有竞争力且协调的城市化地区格局、有韧性且安全的重点生态功能区格局、稳定且多元的农产品主产区格局，构建以安全、创新、增长、民生和绿色为特色的"城市群—发展轴—经济区"联动发展的国土空间总体布局框架，以推动国土经济高质量发展。

（三）坚持点上开发和面上保护相结合，实现打造高质量发展的动力源与筑牢国家生态安全屏障的有机统一

"生态兴则文明兴，生态衰则文明衰"，生态文明建设是关系中华民族永续发展的根本大计。我国生态脆弱区域面积广大，脆弱因素复杂，中度以上生态脆弱区占全国陆地国土空间面积的55%[①]，生态系统整体质量和稳定性状况并不乐观（鄂竟平，2020）。虽然，多年来我们大力推进生态环境保护，取得了显著成绩。但是，随着经济的快速发展和资源的不断消耗，我国的资源环境约束日益趋紧，环境污染问题日益严重，生态系统退化的形势日益严峻，实现国土经济高质量发展，必须抓紧补齐生态系统短板。

人口、资本等要素资源和产业在国土空间上相对集中发展，是经济社会发展的客观规律，有利于提高规模经济和集聚经济效应、节约土地资源、降低交易成本，这种集中布局的主要空间形态就是中心城市、都市圈和城市群，要让这些优势地区承载更多的人口和经济功能（陈耀，2021）。面对中国发展中大国和生态脆弱区域面积广大的基本国情，坚持增长极开发和面上保护相结合，就是通过增长极开发实现多极化协同集聚。在以京津冀、长三角、粤港澳大湾区为重点，提升创新策源能力和全球资源配置能力，加快打造引领高质量发展的第一梯队的基础上，在我国中西部广大地区，如中原地区、四川盆地、关中平原、长江中上游地区、黔中、滇中、甘肃和新疆绿洲地区，这些地区土地肥沃，环境优美，交通也比较发达，适宜人的生存和发展，在这些地区通过提升城市功能，改善投资环境，提高工业化和城镇化水平，就有可能崛起一个个发展高地，改变经济要素向沿海地区和特大、超大城市过度集聚的状况，形成高质量发展的重要区域，与京津冀、长三角、粤港澳大湾区共同形成中国高质量发展的重要动力源。通过增长

[①] 其中，极度脆弱区域占9.7%、重度脆弱区域占19.8%、中度脆弱区域占25.5%。

极协同集聚，充分提升有限开发空间的利用效率，腾出更多空间，实现更大范围、更高水平的国土保护。

针对不同地区国土空间特点，明确保护主题，实行分类分级保护，促进国土全域保护，切实维护国家生态安全。加快构建适度有序的国土空间布局体系、绿色循环低碳发展的产业体系、约束和激励并举的生态文明制度体系、政府企业公众共治的绿色行动体系，构建生态功能保障基线、环境质量安全底线、自然资源利用上线三大红线，全方位、全地域、全过程开展生态环境保护建设。

（四）坚持陆海统筹，拓展海洋发展空间

21 世纪是人类全面开发利用海洋的世纪，全球沿海国家纷纷把开发利用海洋资源提升到发展战略的高度，目前已有 100 多个国家把海洋开发作为重要国策。中国是一个海洋大国，海洋经济是国民经济的重要组成部分，海洋经济理所应当是国土经济高质量发展的主要内容。促进海洋经济高质量发展，有利于缓解陆地资源紧张状况，拓展国土开发空间；有利于促进新兴产业发展，加快新旧动能转换，打造新的经济增长点；有利于推动形成全面开放新格局，能够维护国家海洋权益。

中国是一个海陆兼备的国家，2019 年中国海洋生产总值为 89415 亿元，占国内生产总值的比重为 9.0%①，和海洋大国的地位还不相称，也与发达海洋国家差距十分明显。随着综合国力的提高，在新发展阶段和双循环新发展格局下，中国海洋经济发展潜力巨大。坚持陆海统筹，并不是陆地和海洋两个系统的简单相加，其基本内涵是以陆海国土战略地位的平等为前提，以倚陆向海、加快海洋开发进程为导向，以协调陆海关系、促进陆海一体化发展为路径，以推进海洋强国建设、实现海洋文明为目标，构建大陆文明与海洋文明相容并济的发展格局。拓展海洋发展新空间，就是要在促进陆域国土纵深开发的同时，充分发挥海洋国土作为经济空间、战略通道、资源基地、安全屏障的重要作用，扩大内陆地区分享海洋经济发展效益的范围，加强陆地与海洋在发展定位、产业布局、资源开发、环境保护和防灾减灾等方面的协同共治，围绕海洋工程、海洋资源、海洋环境等领域突破一批关键核心技术。培育壮大海洋工程装备、海洋生物医药产业，推进海水淡化和海洋能规模化利用，提高海洋文化旅游开发水平，建设一批高质量海洋经济发展示范区和特色化海洋产业集群，全面提高我国北部、东部、南部三大

---

① 自然资源部. 2019 年中国海洋经济统计公报［Z］. 2020.

海洋经济圈发展水平，构建良性互动的陆海统筹开发格局，提高海洋资源开发能力，加快建设海洋强国。

（五）发挥比较优势，形成高质量发展的国土空间开发格局

不同的国土空间，自然状况不同。如海拔很高、地形复杂、气候恶劣以及其他生态脆弱或生态功能重要的区域，并不适宜大规模高强度的工业化、城镇化开发，有的区域甚至不适宜高强度的农牧业开发。否则，将对生态系统造成破坏，给美丽家园带来"伤疤"，对提供生态产品的能力造成损害。我国960万平方千米的陆地国土空间具有多种功能，但不同的空间单元必有一种主体功能。必须尊重自然、顺应自然，区分不同国土空间的主体功能，根据主体功能定位确定开发内容和发展的主要任务（杨伟民，2020）。经济发展条件好的地区应加快发展，集聚更多的产业和人口，发挥价值创造作用；不适宜人类发展的地区应得到有效保护，逐步减少产业和人口，维护生态功能，创造更多生态产品。

具体而言，在经济发达地区可以采取网络式开发模式，加快基础设施网络的建设步伐，尽快完善大中小城市之间的交通体系，加快区域经济一体化步伐；通过网络型基础设施建设，强化中小城市与大城市之间、中小城市之间的经济联系，增强大城市尤其是特大城市和超大城市的资源配置、科技创新策源、高端产业引领功能，形成以现代服务业为主体、先进制造业为支撑的产业结构，提升综合能级与竞争力。在城市数量少、规模小、产业基础薄弱而人口又比较密集的地区，应在加强城市与城市之间经济联系的同时，吸引人口和产业向交通沿线聚集，打造发展轴和经济带，使之成为区域经济的隆起带。在人口稀疏、产业基础薄弱的地区宜采用据点式开发，充分利用综合成本相对较低的优势，集中力量建设区域性中心城市，以吸引产业和人口向中心城市聚集，提高产业配套能力，夯实实体经济发展基础；优化市政公用设施布局和功能，增加文化体育资源供给，提升城市生活品质；同时，要建设次级中心城市和完善县城功能，加快推进县城补短板强弱项工作，推进公共服务、环境卫生、市政公用、产业配套等设施提级扩能，增强综合承载能力和治理能力。对生态脆弱地区要加强保护，减少人类活动，增强生态服务功能，并通过财政转移支付、生态补偿等途径弥补其发展机会的损失。

五、我国国土经济高质量发展的重点任务

2017 年 10 月，习近平总书记在党的十九大报告中指出："我国仍处于并将长期处于社会主义初级阶段的基本国情没有变，我国是世界最大发展中国家的国际地位没有变。"立足新发展阶段、贯彻新发展理念、构建新发展格局，是"十四五"及未来一段时期我国经济社会发展的战略导向。各项工作和任务要围绕这一战略导向进行部署。

（一）促进产业在国土空间的合理布局

中华人民共和国成立 70 多年来，我国工业化取得了长足进展，工业生产力布局在全国范围内展开，31 个省（自治区、直辖市）有了一大批大中型工业企业，具有一定的能源、原材料和消费品生产基础，一些工业生产大省（自治区、直辖市）已经建立起了较强的工业生产体系，农业和粮食生产布局逐步合理化。但仍需要根据新的发展阶段、新的形势、新的要求，进一步优化国土空间开发格局。

1. 优化区域产业布局。

从区域层面看，要兼顾"补短板"和"充分发挥竞争优势"，引导产业布局优化升级，实现区域错位互补发展，避免同质化。对经济基础一般、产业布局相对不完善的区域，要根据当地的人才、技术、产业基础等状况，选择具有局部优势的产业（环节），打造区域性高地，逐步吸引相关产业形成全产业链。对产业布局较为完善的区域，需着重补短板。具体而言，东北地区可优先选择发展汽车、机床、航空、造船、发电设备等为主体的重大装备制造业，布局资源综合利用和深度加工产业。东部沿海地区可利用科技创新优势，发展电子信息、先进制造等高技术产业。中部地区要大力发展现代农业、制造业和能源矿产产业，发展以农副产品为原料的特色轻加工工业。西部地区要加快推进高标准农田、现代化生态牧场、粮食生产功能区和棉油糖等重要农产品生产保护区建设，支持发展生态集约高效、用地规范的设施农业；加快高端、特色农机装备生产研发和推广应用；推动发展现代制造业和战略性新兴产业；积极发展大数据、人工智能和"智能＋"产业，大力发展工业互联网；推动"互联网＋教育""互联网＋医疗"

"互联网＋旅游"等新业态发展①。京津冀、长三角、珠三角地区，应建设面向世界的现代服务业中心，大力发展金融、设计、文化创意、科技服务、咨询、软件信息服务、服务外包等高技术服务业和现代服务业；长江中游、成渝、关中、辽中南、山东半岛、中原等地区应形成区域性现代服务业中心，加快支撑生产性服务业和生活性服务业集聚区建设，推进健康养老、教育培训、文化娱乐、体育健身等产业发展，形成以服务经济为主的产业结构。

2. 适应粮食生产"北上""西移"趋势，提升优势地区农产品生产能力。

粮食作物布局要围绕保障粮食安全、食品安全进行部署。1978年改革开放以来，从总体上看我国南方粮食地位不断下降，北方比重持续上升，粮食主产区逐渐向东北和中部地区集中和转移，南方稻谷优势区域继续稳固与东北稻谷重要性逐渐凸显，小麦产区逐渐向北方和中部地区集中，玉米产区逐渐向东北、华北和华中集中（邓宗兵、封永刚、张俊亮等，2013）。1978年我国南方和北方粮食产量所占比重分别为78.3%和21.7%，到2019年南方和北方粮食产量所占比重分别为40.85%和59.15%②。因此，北方省份粮食自给程度在提高，南方省份在下降，粮食余缺由南粮北调调整为北粮南调。导致这种变化的原因，是东南沿海地区种粮比较效益相对低下，以及北方地区由于水利条件的改善，间作、套种与轮作等多熟种植技术发展快速，使我国粮食生产重心出现"北上"和"西移"的趋势。

从粮食增产潜力看，我国粮食增产主要潜力区包括东北地区，尤其是三江平原、松辽平原、大小兴安岭山间谷地及山前平原，后备耕地资源等开发潜力大。这一区域是我国玉米、大豆、粳稻优势产区，是我国粮食的主要产地，目前粮食总产量占全国的比例在逐年提高。这一地区应围绕治理水土流失、加强农田水利设施和改善土壤水肥条件，大力发展粳稻、春小麦、玉米、高油大豆和高蛋白大豆，加快现代农业发展，建成现代化的全国商品粮基地，为全国提供粮食安全保障。东南地区光热水土资源匹配比较好，在改进耕作制度和茬口合理搭配上还有很大的增产潜力。该区域主要生产水稻、小麦等粮食作物，该区气候温暖湿润，光热组合条件好，土地肥沃。要强化水稻特别是双季稻的播种比重，扎实推进农业现代化建设，稳步提高小麦和水稻的单产，逐步提高粮食的综合生产能力。华北地区中低产田改造和发展节水农业潜力较大，该区域土层深厚、平坦，适宜于大规模机械化耕作，广泛实行小麦与玉米（大豆）套种，粮食生产潜力较大。应

---

① 中共中央，国务院．关于新时代推进西部大开发形成新格局的指导意见［Z］. 2020.
② 根据中国国家统计局《中国宏观经济数据库》数据计算得到。

加强农田基础设施建设，强化中低产田改造力度，提高耕地的排涝抗旱能力，提高精耕细作水平。西北地区后备土地资源和中低产田改造潜力较大，着力提高本区域的粮食产销平衡，通过粮食调节区域流通，平衡区域间的粮食品种结构（周立三，2000；陆福兴，2019）。

农村地区是粮食产区，应优化现代农业生产布局，保障农产品生产空间，稳步提升地区优势农产品生产能力，全面提高农业现代化水平。在《全国主体功能区规划》中提出的"七区二十三带"的农产品主产区，水稻、小麦、玉米等粮食生产功能区，大豆、棉花、油菜籽、糖料蔗、天然橡胶生产保护区，以及10类特色农产品区域布局的基础上，以确保国家粮食安全为底线，以增强农业生产能力为导向，在遵循各地区比较优势的基础上，我国未来粮食安全战略格局是一个包含"农产品主产区—农产品生态带—粮食生产功能区—重要农产品生产保护区—特色农产品优势区"在内的空间布局体系。

3. 以都市圈和城市群为载体，形成"3+8"的制造业空间结构。

都市圈和城市群是我国城镇化的主体形态，增强城市化地区吸纳经济和人口的综合承载力，扭转人口集聚滞后于经济集聚的态势，要实现国土经济与资源环境承载能力的基本匹配，在集聚中实现区域均衡。在全国尺度上，要促进经济和人口向京津冀、长三角和粤港澳集聚，在大区域和省级尺度向都市圈和城市群集聚（樊杰，2020）。在未来较长时间，要以都市圈和城市群为载体促进制造业相对集中布局，最终形成"3+8"的制造业空间布局结构。"3"指京津冀、长三角、珠三角沿海三大城市群，"8"指全国除沿海三大城市群之外的山东半岛城市群、中原城市群、关中平原城市群、长江中游城市群、长株潭城市群、成渝城市群、辽中南城市群和海峡西岸城市群，这是我国到2035年工业化和城镇化的重点承载区域，也是我国区域发展的新空间（安树伟，2020）。

京津冀地区，要按照京津冀地区的整体功能定位和北京、天津、河北三地的资源禀赋，理顺产业发展链条，形成区域间产业合理分工和上下游联动发展的格局。北京坚持智能制造、高端制造方向，壮大实体经济根基，保持制造业一定比重；大力发展集成电路、新能源智能汽车、医药健康、新材料等战略性新兴产业。天津要优化发展高端装备、电子信息等先进制造业，大力发展航空航天、生物医药、节能环保等战略性新兴产业。河北要积极承接京津科技成果转化，聚焦钢铁、石化、生物医药、电子信息、高端制造、氢能等重点产业链，提升产业基础高级化和产业链现代化水平。

长江三角洲地区，具有大规模的钢铁、石油化工、电力工业基础，未来应重点发展汽车、通信设备、电站设备、生物制药、计算机等支柱产业；瞄准国际先进科创能力和产业体系，加快建设长三角 G60 科创走廊和沿沪宁产业创新带，提高长三角地区配置全球资源能力和辐射带动全国发展能力①。

粤港澳大湾区，围绕加快建设制造强国，完善制造业创新发展生态体系。推动互联网、大数据、人工智能和实体经济深度融合，大力推进制造业转型升级和优化发展，加强产业分工协作，促进产业链上下游深度合作，建设具有国际竞争力的先进制造业基地。以珠海、佛山为龙头建设珠江西岸先进装备制造产业带，以深圳、东莞为核心在珠江东岸打造具有全球影响力和竞争力的电子信息等世界级先进制造业集群②。

山东半岛城市群、中原城市群、关中平原城市群、长江中游城市群、长株潭城市群、成渝城市群、辽中南城市群和海峡西岸城市群，均具有较高的工业化和城镇化水平，产业基础良好，主导产业各具特色，在空间结构表现出较强的轴线集聚特征，在区域发展中具有重要的战略地位，也是我国制造业的重点承载区（见表6）。

表6 我国八个城市群和都市圈制造业布局方向和重点

城市群/都市圈	制造业布局方向和重点
山东半岛城市群	发展新一代信息技术设备、高档数控机床和机器人、航空航天装备、海洋工程装备及高技术船舶、轨道交通装备、节能与新能源汽车、电力装备、现代农机装备、新材料、生物医药及高性能医疗器械等高端产业，形成"山东制造"向"山东创造"转变的骨干支撑
中原城市群	加大钢铁、冶金、化工、建材、原材料等传统支柱产业的绿色改造升级和落后过剩产能淘汰力度，打造具有全球竞争力的精品原材料产业基地；加强统筹布局和分工协作，培育形成生物医药、先进材料、机器人、新能源、新能源汽车等产业集群
关中平原城市群	围绕能源化工、高端装备制造、航空航天、新一代信息技术、新材料等优势产业，着力突破产业链缺失环节、薄弱环节、延伸环节等的技术瓶颈，促进产业关键技术研发和先进技术成果应用，推动产业由价值链低端向高端攀升
长江中游城市群	要聚焦集成电路、新型显示、下一代汽车、高端装备、生物医药、氢能、新材料、工业控制软件等关键环节，实施强链补链工程，强化产业带动和产业配套，提升产业链现代化水平；武汉周边城市应重点发展汽车制造、通信设备制造和光电设备等优势产业

---

① 国务院. 中华人民共和国国民经济和社会发展第十四个五年规划和 2035 年远景目标纲要［Z］. 2021.

② 中共中央，国务院. 粤港澳大湾区发展规划纲要［Z］. 2019.

城市群/都市圈	制造业布局方向和重点
长株潭城市群	共建以工程机械、轨道交通、航空动力为主的世界级高端装备智能制造产业集群，以金属新材料、化工新材料、显示功能新材料、先进硬质材料、先进储能材料为主的国内一流新材料产业集群，打造国家重要先进制造业中心
成渝城市群	优化提升航空航天、能源设备、节能环保设备、内燃机、仪器仪表、轨道交通等产业；在成内（江）渝、成南（充）渝沿线重点发展数控机床、汽摩整车、机器人、成套电气、机床工具、现代农业机械等产业；加快形成电子核心部件、新材料、物联网、机器人及智能装备、高端交通装备、新能源汽车及智能汽车、生物医药等战略性新兴产业集群
辽中南城市群	做强做大重大成套装备、汽车及零部件、高档数控机床等产业，共同打造装备制造、钢铁、汽车、化工新材料、生物医药等更强创新力、更高附加值的产业链，共建具有国际影响力的先进制造基地
海峡西岸城市群	石化产业重点形成湄洲湾、漳州古雷石化产业基地；装备制造业加快形成厦门湾、湄洲湾、闽江口、三都澳、东山湾等修造船集中区，形成在全国具有竞争力的特色装备制造基地；冶金产业重点推动福州、厦门、漳州、龙岩有色金属及深加工产业集群、三明金属材料及深加工产业集群、南平铝精深加工产业集群建设；纺织服装业重点做大做强泉州纺织服装、长乐纺织产业集群

资料来源：根据国务院政府网站的各个城市群发展规划整理。

4. 促进生产性服务业与制造业、生活性服务业与人口集聚的融合发展。

生产性服务业归根结底是要为生产服务，要为制造业服务。要因地制宜地加快发展西部地区和东北地区生产性服务业，按照地区先进制造业发展需求，确定生产性服务发展方向，扩大西部、东北地区生产性服务业规模。应按照高质量发展、绿色发展的目标进行生产性服务领域的供给侧结构性改革，提高生产性服务业增加值在 GDP 中的比重。要通过生产运营模式的创新，产业价值链的延伸，形成科学的专业化分工体系，实现生产性服务业在不同地域、不同行业的协调发展（李金华，2020）。

第三产业要围绕人民有效需求不足和社会发展方向等进行部署。要优化服务业结构，使高端化专业化生产性服务业、高品质多元化生活性服务业较快增长，占整个服务业的比重不断提高。推动生产性服务业向专业化和价值链高端延伸，推动各类市场主体参与服务供给，加快发展研发设计、现代物流、法律服务等服务业，推动现代服务业同先进制造业、现代农业深度融合，加快推进服务业数字化。积极推动服务业向精细化和高品质转变，形成便捷、智慧、安全的服务体系，扩大有效供给，增强消费预期，实现消费升级和产业升级互促共进。

（二）统筹城乡融合发展

2019 年，我国常住人口城镇化率超过 60%，经过改革开放四十多年的快速发展，城市的辐射带动能力显著增强，可以说统筹城乡发展的时机已经成熟。目前，我国正从过去"以农养工"进入一个"以工补农、以城带乡"的新的历史阶段，城乡发展体制要从过去城乡分割的二元发展体制转变为新型的城乡一体化的统筹协调发展体制，应从改革目前规划管理体制入手，打破原有的城乡二元结构的规划分割、管理分治、建设分离的思维定式，从全域推动、全域规划和全域管理的理念出发，建立城乡一体化的全新管理体系，缩小城乡差距，保证农民平等获得教育、就业、公共服务和社会保障等权益（张守凤、李淑萍，2017）。要完善城乡一体化发展的体制机制和政策体系，构建新型工农关系和城乡关系，积极鼓励城镇优势公共资源向农村延伸，建立城乡一体化的基本公共服务制度，提高农村居民基本生活保障水平，推进实现城乡二元分割向一体化发展全面转型；优化城镇布局和形态，统筹城乡国土空间开发，同步推进工业化、城镇化和农业现代化，积极推进城乡基本公共服务均等化，推动形成以工促农、工农互动和以城带乡、城乡互动的一体化发展格局。

1. 提高农业转移人口市民化质量。

推进城镇化必须从我国社会主义初级阶段的基本国情出发，遵循规律、因势利导，使城镇化成为一个顺势而为、水到渠成的发展过程。要认真贯彻落实党中央和国务院的决策部署，聚焦在城镇稳定居住就业的存量农业转移人口等重点群体，紧盯人口承载能力较大的都市圈和城市群，紧抓可调动城市政府和农业转移人口积极性的重点领域，推动农业转移人口及其随迁家属便捷落户，健全农业转移人口市民化配套政策体系，加快推动农业转移人口全面融入城市，切实提高农业转移人口市民化质量。

第一，持续深化重点城市户籍制度改革。以促进在城市稳定就业居住的农业转移人口举家进城落户为目标，按照国家关于户籍制度改革的决策部署，尽快放开落户条件，破除各类隐形落户门槛，进一步促进劳动力和人才社会性流动。城区常住人口 300 万人以下城市落实全面取消落户限制政策，推动城区常住人口300 万~500 万人城市实施就业和居住年限准入制落户政策，逐步取消其落户限制。进一步放宽除个别超大城市外的特大、超大城市落户条件，精简特大、超大城市积分落户项目，确保社保缴纳年限和居住年限分数占主要比例。探索都市圈内城市积分年限互认。增加外来人口占比较多的特大超大城市居住证发放量，提高居住证含金量。完善利用大数据技术建立各城市城区常住人口等的常态化统计机制，为政策制定提供支撑（丛书编写组，2020）。

第二，推动常住人口充分享有城镇基本公共服务。统筹城乡发展的最终目的，是使市民或农民，无论身在何处都要享受到基本的公共服务，这是统筹城乡发展的最低标准，也是最终目标。将这个目标贯彻到位，统筹城乡发展就真正贯彻实施了以人为本的发展理念（冯奎，2014）。城镇对农村居民的吸引力很大程度上来自于高水平的公共服务。基本公共服务主要由政府的公共财政体系支撑，而我国公共财政体系仍然主要与户籍制度相挂钩。户籍人口规模是具体财政支出项目与规模设置的依据。例如，在公共安全、教育、文化体育、社会保障和就业、医疗卫生、住房保障等领域，管理机构设立、人员编制配备、任务下达、办公运转费测算等基本支出均按照城市户籍人口或辖区户籍人口设置。而与常住人口相关联的领域仅有职业教育、市政设施、信访支出等少数领域。农村人口城乡和跨区域流动后，流入和流出地的政府财权和事权没有相应地改变，在经费、机构设置和人员编制等条件上无法满足服务外来人口的需要。国家应建立以常住人口为服务口径的公共转移支付制度，厘清中央政府和流入地、流出地政府的责任，调动流入地城市政府接纳转移农业人口的积极性（肖金成、蔡翼飞，2014）。为此，要加快建立基本公共服务与常住人口挂钩机制，推进城市基本公共服务由主要对本地户籍人口提供向对常住人口提供转变。以推动非户籍常住人口逐步享有与户籍人口同等的基本公共服务为目标，健全以居住证为载体、与居住年限等条件相挂钩的基本公共服务提供机制，鼓励地方政府提供更多基本公共服务和办事便利，提供居住证持有人城镇义务教育、住房保障等服务的实际享有水平。各地区要建立常住人口身份识别制度和监测体系，各地区公共服务部门的人员编制设施按常住人口配置并建立动态调整机制。中央在流入地城镇基本公共服务均等化事业中应该给予更多的支持，人口的城乡和跨区域流动带来的成本不能全部由流入地承担。运用信息化手段建立便捷高效的公共服务平台，大力提高社保跨制度、跨地区转移接续效率，加快养老保险全国统筹进度，完善基本医疗保险跨省异地就医医疗费用直接结算制度。

2. 推进乡村振兴，实现城乡融合发展。

从经济发展的一般规律来看，城镇化初期，要素在报酬递增的驱动下向城镇聚集，农村地区是城镇劳动力的"蓄水池"，随着物质资本积累量增长，城镇要素的回报率会下降，在收益最大化的诱导下，某些领域的资本和技术向外扩散的力量会超过向内聚集的引力。如果还是放任城乡二元结构存在，政府通过扭曲市场信号将要素固定在城市内部，就会导致公平与效率的双重损失，从而使城乡二元结构成为阻碍城镇化健康、可持续发展的"绊脚石"，最终难以实现高水平的城镇化和现代化。城乡融合发展就是要实现城市和乡村居民收入和基本公共服务水平大致均等，交通基础设施一体化，城乡要素流动无障碍化。为此，政府需要通过制定规划和政策形成以工促农、以城带乡的发展格局。具体来看，可以采取以下几方面措施：整体规划城乡的基础设施，将城镇的公共设施延伸到农村。建立资金分配与人口规模相协调的财政投入机制，实现城乡居民基本公共服务均等化。畅通城乡人口流动渠道，建立城乡统一的劳动力市场和就业培训体系，建立城市人才入乡激励机制，鼓励本地外出各类人才返乡创业兴业，包括原籍普通高校和职业院校毕业生、外出农民工及经商人员等，允许农村集体经济组织探索人才加入机制，吸引人才、留住人才，实现劳动力在城乡间流动（肖金成、蔡翼飞，2014）。

3. 深化农村土地制度改革。

推动地方层面若干重大制度性变革，鼓励地方层面的持续性的制度创新。完善农村土地经营数据，运用大数据技术形成农村土地流转合同网上签约的指导性政策，对流转土地进行精细化管理，引导土地流转有序进行（薛春璐、裴志远、郭琳，2021）。要依法维护进城落户农民的农村"三权"，建立农村产权流转市场体系，健全农户"三权"市场化退出机制和配套政策。一是完善农村承包地制度，必须落实好第二轮土地承包到期后再延长30年的政策。完善承包地"三权分置"制度，平等保护并进一步放活土地经营权，提高农业的社会化服务水平。二是逐步改革农村宅基地制度，要探索宅基地集体所有权，保障宅基地农户资格权和农民房屋财产权，适度放活宅基地和农民房屋使用权。三是建立集体经营性建设用地入市制度，应依法合规允许就地入市或异地调整入市，并允许闲置宅基地、废弃的集体公益性建设用地变为集体经营性建设用地入市（丛书编写组，2020）。

4. 建立城乡统一的建设用地市场。

建立城乡统一的建设用地市场，核心是要建立城乡统一的市场运行机制。一是产权管理一体化机制。明晰待入市集体经营性建设用地的所有权主体，健全权属清晰、权责明确、流转顺畅的城乡建设用地产权管理一体化机制，为农村集体经营性用地与国有建设用地同等入市、同价同权提供制度保障。二是用途管制一体化机制。从用地的价值、标准、布局、规模、结构等方面，切实做好农村集体经营性建设用地调查、评价和规划，完善城乡建设用地用途管制一体化机制，确保与国有建设用地同等入市、公平交易顺利进行。三是资产管理一体化机制。从用地清产核资、交易平台搭建、市场规则完善、收益增值合理分配、服务监管体系健全等方面入手，有序推进统筹城乡建设用地资产管理一体化，确保农村集体建设用地入市顺畅、价值公平、经营规范，为建立城乡统一的建设用地市场、赋予农民更多土地财产权利提供制度保障。

（三）推动区域协调发展

中国是发展中大国，区域经济发展呈现差异性，各个区域具有比较优势，需要对这些不同的优势进行整合，形成新的经济增长极。为加强区域合作，应该改变"一亩三分地"的思维定式，打破区域分割、各自为政的状况，按照优势互补、互利共赢的原则，走出一条科学持续、协同发展的路子，最后达到区域协调发展的目标。

1. 有效发挥各地区比较优势。

充分发挥政府政策指导和规划引导作用，切实强化市场机制促进资源优化配置和发挥地区比较优势的基础性作用。提升各区特色优势，明确地区发展战略定位，推进区域合理分工，统筹各地区的资源和要素关系，有序推进区域资源整合与产业重组，引导产业有序转移，促进生产要素及人口跨区域合理流动，健全合作机制，巩固区域合作成果，创新合作模式，进一步加强泛区域空间与合作，促进区域互动发展和泛区一体化进程。加大基础设施投资建设力度，实现跨区域交通、通信、能源设施建设一体化，建成区域协调联动的交通、商贸、物流、通信、旅游、金融等服务体系，积极支撑多中心网络型国土空间开发格局的形成，依托各区产业联动和功能互补，促进国土连片（带）开发和共同发展（覃成林、贾善铭、杨霞，2016）。

2. 把区域差距控制在合理范围内。

区域差距不能过大，也不宜过小。遵循内聚外迁的思路，积极引导中西部地区资源环境承载力较低地区的人口向东部沿海地区、都市圈和城市群地区转移，促进人口规模与经济规模基本匹配。加大对中西部条件较好地区的支持力度，引导中西部地区投资增长，加快培育新的增长极，带动中西部地区发展，有效遏制人均地区生产总值差距扩大的趋势。实施各区域差别化的区域空间战略，继续深化推进西部大开发，进一步贯彻新发展理念，推动高质量发展；以共建"一带一路"为引领，加大西部开放力度；加大美丽西部建设力度，筑牢国家生态安全屏障；坚持以人民为中心，把增强人民群众获得感、幸福感、安全感放到突出位置；促进西部地区经济发展与人口、资源、环境相协调，形成西部大开发新格局，实现高质量发展①。全面振兴东北地区等老工业基地，加快产业结构调整与升级步伐，完善现代产业体系，推进形成以都市圈和城市群布点为基础的一批新型工业化和开发开放的经济增长带。大力促进中部地区崛起，进一步提升区位和产业优势，促进人口和产业集聚，发展现代产业体系，加快构建一批有实力的经济带、经济区、都市圈和城市群等创新增长极。积极支持东部地区率先发展，深化改革，率先转变经济发展方式，促进技术升级与产业转移，发展高端制造业和服务业，推进沿海轴线多重布点、连片开发。

3. 形成"沿海—内陆—沿边"区域经济新格局。

促进区域协调发展，就是要提升欠发达地区综合竞争力，缩小区域发展差距，推动形成主体功能定位清晰、优势互补、良性互动、公共服务和人民生活水平差距趋向缩小的区域协调发展新格局。未来，我国区域格局的总体态势将是东西两翼带动中部崛起，从而形成海陆统筹、东西互济、面向全球的开放新格局。

沿海地区是优化发展为主的区域，发展方向是依托"21世纪海上丝绸之路"，全面提升对外开放水平，积极主动参与国际竞争。沿海地区的京津冀、长江三角洲和粤港澳大湾区，支撑了我国近四十年的经济高速增长。然而与世界级城市群相比，发育仍不够充分，要以内涵式增长为主，加快改革开放，打造全球重要的现代服务业和先进制造业中心，推进城市群的结构优化，建设世界级城市群（安树伟、肖金成，2016）。加强上海、天津、宁波—舟山、广州、深圳、湛江、汕头、青岛、烟台、大连、福州、厦门、泉州、海口、三亚、北海等沿海城市港口建设，使沿海地区成为"21世纪海上丝绸之路"建设的排头兵和主力军②。

内陆地区拥有长江中游、中原、成渝、关中等近年来增长势头迅猛的城市群，是支撑中国经济持续增长、到2035年国家基本实现社会主义现代化的重要区域。在沿海地区进入工业化的后期阶段之后，一些制造业就有可能加速向内陆地区转移。未来内陆地区要以自身"做大做强"为主，加快打造有全球影响力的先进制造业基地和现代服务业基地。内陆地区并不意味着封闭，要重点打造武汉、重庆、成都、郑州、长沙、南昌、合肥等内陆开放型经济高地，创新加工贸易模式，深化与"一带一路"沿线国家的产业合作③。

沿边地区战略地位十分突出，既是战略性资源富集区，全国重要的能源原材

① 中共中央，国务院．关于新时代推进西部大开发形成新格局的指导意见［Z］. 2020.
②③ 国家发展改革委，外交部，商务部．推动共建丝绸之路经济带和21世纪海上丝绸之路的愿景与行动［N］．人民日报，2015－03－29（04）.

料、加工制造、农产品加工、文化旅游产业基地，也是我国对外开放的新门户，还是维护国家稳定、巩固民族团结、边疆安全的重要区域（安树伟、肖金成，2016）；更是到 21 世纪中叶，把我国建成富强民主文明和谐美丽的社会主义现代化强国的主要支撑区域。近期要完善基础设施建设，推进市场化进程，为 2035 年之后的快速发展奠定基础。沿边地区要进一步深化与周边国家的经贸合作，推进澜沧江—湄公河国际次区域经济合作，建设孟中印缅经济走廊，加快环喜马拉雅经济合作带建设；打造新疆"丝绸之路经济带"核心区，发挥内蒙古联通俄蒙的区位优势，建设向北开放的重要窗口；完善黑龙江对俄铁路通道和区域铁路网，广泛开展黑龙江、吉林与俄远东地区陆海联运①，建设更加开放的跨境经济合作区，形成沿边开放新高地。

4. 努力实现各区域的基本公共服务均等化。

深化完善区域基本公共服务均等化的体制机制，促进公共服务资源在区域之间均衡配置，缩小基本公共服务水平差距。促进健全国家援助机制和区域补偿机制，加大对欠发达地区、资源和生态地区的综合扶持和补偿力度。重点加强对老少边穷地区、资源枯竭地区、库区、粮食主产区等类型地区的政策援助和利益补偿，继续加大对该类地区基本公共服务的建设投入力度，逐步缩小区域间居民生活水平差距，逐步实现各地区居民享受等值化的生活质量，确保国土空间开发及其成果惠及全体民众。

（四）拓展海洋发展空间

拓展海洋发展新空间，必须坚持陆海统筹的战略思维，要从我国陆海兼备的基本国情出发，在进一步优化陆域国土开发的基础上，以提升海洋在国家发展安全全局中的战略地位、促进陆海国土战略地位的平等为前提，以倚陆向海、加快海洋开发进程、充分发挥海洋在资源环境保障、经济社会发展和国家安全维护中的作用为导向，以协调陆海关系、加强陆海资源开发、产业布局、交通通道建设、生态环境保护等领域统筹协调、促进陆海一体化发展为路径，以增强国家对海洋的管控利用能力、推进海洋强国建设为目标，着力构建大陆文明和海洋文明相容并济的可持续发展格局。

---

① 国家发展改革委，外交部，商务部. 推动共建丝绸之路经济带和 21 世纪海上丝绸之路的愿景与行动 [N]. 人民日报，2015 – 03 – 29（04）.

1. 以海洋开发为支撑，实现陆海发展战略平衡。

"谁能有效控制海洋，谁就能成为世界大国。"[①] 陆海统筹是一个事关国家发展与安全的大战略问题，是我国建设海洋强国、迈向世界强国之林的必由之路和重大战略举措。随着工业化和城市化进程的推进，陆域的资源环境承载力接近极限，环境污染、资源短缺、就业压力、土地紧张等问题成为制约经济发展的短板，陆域资源和空间的压力与日俱增，海洋已成为集聚要素和产业资源的空间载体，合理利用海洋资源，加强陆海统筹，实现陆海经济协调发展（韩增林、狄乾斌、周乐萍，2012；李靖宇、李锦鑫、张晨瑶，2016）。海洋国土和陆域国土都是我国领土中不可分割的部分，共同构成了我们赖以生存和发展的物质和空间基础。近年来，虽然中国的海洋开发能力越来越强，海洋产业逐步升级，但仍存在我国海洋战略地位有待提高、海洋发展滞后、尚未形成陆海统筹的发展观、海洋资源开发利用粗放等问题。因此，必须提高全社会特别是政府决策部门的海洋意识，树立全新的海洋国土观、海洋经济观、海洋安全观，提升海洋资源开发利用技术，科学开发海洋资源，保护海洋生态环境，注重建设海洋文明；将海洋开发作为国家国土开发的重要组成部分，根据海洋国土资源状况及开发现状，结合陆地的资源环境承载力，逐步将国土资源开发的战略重点向海洋延伸和扩展，促进海洋大开发和海洋经济大发展，不断提高海洋在国家发展战略中的地位与作用（曹忠祥、高国力，2015）。实现国家区域发展战略、海洋发展战略的有效衔接和陆海之间的战略平衡，为真正把我国建设成为海洋强国和海陆兼备的世界强国创造条件。

2. 发挥沿海地区核心作用，促进海陆一体化发展。

按照海陆相对位置和在国家发展中地位与作用的不同，陆海统筹发展中的陆域和海域可进一步划分为内陆、沿海、近海（领海、专属经济区和大陆架）和远海（公海和国际海底区域）四种地理单元。陆海统筹发展战略在空间上必须从海陆一体化联动发展角度对四种地理单元的发展进行统一的谋划，从而实现与国家区域发展战略和海洋战略的有效衔接。沿海地区地理位置特殊，是我国经济发展的核心地带、海陆联系的"桥梁"和窗口、人口和陆海产业集聚的平台、海洋开发的支撑保障基地，同时也是海陆相互作用强烈、矛盾和冲突问题最为集中的区域，在陆海统筹发展中具有举足轻重的地位。未来要充分发挥沿海地区在引领海洋开发和内陆地区发展中的核心作用，促进海陆一体化发展。首先，充分发挥辽

---

① ［美］阿尔弗雷德·赛耶·马汉. 海权论［M］. 张彬，张宗祥，译. 北京：电子工业出版社，2013.

中南、京津冀、山东半岛、长三角、粤港澳大湾区五大沿海城市群在"沿海—内陆"关系中的核心作用，带动辽西地区、河北沿海、苏北沿海、海峡西岸、广东西南沿海、广西沿海等经济薄弱地区加快发展，优化沿海地带综合布局（曹忠祥、宋建军、刘保奎等，2014）。其次，优化沿海地区空间结构，合理划定海岸线，避免城镇、港口和工业建设逼近或者占用海岸线，导致海岸带抵御海洋灾害和应对全球气候变化的能力减弱。同时，城市建设逼近海岸线，人类活动和各类建筑置于海洋灾害的直接威胁下，缺少缓冲屏障（李彦平、刘大海、罗添，2020）。最后，推动陆海复合型产业体系发展，合理规划沿海港、航、路系统，在资源环境承载力范围内合理发展陆海产业，实现陆海产业发展、基础设施建设、生态环境保护的有效对接和良性互动，提升沿海地区的集聚辐射能力。同时，要强调优化海域开发布局、加快海洋开发进程，重视加强广大内陆地区与沿海地区的合作，通过不断完善海陆间联系通道体系、加快产业转移步伐和加强基于生态系统的海陆生态环境保护协作，推动沿海、内陆和海域一体化发展。

3. 加快陆海双向走出去步伐，拓展国家发展战略空间。

对外开放是我国当前的基本国策，而加快走出去步伐是其中的主要方向，是拓展国家发展战略空间的必然选择。经过多年的发展，我国内陆边疆的沿边开放已经取得了较大进展，特别是以国际次区域合作为主要形式的国际合作步伐的加快，对于扩大国家资源保障来源、促进陆路国际战略通道建设、稳定边疆、带动西部内陆广大区域发展等已经发挥了重要作用，今后仍将是我国对外开放和拓展发展战略空间的重要方向。与此同时，顺应海洋开发全球化和海洋问题国际化的趋势，着眼于我国在全球的战略利益，迈向全球大洋应该成为我国对外开放和实施走出去战略的重要方向。必须以更加长远的眼光、更加开放的视野，跳出我国管辖海域范围的局限，在加强领海和近海资源开发利用的同时，积极应对全球海洋战略安全事务，参加公海、国际海底区域和南北极等国际"公土"的战略利益角逐，加强海洋开发与保护的国际合作，加快海洋战略通道安全维护能力建设，增强我国在全球海洋开发和公益服务中的能力与话语权。这一选择是对我国相对封闭的海陆地理形势的要求，也是维护我国海洋权益、展示我国负责任大国形象的需要（曹忠祥、高国力，2015）。

4. 提高综合管控能力，夯实陆海统筹发展基础。

管理水平低下和科技能力不足，是当前制约陆海统筹特别是海洋开发的主要因素，也是未来推进陆海统筹发展必须着力解决的关键问题。因此，陆海统筹必须正确处理政府与市场的关系。陆海统筹是战略性思维，作为指导陆域与海域两大系统协调发展的基本方针，政府在其中居于主体地位，要充分发挥好国家和地方各级政府的职能。在国家层面上，要注重通过宏观战略、规划、政策、法律法规的制定，统筹规范陆地和海洋开发活动，并发挥在国家海上综合力量建设、海洋权益维护和国际交流中的主体作用。在区域和地方层面，应主动服务国家海洋强国战略，加强区域性国土（海洋）规划、生态环境保护规划和政策的制定，推动海陆国土资源合理开发、区域性重大基础设施建设，和以流域为基础、以河口海陆交汇区为重点的海陆生态环境综合保护与治理等。在强调发挥政府主导作用的同时，对资源开发利用、产业发展等经济活动，要不断改革管理体制、完善市场机制，充分发挥市场在陆海经济发展中的决定性作用。适应陆海关系协调的需要，借鉴发达国家海洋和海岸带管理的经验，以强化综合管理为主要方向，不断完善体制机制，强化行政、经济和法律手段，协调各方面、各层次利益关系，为海陆资源、空间利用的综合管制和生态环境的一体化治理提供保障。从科技发展来看，着眼于海洋开发能力的提升，要坚定不移地实施科技兴海战略，加大国家对海洋科技发展的投入，整合科研、教育、企业、国防等方面的资源和力量，着力推动深远海调查研究、海洋监测、资源勘探开发等领域的技术研发，提高海洋技术装备的国产化水平和海洋科技对经济的贡献率，增强海洋经济发展的核心竞争力。

（五）实现国土资源集约高效利用

国土空间利用作为一项系统性、综合性极强的工作，是由资源、环境、经济等多种要素构成的综合体，这些要素关联复杂、领域交叉，高质量国土空间利用应综合平衡各类要素，统筹兼顾。新时代的国土资源集约高效利用，既要关注经济效益，更要将基础设施完善、生活便利、生态宜居等人民对美好生活的向往考虑其中（杨俊、黄贤金、王占岐等，2020）。因此，结合当前国家战略要求，将安全、协调、美丽和品质等内容融入国土空间高质量利用中去，促进区域、城乡用地布局优化。拓展国土资源集约高效利用的外延，将生态空间、地下空间等均纳入高质量利用范畴中来。

1. 促进差异化的国土空间利用。

由于国土空间开发利用阶段之间的巨大差异性和不平衡性，我国不同发展层次、处于不同发展阶段城市的建设规模、建设密度、核心区域、开发速度有着巨大的差异性。针对这种发展不同阶段的巨大差异，需要制定差异化的国土空间节约集约发展战略与实现路径。

对于国土空间发展水平较低的地区，应当以增量规划为主要发展模式，提高新增建设用地指标供给量，增大土地征收面积，推行积极的经济和产业政策；对于国土空间发展水平较高的地区，应当以存量规划为主要发展模式，严控新增指标，严格划定城市扩展边界，合理确定城市用地规模，强化城市建设用地开发强度、土地投资强度、人均用地指标整体控制。对于集约水平较低的地区，应当以严控建设增量为主要发展思路，不断开拓地下、地上空间，实施立体开发策略；对于集约水平较高的地区，则应适当降低密度，编制绿地规划，出台容积率限制、绿地覆盖率下限等指标，以绿地景观代替建设空间。

城镇化地区应鼓励开展居住建设和产业开发等建设行为，逐步建立起生态农业、生态工业、生态服务业的现代产业体系，有条件区域可发展现代都市农业，限制城镇化地区开展资源开采开发与重工业生产。乡村地区应鼓励以农业生产为主体、多产融合的生产活动，积极开展国土空间生态治理，限制高污染、高排放、高能耗产业进入乡村地区；通过进一步盘活闲置农村宅基地、放活宅基地使用权、由集体或市场主体统一经营等方式来实现宅基地实物与货币收益的灵活转换，在确保农民退出后居住有保障、福利不降低的前提下，显化宅基地使用价值。重点生态功能区鼓励开展以自然保育为首选的生态保护活动，必要时允许开展生态修复和生态利用行为；合理开发和保护海洋岸线资源，严格控制海岸线的使用，按照已批准的海洋功能区划确定的类型区推进岸线开发，保护原生海岸生态系统。

2. 优先保障基础设施与公共服务等重点功能用地。

一方面，合理确定保障性住宅用地年度供应规模、布局和节奏，根据人口数量、结构和居民需求，重点支撑城镇住房保障体系的建设，保障多类型群体的居住权利，维护社会公平。在保障性住房集中区域加强对市政、交通、基础设施和公共服务等配套设施建设和规划，完善基础设施建设和提升公共服务供给水平，改善城镇弱势人群的住房条件和人居环境。另一方面，推动农村地区水、电、煤、气、路、通信、广播、物流等基础设施建设，加强交通、水利等重大工程建设，提升农村住房质量，因地制宜推进农村改厕、生活垃圾处理和污水治理，改善农村人居环境。完善文化、体育、教育、医疗、卫生、环保等公共服务设施建设，加强村庄整体风貌保护与设计，改善农村居民生活环境，保障农村实现与城市均等化的居住品质。

3. 积极盘活城乡闲置空闲土地。

完善地类变更机制，创新存量用地供给机制，提高国土空间利用弹性，提高国土空间利用调整应对用地需求变化的及时性和有效性。释放存量建设用地空间，提高存量建设用地在土地供应总量中的比重。加快闲置土地的认定和处置，建立健全低效用地再开发激励约束机制，推进城乡存量建设用地挖潜利用和高效配置①。尽快出台闲置土地处置利用政策，定期开展以闲置和空闲土地为重点的闲置低效用地盘活利用专项行动。加快批而未供土地利用，健全市、县级新增建设项目用地部门联合审批、监管机制，建立评价考核、信用约束、差别化税费等制度措施，从源头上建立健全闲置低效用地防控机制。

在严格保护历史文化遗产、传统建筑和保持特色风貌的前提下，规范有序推进城镇更新和用地再开发，提升城镇用地人口、产业承载能力②。加快城镇低效用地再开发，开展城镇低效用地调查建库，编制城镇低效用地再开发专项规划，按照城中村、旧厂区、棚户区等分类制定实施方案，建立健全激励约束机制，鼓励社会资金参与和土地使用权人自主开发改造。创新土地储备新机制，助推城镇低效用地再开发③。

统筹运用土地整治、城乡建设用地增减挂钩等政策手段，整合涉地资金和项目，推进田、水、路、林、村综合整治，促进农村低效和空闲土地盘活利用④。通过进一步盘活闲置农村宅基地、放活宅基地使用权、由集体或市场主体统一经营等方式来实现宅基地实物与货币收益的灵活转换，在确保农民退出后居住有保障、福利不降低的前提下，显化宅基地使用价值。按照城中村、近郊村和远郊村分类制定农民宅基地用地标准，鼓励农村宅基地有偿退出和集体建设用地复垦利用，压减农村居民点用地规模，打造省级农村集体建设用地复垦地节余（流量）指标交易制度和平台，建立省级流量指标统筹调剂制度⑤。

4. 加强国土空间生态安全治理。

首先，全面开展全域综合整治和生态修复。要更为深入地认识区域内的生态环境特征和空间分异规律，从而以重要生态功能区、生态环境脆弱区为重点，有针对性地开展景观生态型国土综合整治和生态修复工程，全面保护与修复受损生态系统结构、提高全域生态系统保护能力、完善区域整体生态安全格局。

其次，自然资源治理应进一步聚焦人与自然的"生命共同体"理念，将山、水、林、田、湖、草和人类社会等多个生态、社会和经济系统相联通，进行整体保护、系统修复和综合治理。着力加强全域生态系统与经济、社会系统的互补协调，推进物质流与能量流的有序循环，持续强化生态系统的整体韧性，保障其应对长期或突变的自然或人为扰动时能够保持弹性和稳定。

---

① ② ④　国土资源部. 关于推进土地节约集约利用的指导意见［N］. 中国国土资源报，2014 - 09 - 26（002）.

③ ⑤　山东省人民政府. 关于创建国土资源节约集约示范省的实施意见［Z］. 2018.

最后，面对城乡居民生活圈内近距离生态景观诉求，未来应强化城乡园林绿地系统建设，构建从城市、区域到国家全域的生态景观空间土地利用系统，促进城乡建设空间与自然人文景观协调融合，打造蓝绿交织、清新美丽、生态友好的城乡生活空间。

（六）形成高质量发展的国土空间格局

优化国土空间格局是一个不断探索、动态调整的过程，目前确立的提高中心城市和城市群综合承载能力的政策导向，主要是顺应经济由高速增长阶段向高质量发展阶段的转变，追求效率目标（陈耀，2021）。未来的区域战略取向，应以现代化目标为导向，统筹东中西、协调南北方，谋划区域发展新棋局。新时期新阶段，推动形成高质量发展的国土空间格局，应实施轴带引领战略、群区耦合战略、开放合作战略，促进经济要素在更大范围、更高层次、更广空间顺畅流动与合理配置，构建城市群、发展轴、经济区等为支撑的功能清晰、分工合理、各具特色、协同联动的区域发展新格局。

1. 轴带引领，形成"三纵四横一沿边"的国土空间开发结构。

轴带引领，就是通过协调空间开发秩序和优化调整空间结构，逐步实现集中、集聚发展，让要素在轴带上集聚。我国已形成沿海经济带、长江经济带、陇海兰新经济带、京广—京哈经济带和包昆经济带等若干条纵横全国的经济带，在其上集聚了大量的城市和产业。新时期，在充分发挥上述经济带辐射带动作用外，还要立足国土空间开发的整体需求，积极培育渤（海湾）（内）蒙（古）新（疆）经济带、珠江—西江经济带和沿边经济带，推动形成"三纵四横一沿边"国土空间开发框架（见图2），作为国土经济高质量发展的区域支撑（肖金成、欧阳慧等，2012；黄征学、卢伟，2014；安树伟、郁鹏，2015；肖金成、欧阳慧等，2015；肖金成、黄征学，2017；肖金成、安树伟，2018）。

（1）沿海经济带。沿海经济带经济基础雄厚，产业结构比较合理，基础设施完备，国际化程度高，已形成了整体优势，是我国今后参与国际竞争的先导区域、率先实现现代化目标的示范区域，但开放程度与发展水平南北之间仍存在一定强弱差异，东南沿海与北部沿海经济发展差距仍很明显。未来，要加快环渤海地区改革开放步伐，补齐粤西地区及广西北部湾地区的短板，提升发展水平是协调沿海经济带南北方的重要任务。

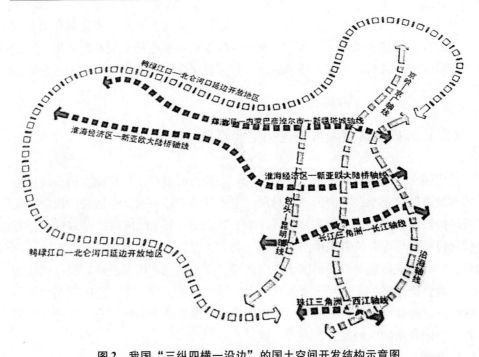

图2 我国"三纵四横一沿边"的国土空间开发结构示意图

（2）京广—京哈经济带。京广—京哈经济带沿京广铁路、京哈铁路几乎覆盖了我国东北和中部地区。发达的陆路通道为沿线经济发展提供了便利条件，串联了哈长、辽中南、京津冀、中原、武汉、长株潭和珠三角7大城市群。原材料工业、装备制造业、农副产品加工业比较发达，农业生产条件良好，是我国重要的粮食生产基地。随着老工业基地的振兴及新兴工业基地的崛起，该经济带的发展潜力将进一步发挥。未来应把京哈线、京广线、京九线、同蒲—太焦—焦柳线通过的地区作为一个整体，共同打造京广—京哈经济带，同时加快推进东北老工业基地振兴、中部地区高质量发展及新兴工业基地崛起，进一步发挥该经济带的发展潜力。

（3）包（头）昆（明）经济带。包（头）昆（明）经济带沿包（头）西（安）铁路、宝成铁路、成渝铁路、成昆铁路、内昆铁路，分布了包头、西安、成都、重庆、昆明等十几座城市。将关中平原城市群和成渝地区双城经济圈连接在一起，辐射带动了西部地区的发展。通过加强能矿资源开发，沿线煤炭、天然气、石油、原材料工业对全国经济发展的支撑作用将进一步加强，对于保障国家经济安全具有极其重要的战略意义。同时，应积极培育经济带上新的增长点，如榆林、泸州、内江、遵义、六盘水、曲靖等，使这条纵贯西部南北的经济带壮大起来。

（4）珠江—西江经济带。珠江—西江经济带东自珠三角和海南、香港、澳门，西至云南的瑞丽与孟中印缅经济走廊相连，覆盖七省（自治区、特别行政区），既有经济最发达的珠三角和港澳地区，又有经济发展相对滞后的滇黔桂三省（自治区）。打造珠江—西江经济带将使珠三角与滇黔桂的合作跃上新台阶，也促使我国与东南亚、南亚的国际次区域合作进入新阶段。

（5）长江经济带。长江经济带产业基础雄厚，分布了一大批我国重要的基础产业和战略性产业基地，具有巨大的发展潜力和优越的发展条件，是强化我国东中西部经济联系的最重要通道（顾朝林，1992）。但受区位和政策因素的影响，长江经济带发展不平衡，下游经济发展水平在经济带中最高，而上游经济发展水平在经济带中较低。应充分发挥长江黄金水道的航运功能，在合理规划布局沿江港口的基础上，不断改善上中游沿江地区的投资环境和生态环境，提升上中游沿江地区集聚人口和其他经济要素的能力。特别是长江上游的成渝地区双城经济圈，资源禀赋合理、人口密集、产业基础比较雄厚，是我国西部地区生态环境较好的地区，其加快发展对西南地区、西部地区乃至南亚、东南亚次区域合作具有非常重要的意义。

（6）陇海—兰新经济带。陇海—兰新经济带贯穿我国东中西部 10 个省（自治区），共与十多条南北向铁路交汇，将中原、关中平原城市群及将要形成的天山北坡城市群连接起来，能源、电力、石化、有色金属、装备制造、轻纺、电子、航空航天等工业较为发达。该经济带虽然开发历史悠久，但经济发展水平仍比较低，中西部地区的沿线城市辐射能力有限，城市间横向联系和分工协作还不密切。陇海—兰新经济带不仅可以统筹我国的东中西部，而且通过"丝绸之路经济带"将太平洋与大西洋连接起来，其连接亚欧纽带的作用更加凸显，将使古丝绸之路焕发活力。下一步，应以东中西联动为切入点，强化各城市的合作，加快产业在经济带上的聚集。

（7）渤（海湾）（内）蒙（古）新（疆）经济带。渤（海湾）（内）蒙（古）新（疆）经济带东自环渤海五省二（直辖）市，沿京包铁路经呼和浩特、包头、巴彦淖尔至新疆的哈密，接新疆的克拉玛依、塔城，是一条新的横贯东西的发展轴线，是又一条连接亚欧的新纽带。通过这条经济带，既可扩大环渤海、京津冀的腹地，充分发挥环渤海地区对西部地区的带动作用，又可进一步增强向西开放能力，打造新的对外联系通道。

（8）沿边经济带。沿边经济带北起辽宁丹东，南至广西东兴，是一条环形经济带，全长 2.2 万千米，沿线分布了 131 个县级行政单位（约 2000 万人）、40 多个地级行政单位（约 7000 万人），是以对外口岸为依托的"大分散、小聚集"

发展轴线，战略地位十分突出（安树伟、郁鹏，2015）。在这条经济带上，分布有丹东、绥芬河、满洲里、二连浩特、塔城、喀什、日喀则、西双版纳、河口、东兴等边境城市。这些城市规模不大，但战略地位非常重要。一些城市水资源及其他经济发展条件也很好，有条件发展成为大中城市。部分口岸、县城和小城镇，如新疆霍尔果斯、云南瑞丽、内蒙古满洲里、广西龙州、黑龙江乌苏镇等，有条件发展成为规模较大的城市，甚至发展成为大城市。但由于自然条件的限制和国际关系的不确定性，近期内沿边经济带较难成长为一个我国具有全局意义的经济轴带。

2. 群区耦合，构建跨省（自治区、直辖市）的八大经济区。

群区耦合中的"群"是指城市群，"区"是指经济区。群区耦合就是充分发挥城市群的辐射力，带动周边区域发展。经济区是城市群辐射的范围，其范围比城市群范围更大。要顺应城市群和经济区相互耦合的趋势，发挥城市群对周边区域的辐射力和带动力，构建跨省（自治区、直辖市）经济区，才能将城市群这种空间形态与更大范围的地区耦合起来，以城市群为核心推动形成主要经济区。具体而言，可以构建如下八大经济区（肖金成、黄征学，2017）。

（1）东北经济区。以辽中南城市群为核心，包括辽宁、吉林、黑龙江和内蒙古东部等地区。东北经济区要以重大交通基础设施的对接为突破口，加快构建区域合作的体制机制，培育新的经济增长极，改善投资环境，增强东北地区对经济要素的吸引力，促进东北地区整体经济快速健康发展，共同推进东北亚国际次区域合作。

（2）泛渤海经济区。以京津冀城市群和山东半岛城市群为核心，包括北京、天津、河北、山东、山西以及内蒙古中部等地区。该经济区突破了传统的四大区域界限，包含东部地区的北京、天津、河北，中部地区的山西，西部地区的内蒙古部分地区，有助于促进东中西协调发展。未来要进一步完善区域合作机制，加强跨区域基础设施的互联互通，加强生态环境的联防联控，增强京津冀、山东半岛城市群、山西内蒙古能源基地等的支撑功能，建设成为北方地区对外开放的门户、辐射带动"三北"地区的枢纽。

（3）泛长（长江三角洲）经济区。以长三角城市群为核心，包括上海、江苏、浙江、安徽、江西东北部等地区。该经济区整体发展水平较高，但苏北、浙西、皖北、皖西、赣东北地区经济实力相对较弱，要通过加强合作、强化对接、做大中心城市等举措，实现经济区一体化高质量发展。

（4）泛珠（珠江三角洲）经济区。以珠三角城市群为核心，包括香港、澳门、广东、海南、广西。抓住粤港澳大桥建设的机遇，加快粤港澳一体化，并与广西、海南融合发展，共同打造区域整体竞争力。

（5）海峡经济区。以海峡西岸城市群和台北都市圈为核心，以福建和台湾为主体，包括浙南、粤北和赣东南部分区域。应加强与台湾地区经济、文化、社会等领域的交流与合作，进一步整合两岸经济，实现海峡两岸互利共赢。

（6）中部经济区。以武汉、长株潭、中原城市群为核心，包括湖北、湖南、河南三省和赣西地区。要发挥上述三个城市群的辐射带动作用，在促进三省合作的基础上，做大做强宜昌、襄阳、岳阳、衡阳、怀化、南阳、信阳、驻马店等区域性中心城市，辐射带动中部区域经济发展。

（7）西南经济区。以成渝城市群为核心，包括重庆、四川、云南、贵州、西藏等。要发挥长江黄金水道的作用，吸引要素沿长江布局，加快港口城市发展；同时，要高度重视生态保护工作，切实采取措施治理西南地区土壤石漠化，维护长江上游流域生态安全。

（8）西北经济区。以关中平原城市群和正在培育的天山北坡城市群为核心，包括陕西、甘肃、青海、宁夏、新疆、内蒙古西部等地区。该经济区水资源短缺，除关中地区外城市分布稀疏。今后应重点打造区域性中心城市，在有可靠水资源的地方集聚产业和人口，对生态极度脆弱的地区应加强保护，对那些不适合人类生存的地区应采取措施将居民转移出去（肖金成、欧阳慧等，2012；肖金成、欧阳慧等，2015；肖金成、黄征学，2017）。

六、我国国土经济高质量发展的对策措施

促进我国国土经济高质量发展，除了有明确的战略导向和发展思路，还要有具体的对策措施。对策是政策和策略，措施是工具和手段。目标方向确定之后，通往目标的路径需要打通。实现国土经济高质量发展，既需要科技创新，提高资源利用效率，也需要完善体制机制，还需要进行科学规划，对国土开发、资源利用和环境保护进行规范和约束，再辅之以财政政策、资源政策、土地政策、市场政策等，使国家的战略目标和政策化为各级政府、企业和城乡居民的自觉行动。

（一）加强科技创新，缓解资源和环境约束

要素和投资驱动一直是我国经济发展的传统动力，在产能过剩、劳动力成本

上升和资源环境形势严峻等背景下，迫切面临实现由要素驱动向创新驱动的转型，由传统驱动力向新动能转变的现实需求。从工业发展的历史看，工业技术路线总体上是沿着从耗费资源损害环境向节约资源保护环境的技术升级的方向不断进步的。一要借力技术创新要素，缓解资源环境约束。推动互联网、大数据、人工智能和实体经济深度融合，打造数字车间和智慧工厂。二要大力发展绿色技术，缓解资源环境压力。大力发展遵循生态原理和生态经济规律，节约资源和能源，避免、消除或减轻生态环境污染和破坏，生态负效应最小的"无公害化"或"少公害化"的技术、工艺和产品，如污染控制和预防技术、源头削减技术、废物最少化技术、循环再生技术、生态工艺、绿色产品、净化技术等（边云岗、刘国建，2011）。

（二）健全国土经济高质量发展的体制机制

促进国土经济高质量发展，需要健全的体制机制作为保障。健全国土经济高质量发展的体制机制，主要涉及财政、区际利益、绩效考核、国土空间管理四大体制机制（汪阳红，2012）。一是完善财政体制，要理顺中央和地方的关系，中央政府和地方政府要责权清晰，建立稳定的地方财政收入来源制度，创新财政转移支付方式，完善财政工具体系。二是建立区际利益协调机制，区域利益矛盾通常表现在跨区域的公共问题上，如环境保护、流域治理、跨区域基础设施建设等。一方面是要建立区域协调管理委员会，委员会的成员除了地方政府代表外，也可采取灵活的方式，吸纳专家、企业、居民以及非政府组织等多元主体参与；另一方面是建立税收利益共享和征管协调机制。如都市圈和城市群内可探索构建省际互认的征收管理制度、税收信息沟通与常态化交流机制。三是完善绩效考核机制，根据国土不同类型区的要求确定考核方法，设置长期与短期的考核时间，将生态环境和社会事业指标纳入考核体系，建立激励相容的绩效考核配套体系，实现绩效考核重点与空间主体功能协调一致和良性互动。四是完善国土空间管理体制，包括健全自然资源管理制度体系、自然资源监管体系、统一的生态保护和环境防控管理，提高空间规划的权威性和执行力。

在体制机制完善的过程中，要转变国土经济发展的调控手段。应该以行政手段为主逐渐转向以法律手段和经济手段为主，这样政策才能够有连续性，政策效力才能够不断传递下去。政府要真正做到法无授权不可为，企业和市民等市场主体真正做到法无禁止即可为（安树伟、肖金成，2016）。

（三） 完善国土空间规划体系

国土空间规划是政府加强国土空间治理、协调空间秩序的重要手段，是国家治理体系现代化的重要内容。目前，我国已初步形成以主体功能区规划为基础，包括国土规划、区域规划、城镇体系规划、城市规划、空间规划等空间规划体系（黄征学、张燕等，2019）。但是，各类空间规划缺乏衔接，自 2013 年国家明确提出建立空间规划体系后，部分市县开始了"多规合一"的探索。未来，完善国土空间规划体系，一是要完善空间规划治理体系。设立国土空间规划委员会，做好国土空间规划的顶层设计和中间协调者。二是要做到"六统一"。通过统一价值取向、统一基础资料、统一规划标准、统一编制规划、统一信息平台、统一归口管理，夯实国土空间规划的基础，充分发挥规划的约束引导作用，处理好空间规划与发展规划、国家规划与地方规划、总体规划与专项规划之间的关系（黄征学、张燕等，2019；董祚继，2020）。三是要完善国土空间规划的评估与监测。要从规划体系编制成果、实施过程、实施效果三方面构建评估体系，建立具体的动态规划评估标准，加强对规划实施的跟踪管理，及时发现空间规划实施中的偏差。同时，要建立包含政府、专家、利益相关群体等在内的多元主体的评估模式。

（四） 畅通资源要素流通渠道

行政区之间和行业企业间市场壁垒、生产许可垄断、价格垄断、销售渠道垄断等诸多不利于市场公平竞争的行为或现象，会在不同程度上损失全国资源要素配置的效率和行业企业发展的公平性。为此，一是着力打破行政区、行业企业间市场垄断阻碍。应打破地方和部门保护主义，清理和废除妨碍全国统一市场和公平竞争的各种规定和做法，加快推进全国统一大市场建设，促进劳动、资本、土地、知识、技术、数据等生产要素有序流动，全面提高资源配置效率。二是推动区域间、城市间深度合作。从不同地区和不同城市新旧动能同步转换、差异引导的角度，积极创新搭建合作平台，通过创新链引导要素链、产业链实现跨区域、跨城际整合配置，推动东部与中西部、东北地区等跨区域间，不同省（自治区、直辖市）之间，不同规模和等级的城市之间实现新旧动能有序更替和同步转换。三是从构建行业企业发展新生态的角度，积极运用新技术、新模式，推动不同行业之间、行业内部不同分工部门之间、处于产业链不同环节的企业之间围绕价值链共同提升的方向，加强资源就地深度挖掘和要素异地高效重组，让行业、企业在分化中整体走向新的成长生命周期。

（五）提升城市化地区承载能力、农产品主产区生产能力、生态功能区价值转化能力

实施主体功能区战略，对于推进国土空间科学开发意义重大。未来，国土空间高质量发展要重视城市化地区、农产品主产区、重点生态功能区三类空间的差异性。城市化地区要注重提高承载能力，一方面，仍要以提高城市功能为重点，发展都市圈或城市群，加快经济一体化，增强其产业承载能力和人口吸纳能力；另一方面，要加强城市环境综合治理，推进城市大气、水、土壤污染综合治理，完善城镇污水、垃圾处理等环保基础设施，提高其资源环境承载能力①。农产品主产区要注重提高粮食综合生产能力，大力推进粮食生产功能区和重要农产品生产保护区（以下简称"两区"）建设，积极推进"两区"范围内的高标准农田建设，培育"两区"范围内的新型经营主体，加快农业科技的研究与推广，增加高质量的农产品供给②。同时，要注重建立最严格的耕地资源保护机制。生态功能区要注重提升价值转化能力，一方面，要注重发挥市场的作用，深化自然资源资产有偿使用制度改革，要形成归属清晰的自然资源资产产权制度，完善生态产品市场，能够反映生态产品的市场供求和资源稀缺程度，加强公共资源交易平台建设以及资源要素市场信息监管和调控。另一方面，要健全生态产品价值核算体系，科学核算和准确评估生态产品价值③（王夏晖、朱媛媛、文一惠等，2020）。

参 考 文 献

［1］安树伟，肖金成. 区域发展新空间的逻辑演进［J］. 改革，2016（8）：45-53.

［2］安树伟，郁鹏. 未来中国区域经济发展空间战略新棋局［J］. 区域经济评论，2015（1）：13-17.

［3］安树伟，张晋晋，等. 都市圈中小城市功能提升［M］. 北京：科学出

---

① 国务院. 全国国土规划纲要（2016-2030年）［Z］. 2017.
②③ 国务院. 关于建立粮食生产功能区和重要农产品生产保护区的指导意见［Z］. 2017.

版社，2020.

[4] 安树伟，张双悦. 新中国的资源型城市与老工业基地：形成、发展与展望 [J]. 经济问题，2019 (9)：10 - 17.

[5] 安树伟. 改革开放 40 年以来我国区域经济发展演变与格局重塑 [J]. 人文杂志，2018 (6)：1 - 10.

[6] 安树伟，肖金成，高国力，等. 拓展我国区域发展新空间 [R]. 国家社会科学基金重大项目研究报告，2020.

[7] 边云岗，刘国建. 基于绿色技术系统观的生态化技术创新模式 [J]. 广东工业大学学报（社会科学版），2011，11 (3)：10 - 13.

[8] 曹忠祥，高国力. 我国陆海统筹发展的战略内涵、思路与对策 [J]. 中国软科学，2015 (2)：1 - 12.

[9] 曹忠祥，宋建军，刘保奎，等. 我国陆海统筹发展的重点战略任务 [J]. 中国发展观察，2014 (9)：42 - 45.

[10] 陈耀. 我国国土空间布局优化的重大问题思考 [J]. 河北经贸大学学报，2021，42 (2)：12 - 18.

[11] 丛书编写组. 推进以人为核心的新型城镇化 [M]. 北京：中国市场出版社，中国计划出版社，2020.

[12] 邓琦. 多部门将研究推动海洋垃圾污染防治 [N]. 新京报，2019 - 06 - 03 (特 02).

[13] 邓宗兵，封永刚，张俊亮，等. 中国粮食生产空间布局变迁的特征分析 [J]. 经济地理，2013，33 (5)：117 - 123.

[14] 董祚继. 从土地利用规划到国土空间规划——科学理性规划的视角 [J]. 中国土地科学，2020，34 (5)：1 - 7.

[15] 鄂竟平. 提升生态系统质量和稳定性 [A]. 本书编写组.《中共中央关于制定国民经济和社会发展第十四个五年规划和二〇三五年远景目标的建议》辅导读本 [C]. 北京：人民出版社，2020：370 - 378.

[16] 樊杰. 我国"十四五"时期高质量发展的国土空间治理与区域经济布局 [J]. 中国科学院院刊，2020，35 (7)：796 - 805.

[17] 方创琳，马海涛. 新型城镇化背景下中国的新区建设与土地集约利用 [J]. 中国土地科学，2013，27 (7)：4 - 9.

[18] 谷树忠. 国土经济学通论 [M]. 北京：高等教育出版社，2012.

[19] 顾朝林. 中国城镇体系——历史·现状·展望 [M]. 北京：商务印书馆，1992.

［20］国家发展改革委，外交部，商务部．推动共建丝绸之路经济带和21世纪海上丝绸之路的愿景与行动［N］．人民日报，2015－03－29（04）．

［21］国家发展和改革委员会．《中华人民共和国国民经济和社会发展第十四个五年规划和2035年远景目标纲要》辅导读本［M］．北京：人民出版社，2021．

［22］国土资源部．关于推进土地节约集约利用的指导意见［N］．中国国土资源报，2014－09－26（002）．

［23］韩增林，狄乾斌，周乐萍．陆海统筹的内涵与目标解析［J］．海洋经济，2012，2（1）：10－15．

［24］韩正．到二〇三五年基本实现社会主义现代化远景目标［A］．本书编写组．《中共中央关于制定国民经济和社会发展第十四个五年规划和二〇三五年远景目标的建议》辅导读本［C］．北京：人民出版社，2020：10－21．

［25］郝前进，王淼薇．城市空间拓展、产业政策与企业生存发展——基于上海市规模以上工业企业的实证研究［J］．上海经济研究，2013，25（10）：106－116．

［26］胡春华．加快农业农村现代化［A］．本书编写组．《中共中央关于制定国民经济和社会发展第十四个五年规划和二〇三五年远景目标的建议》辅导读本［C］．北京：人民出版社，2020：80－90．

［27］黄征学，卢伟．谋划区域发展"新棋局"［J］．中国发展观察，2014（11）：63－66．

［28］黄征学，张燕，等．完善空间治理体系研究［M］．北京：中国社会科学出版社，2019．

［29］李金华．中国生产性服务业的结构、布局与前景［J］．东南学术，2020（5）：93－103．

［30］李靖宇，李锦鑫，张晨瑶．推进陆海统筹上升为国家大战略的构想［J］．区域经济评论，2016（3）：29－38．

［31］李彦平，刘大海，罗添．陆海统筹在国土空间规划中的实现路径探究——基于系统论视角［J］．环境保护，2020，48（9）：50－54．

［32］刘金朋．基于资源与环境约束的中国能源供需格局发展研究［D］．北京：华北电力大学，2013．

［33］陆福兴．新时代我国粮食安全区域布局的新构想［J］．粮食科技与经济，2019，44（5）：21－25．

［34］马芋红，张光辉，耿韧，等．我国水蚀区坡耕地土壤重金属空间分布

及其污染评价 [J]. 水土保持研究, 2017 (2): 112-118.

[35] 石敏俊. 生态产品价值如何实现？[N]. 中国环境报, 2020-09-24 (003).

[36] 覃成林, 贾善铭, 杨霞, 等. 多极网络空间发展格局: 引领中国区域经济 2020 [M]. 北京: 中国社会科学出版社, 2016.

[37] 汪阳红. 优化国土空间开发格局的体制机制研究 [J]. 经济研究参考, 2012 (49): 21-34.

[38] 王丽. 陆海统筹发展的成效、问题及展望 [J]. 宏观经济管理, 2013 (9): 22-24.

[39] 王夏晖, 朱媛媛, 文一惠, 等. 生态产品价值实现的基本模式与创新路径 [J]. 环境保护, 2020, 48 (14): 14-17.

[40] 孙久文, 闫昊生. 中国经济地理概论 [M]. 北京: 经济管理出版社, 2021: 35.

[41] 吴传钧. 中国经济地理 [M]. 北京: 科学出版社, 2000.

[42] 习近平. 推动形成优势互补高质量发展的区域经济布局 [J]. 奋斗, 2019 (24): 4-8.

[43] 肖金成, 安树伟. 中国区域发展与改革 40 年 [A]. 邹东涛. 发展和改革蓝皮书: 中国改革开放 40 周年 (1978~2018) [C]. 北京: 社会科学文献出版社, 2018: 45-78.

[44] 肖金成, 蔡翼飞. 以人为核心的新型城镇化 [J]. 中国金融, 2014 (1): 60-61.

[45] 肖金成, 黄征学. 未来 20 年中国区域发展新战略 [J]. 财经智库, 2017, 2 (5): 41-67, 142-143.

[46] 肖金成, 欧阳慧, 等. 优化国土空间开发格局研究 [J]. 经济学动态, 2012 (5): 18-23.

[47] 肖金成, 欧阳慧, 等. 优化国土空间开发格局研究 [M]. 北京: 中国计划出版社, 2015.

[48] 肖金成, 申兵. 我国当前国土空间开发格局的现状、问题与政策建议 [J]. 经济研究参考, 2012 (31): 15-26.

[49] 徐胜. 中国陆海系统协调度及经济互动效率评价研究 [J]. 山东大学学报 (哲学社会科学版), 2019 (6): 126-134.

[50] 杨俊, 黄贤金, 王占岐, 等. 新时代中国城市土地集约利用若干问题的再认识 [J]. 中国土地科学, 2020, 34 (11): 31-37.

　　[51] 杨伟民. 构建国土空间开发保护新格局 [N]. 经济日报，2020 - 12 - 23（010）.

　　[52] 尹稚，袁昕，卢庆强，等. 中国都市圈发展报告2018 [M]. 北京：清华大学出版社，2019.

　　[53] 张可云. 区域经济政策 [M]. 北京：商务印书馆，2005.

　　[54] 张守凤，李淑萍. 统筹城乡发展的内涵及路径研究 [J]. 山东社会科学，2017（3）：109 - 114.

　　[55] 薛春璐，裴志远，郭琳. 基于农地确权数据的流转土地价格与农村人口的空间关系——以观音滩镇为例 [J]. 中国农业大学学报，2021，26（9）：216 - 230.

　　[56] 中国宏观经济研究院国土开发与地区经济研究所课题组. 我国城镇化空间形态的演变特征与趋势研判 [J]. 改革，2020（9）：128 - 138.

　　[57] 周立三. 中国农业地理 [M]. 北京：科学出版社，2000.

　　[58] 庄贵阳，丁斐.“绿水青山就是金山银山”的转化机制与路径选择 [J]. 环境与可持续发展，2020，45（4）：26 - 30.

（执笔：肖金成、安树伟、董红燕、李瑞鹏、庞晓庆）

第二篇

专题报告

国土空间布局优化与高质量发展

国土经济包括哪些产业，学术界还没有统一的标准，通常分大、中、小三个范围。"大国土经济"是指"国土空间"上一切经济活动，是指整个国土（含海洋）空间上所有的产业，等同于国内生产总值。"中国土经济"是指基于"国土资源"开发及其相关经济活动，包括基于土地/海洋开发利用的产业（第一产业），基于矿产资源深加工的产业（制造业），以及相关的服务业，如农林牧渔服务业，开采辅助活动，交通运输、仓储和邮政业，住宿和餐饮业，房地产业，水利、环境和公共设施管理业等（具体见附录）。"小国土经济"，是指直接开发利用"国土资源"的经济活动，主要包括基于土地和海洋资源的种植业、林业、畜牧业、渔业，以及基于矿产资源直接开发的煤炭开采和洗选业、石油和天然气开采业、黑色金属矿采选业、有色金属矿采选业和非金属矿采选业。很显然，"大国土经济"等同于国民经济、范围偏大，"小国土经济"是指资源利用、范围偏小，两者都不能全面、准确、科学地反映国土经济的科学内涵、不能覆盖国土经济的全部产业。我们认为"中国土经济"能够科学、准确、全面地反映国土经济的内涵与外延，并且有利于对国土经济的发展速度、质量与效益进行统计分析与研究。本研究报告所讲的国土经济，实际是"中国土经济"的范畴。

一、国土经济布局的现状与问题

依据国家统计局关于国民经济行业分类，以及《中国统计年鉴》等数据，本专题从国土经济的6个子产业（农林牧渔业、工业、建筑业、交通运输业、住宿餐饮业、房地产业），从增加值、增长速度、区域分布等方面，对国土经济产业的布局进行研究。文中数据除注明来源的以外，其余数据均引自国家统计局相关报告。

（一）国土经济布局的现状

1. 整体产业状况。

2010~2020年，我国国土经济产业增加值从281823.6亿元增长到599255.6亿元，增长了1.13倍，年均增长率达到7.84%。其中，增长速度最快的是房地产业，从23326.6亿元增长到74552.5亿元，增长了2.20倍；其次是建筑业，增长了1.68倍；增长最低的是工业，仅增长了0.90倍（见表1）。总体来看，2010~2020年，与国内生产总值相比，我国国土经济产业增加值年均增速低了1.60个百分点，增长速度有待进一步提升。

表1　　　　　　　　　　　中国国土经济产业增加值

项目	2010年（亿元）	2020年（亿元）	2020年相当于2010年的倍数	2010~2020年年均增速（%）
国内生产总值	412119.3	1015986.2	2.47	9.44
农林牧渔业增加值	39619.0	81103.9	2.05	7.43
工业增加值	165123.1	313071.1	1.90	6.61
建筑业增加值	27259.3	72995.7	2.68	10.35
交通运输、仓储和邮政业增加值	18783.6	41561.7	2.21	8.27
住宿和餐饮业增加值	7712.0	15970.7	2.07	7.55
房地产业增加值	23326.6	74552.5	3.20	12.32
国土经济产业增加值合计	281823.6	599255.6	2.13	7.84

资料来源：根据国家统计局年度数据整理。

2. 不同细化产业概况。

2010~2020年，国土经济6大细分产业每个产业的年增长率都呈现下降趋势，符合国家经济进入新常态后的基本特征。不同行业来看，受新冠肺炎疫情影响，下降幅度最大的是住宿和餐饮业，2020年增长率下降到-13.1%，首次出现负增长；其次是交通运输业，由2010年的9.5%下降到2020年的0.5%，下降了9.0个百分点；比较平稳的是农林牧渔业，2010年增长率是4.3%，2020年是3.1%，仅下降了0.8个百分点（见图1）。

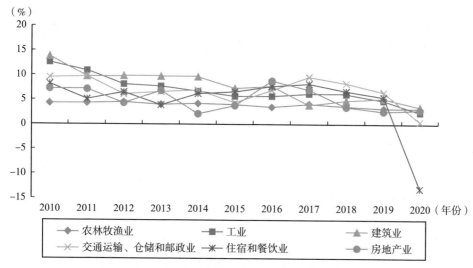

图 1　2010～2020 年中国国土经济细分产业年度增长率

资料来源：根据国家统计局年度数据整理。

3. 区域产业布局概况。

为了进一步研究国土经济产业的区域分布，收集整理了国土经济产业 6 大细分产业增加值的区域分布数据（见表 2）。以此为依据，对国土经济的区域状况进行分析。总体来看，国土经济产业增加值各个区域显著不同。2019 年增长最多的 5 个省份是广东、江苏、山东、浙江和河南，增加值分别为 63035.8 亿元、60795.6 亿元、42648.5 亿元、36172.5 亿元和 35521.6 亿元；增长最慢的 5 个省份分别是甘肃、海南、宁夏、青海和西藏，增加值分别为 5037.2 亿元、3239.6 亿元、2278.4 亿元、1761.4 亿元和 921.9 亿元。

表 2　　　　　全国分省份国土经济产业增加值（2019 年）　　　　　单位：亿元

省份	农林牧渔业	工业	建筑业	交通运输	住宿和餐饮业	房地产业	国土经济产业增加值
广东	4478.3	39141.8	4334.0	3658.0	1880.5	9543.2	63035.8
江苏	4611.9	37225.7	6330.7	3170.0	1531.4	7925.9	60795.6
山东	5477.1	22755.1	5532.8	3636.1	1173.7	4073.7	42648.5
浙江	2135.9	22520.9	3832.1	1980.1	1085.5	4618.0	36172.5
河南	4860.7	17938.2	5174.8	3038.0	1157.6	3352.3	35521.6

续表

省份	农林牧渔业	工业	建筑业	交通运输	住宿和餐饮业	房地产业	国土经济产业增加值
湖北	4014.3	15707.6	3073.1	2233.5	1248.5	3455.3	29732.3
四川	4938.0	13165.9	4150.3	1473.1	1178.6	3269.1	28175.0
福建	2691.1	15654.0	4482.0	1482.2	655.6	2697.8	27662.7
湖南	3850.5	11995.8	3416.9	1578.0	915.7	2725.1	24482.0
安徽	3069.2	11181.7	3811.6	1951.5	741.9	2888.4	23644.3
河北	3727.5	11310.4	2118.9	2886.0	389.0	2356.2	22788.0
陕西	2098.2	9459.9	2432.3	1106.3	426.6	1422.0	16945.3
江西	2135.8	8774.2	2053.0	1106.7	453.4	1816.3	16339.4
上海	113.3	9565.1	716.2	1650.4	458.9	3300.7	15804.6
辽宁	2266.9	8052.2	1480.1	1311.2	316.9	1491.9	14919.2
云南	3096.2	5400.5	2664.6	1101.1	589.5	1417.4	14269.3
重庆	1581.3	6551.8	2840.1	977.1	502.0	1502.5	13954.8
广西	3493.9	5246.6	1816.1	902.0	376.9	1798.8	13634.3
内蒙古	1893.5	5458.6	1304.5	1202.7	361.5	892.2	11113.0
山西	875.5	6582.7	894.8	1028.2	207.1	1066.7	10655.0
贵州	2408.0	4459.0	1517.1	709.9	417.2	644.2	10155.4
北京	116.9	4243.3	1477.4	1010.8	538.1	2603.8	9990.3
黑龙江	3268.2	3334.0	417.4	503.6	232.0	714.2	8469.4
新疆	1888.4	3831.0	1044.6	751.1	181.4	520.1	8216.6
天津	191.8	4372.3	693.8	787.7	169.1	1238.5	7453.2
吉林	1333.4	3347.8	808.6	574.4	192.6	778.8	7035.6
甘肃	1097.2	2319.8	553.0	438.4	158.3	470.5	5037.2
海南	1118.0	597.9	490.2	256.0	267.2	510.3	3239.6
宁夏	297.7	1272.5	316.2	177.7	53.7	160.6	2278.4
青海	306.0	821.9	332.0	123.2	50.8	127.5	1761.4
西藏	142.1	131.7	503.9	47.8	41.9	54.5	921.9

注：不包含港、澳、台地区。
资料来源：根据国家统计局年度数据整理。

4. 分省份、分产业发展概况。

2019 年，农林牧渔业增加值占全国比重最大的五个省份分别是山东、四川、河南、江苏、广东（见图 2），占全国比重分别是 7.44%、6.71%、6.61%、6.27%、6.09%；农林牧渔业增加值占全国比重最少的五个省份分别是宁夏、天津、西藏、北京、上海，占全国比重分别是 0.40%、0.26%、0.19%、0.16%、0.15%。

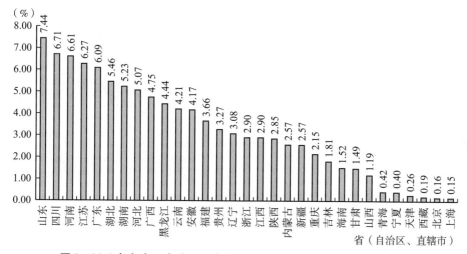

图 2 2019 年各省（自治区、直辖市）农林牧渔业增加值占全国比重

资料来源：根据国家统计局年度数据整理。

2019 年，工业增加值占全国比重最大的五个省份分别是广东、江苏、山东、浙江、河南（见图 3），占全国比重分别是 12.53%、11.92%、7.28%、7.21%、5.74%；工业增加值占全国比重最少的五个省份分别是甘肃、宁夏、青海、海南、西藏，占全国比重分别是 0.74%、0.41%、0.26%、0.19%、0.04%。

2019 年，建筑业增加值占全国比重最大的五个省份分别是江苏、山东、河南、福建、广东（见图 4），占全国比重分别是 8.97%、7.84%、7.33%、6.35%、6.14%；建筑业增加值占全国比重最少的五个省区分别是西藏、海南、黑龙江、青海、宁夏，占全国比重分别是 0.71%、0.69%、0.59%、0.47%、0.45%。

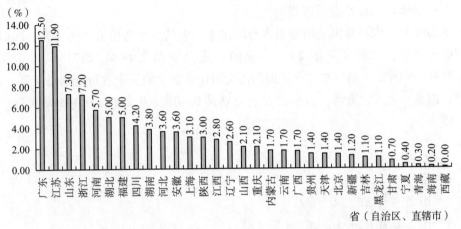

图3　2019年各省（自治区、直辖市）工业增加值占全国比重

资料来源：根据国家统计局年度数据整理。

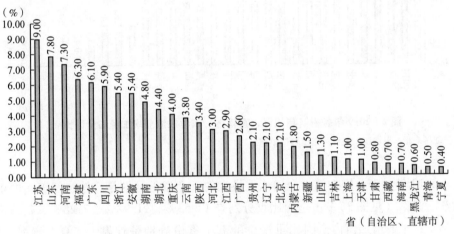

图4　2019年各省（自治区、直辖市）建筑业增加值占全国比重

资料来源：根据国家统计局年度数据整理。

2019年，交通运输业增加值占全国比重最大的五个省份分别是广东、山东、江苏、河南、河北（见图5），占全国比重分别是8.54%、8.49%、7.40%、7.09%、6.73%；交通运输业增加值占全国比重最少的五个省份分别是甘肃、海南、宁夏、青海、西藏，占全国比重分别是1.02%、0.60%、0.41%、0.29%、0.11%。

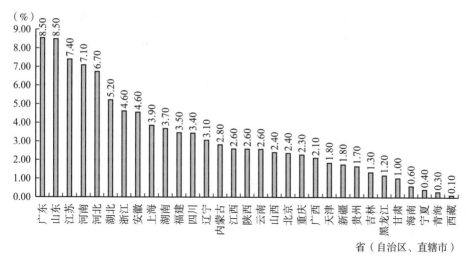

图5 2019年各省（自治区、直辖市）交通运输业增加值占全国比重

资料来源：根据国家统计局年度数据整理。

2019年，住宿餐饮业增加值占全国比重最大的五个省份分别是广东、江苏、湖北、四川、山东（见图6），占全国比重分别是10.47%、8.53%、6.95%、6.56%、6.54%；住宿餐饮业增加值占全国比重最少的五个省份分别是天津、甘肃、宁夏、青海、西藏，占全国比重分别是0.94%、0.88%、0.30%、0.28%、0.23%。

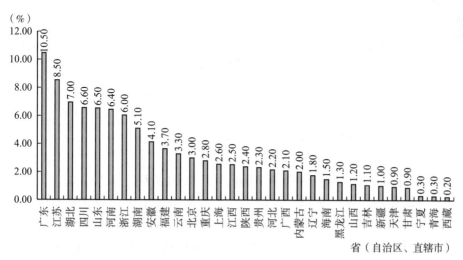

图6 2019年各省（自治区、直辖市）住宿和餐饮业增加值占全国比重

资料来源：根据国家统计局年度数据整理。

2019 年，房地产业增加值占全国比重最大的五个省份分别是广东、江苏、浙江、山东、湖北（见图7），占全国比重分别是 13.74%、11.41%、6.65%、5.87%、4.98%；房地产业增加值占全国比重最少的五个省份分别是海南、甘肃、宁夏、青海、西藏，占全国比重分别是 0.73%、0.68%、0.23%、0.18%、0.08%。

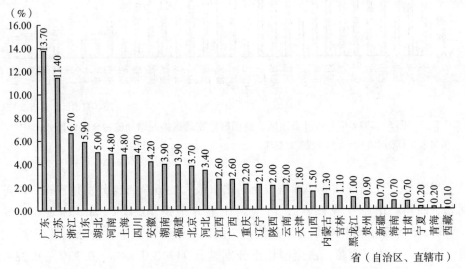

图7　2019 年各省（自治区、直辖市）房地产业增加值占全国比重

资料来源：根据国家统计局年度数据整理。

从上述分产业发展情况可以看出，国土经济产业区域分布呈现出明显的差异化，国土经济产业主要分布在广东、江苏、山东等省份，集中在中国东部和沿海地区，而西部等内陆地区的差距还比较明显。

（二）国土产业布局的问题

第一，国土经济产业发展落后于国内生产总值的发展。2010～2020 年，国内生产总值的年均增速是 7.18%，国土经济产业增加值年均增速是 6.06%，低 1.12 个百分点。造成差距的主要原因是农林牧渔业和住宿餐饮业的增速下滑，传统资源型产业缺少创新发展，同时由于新冠肺炎疫情影响，基础消费力降低，相关产业的发展速度明显低于科技产业。

第二，国土经济产业发展不协调。2020 年在六大国土经济产业中，农林牧渔业增加值所占比重是 13.53%、工业增加值占 52.24%、建筑业增加值占 12.18%，服务性质的交通运输、仓储和邮政业，住宿和餐饮业及房地产业增加值所占比重是 22.05%（见图 8）。工业增加值所占比重大，但服务业增加值比重偏小。

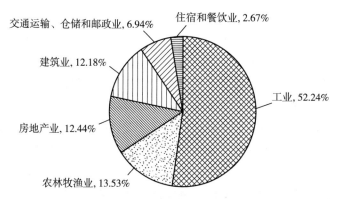

图 8　2020 年国土经济产业增加值构成

资料来源：根据国家统计局年度数据整理。

第三，国土经济区域发展不均衡。国土经济产业增加值规模最大的广东是规模最小的西藏的 68.4 倍。对不同区域产业布局的分析表明，不均衡是我国区域经济发展亟待解决的问题（王宏广等，2020）。出现这种状况的核心原因有三个：一是区域科技发展不平衡；二是资源分布不均衡；三是包括政策在内的各类发展要素配置不均衡。

二、国土经济高质量发展面临的挑战

产业布局是指一个国家和地区由于劳动力、土地和矿产资源、科技等各种生产要素不同，导致出现细分产业规模和竞争力不同的状况。产业布局是随着社会生产力的发展和产业结构的变动而不断发生变化的。中华人民共和国成立以来，在国家政策和国际形势的影响之下，我国产业布局重心由沿海到内地、由东部到西部，全国性产业布局经历了"均衡发展—非均衡发展—均衡发展"逐渐演变的过程（姚丽娟，2020）。通过分析不同的经济质量差距指数，将我国的 31 个省（自治区、直辖市）划分为经济高质量区、经济中高质量区、经济中等质量区、经济中低质量区和经济低质量区 5 个发展状态，并从市场机制、政府作用、科技创新、生态资源、社会和谐、全球化 6 个指标，对我国经济区域布局进行了分析（王宏广等，2020），中国的国土经济科学布局将面临如下六大挑战。

（一）国际环境巨变

国际大环境将会对世界的各个国家和区域、各个行业的发展带来巨大影响，我国的国土经济产业布局也不例外。世界格局正在进入一个新的巨变周期。具体表现是世界政治、经济、科技、文化、军事乃至中美格局等必将发生历史性的变化，将由"战后"格局转为"疫后"格局。一是世界政治格局正进入多元化大格局，战后西方国家主导的世界格局已经被"美国优先"摧毁。二是企业经营环境不断恶化，尤其是不景气的国际大环境，包括疫情延续、民粹主义复兴、全球化面临倒退等问题，给企业的生产经营提出了更加严峻的挑战。三是世界科技格局正在巨变，数字经济方兴未艾，生物经济将提前来临。四是世界文化格局出现变化，交流必将削弱隔阂、包容正在减少冲突，人类文明螺旋式上升。五是世界军事格局可能出现巨变，核威胁可能转为生物威胁、接触式战争可能转为非接触式战争、热战（火药）可能转为新冷战（生物）。六是中美格局竞争成为主旋律，美国不会容忍超越、中国不会放弃发展，美国新政府可能会改变遏制中国的方式与节奏，但不会改变遏制中国的大方向。

（二）经济增速趋缓

中国经济总量已居世界第二位，经济数量不足的问题基本解决，经济质量不高的问题成为主要矛盾，提高经济质量、效益面临五大挑战。一是供需不平衡，第一产业面临困境，第二产业出现过剩，第三产业发展滞后。具体表现为农业产能明显不足，农业技术创新力度仍然不够，农业劳动力素质整体偏低，粮食安全隐形自给率仅为 70%（王宏广等，2020）；工业产能相对过剩，约 35.5% 的制造业企业产能利用率低于 75%；服务业发展明显滞后且新兴产业巨大潜力未能释放。二是区域发展不协调。以数字经济为例，近几年我国数字经济占 GDP 比重过半，数字产业化发展迅速、产业数字化运用广泛，但数字经济发展仍然没有打破"胡焕庸线"，从东部沿海向西部地区逐渐降低：广东数字经济发展总指数为65.3，位居全国第一，北京、江苏的总指数分别为 55.0、52.2，位居第二、三位，而海南、吉林、宁夏、青海、西藏总指数均低于 18（杨任发，2021）。三是我国的原始创新能力弱、新产品开发弱、企业创新能力弱，大量技术仍然受制于人的状况没有得到根本性改善。四是经济要素配置不合理，土地、劳动力、资本等要素改革取得积极进展，但尚未实现市场化机制全覆盖，仍不同程度地存在"双轨制"（王一鸣，2020）。五是国际贸易秩序受破坏，贸易增速下滑、贸易收入下降，导致国内生产面临巨大压力，给产业结构调整带来很大影响。

（三）原始创新不足

1. 世界科技发展的挑战。

当前，全球新一轮科技革命和产业变革正在加速拓展，信息网络、人工智能、生物技术、清洁能源、新材料、先进制造等领域呈现群体跃进态势，颠覆性技术不断涌现，数字经济、互联网经济、智能经济、生物经济等蓬勃发展，给全球价值链调整带来了巨大挑战。

2. 产业科技发展的挑战。

由于不同产业的特点不同，不同产业的科技发展态势存在较大差别。与信息产业相比，农业科技整体更新速度明显低于信息产业，能源产业的技术变革速度远低于芯片和半导体产业。各个国家在不同领域的投入状况明显反映出不同产业领域的差别（见表3）。这是产业的特性使然，但就是产业不同的特性决定了其科技发展的速度，也给不同行业的科学布局带来了挑战，产业科学布局如何与产业科技发展特点相适应需要认真考虑和研究。这就意味着农业产业、矿业等必须按照符合其科技发展规律的模式进行布局。

表3　　　　　　　　　不同国家在优先行业的商业研发投入及占比

产业	美国 (2016年)	法国 (2016年)	德国 (2016年)	英国 (2016年)	中国 (2016年)	日本 (2016年)	韩国 (2015年)
单位：百万美元							
企业总数	374685	40495	81739	31812	349685	129752	59644
制造业	250533	20242	69422	13166	304342	112766	53446
化学品及化工产品	8947	1242	5091	688	26623	8275	3136
药品、药用化学品和生物制品	64628	1068	5878	548	14066	13168	1576
计算机、电子和光学产品	77385	4836	9936	1560	57494	25599	29893

续表

产业	美国（2016 年）	法国（2016 年）	德国（2016 年）	英国（2016 年）	中国（2016 年）	日本（2016 年）	韩国（2015 年）
单位：百万美元							
机动车辆、拖车和半挂车	22042	2904	28478	4220	30198	34042	7550
其他运输设备	29233	3937	2635	2595	13235	1087	1011
航空航天器及相关机械	26645	3590	2194	2369	NA	754	275
总服务业	120230	18897	11779	18015	NA	15310	4802
信息和通信	86495	4926	4334	4573	NA	5706	2470
出版活动	33574	1407	NA	118	NA	18	1620
软件出版	33495	1383	NA	47	NA	NA	1589
计算机编程、咨询和相关活动	15747	2283	3669	2354	NA	2094	255
专业、科学和技术活动	21848	10487	6524	10242	NA	8312	1391
科学研发	14842	4712	2940	7625	NA	7641	402
占企业总数的百分百（%）							
企业总数	100.0	100.0	100.0	100.0	100.0	100.0	100.0
制造业	66.9	50.0	84.9	41.4	87.0	86.9	89.6
化学品和化工产品	2.4	3.1	6.2	2.2	7.6	6.4	5.3
药品、药用化学品和生物制品	17.2	2.6	7.2	1.7	4.0	10.1	2.6
计算机、电子和光学产品	20.7	11.9	12.2	4.9	16.4	19.7	50.1
机动车辆、拖车和半挂车	5.9	7.2	34.8	13.3	8.6	26.2	12.7
其他运输设备	7.8	9.7	3.2	8.2	3.8	0.8	1.7
航空航天器及相关机械	7.1	8.9	2.7	7.4	NA	0.6	0.5
总服务业	32.1	46.7	14.4	56.6	NA	11.8	8.1
信息和通信	23.1	12.2	5.3	14.4	NA	4.4	4.1
出版活动	9.0	3.5	NA	0.4	NA	0.0	2.7
软件出版	8.9	3.4	NA	0.1	NA	NA	2.7
计算机编程、咨询和相关活动	4.2	5.6	4.5	7.4	NA	1.6	0.4
专业、科学和技术活动	5.8	25.9	8.0	32.2	NA	6.4	2.3
科学研发	4.0	11.6	3.6	24.0	NA	5.9	0.7

资料来源：美国科技工程指标 2020（National Center for Science and Engineering Statistics），2020。

3. 区域科技发展的挑战。

不同区域的科技发展水平不同。专利申请数是一个区域科技发展水平的重要指标，我国东部沿海区域、发达地区的科技发展水平明显高于中西部区域。2019年，我国专利申请最多的省份是广东，广东2019年规模以上工业企业专利申请数是272616件，而西藏仅有51件（见图9）。

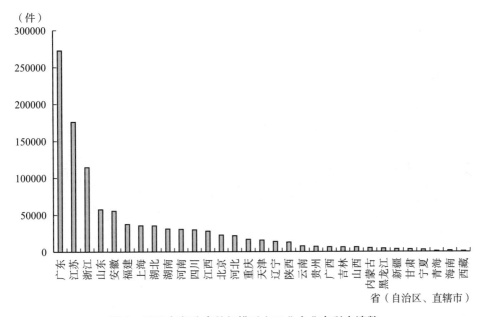

图9　2019年部分省份规模以上工业企业专利申请数

资料来源：《中国科技统计年鉴2020》。

科技投入也反映了不同区域之间的差异，以2019年的投入强度为例，科技投入主要集中在东部沿海地区，而中西部区域普遍较低，科技投入强度最高的北京是投入强度最低的西藏的24.27倍。区域科技水平的差异也为产业科学布局带来了挑战（见图10）。

（四）顶尖人才缺乏

产业的发展尤其是战略性新兴产业的发展，需要大量的高技术人才作为支撑。但由于各个行业、各个区域之间的不同，产业的科学布局也面临不同行业、不同区域之间的人力资源的挑战。2019年，我国广东、江苏、浙江、山东、河南的研究与试验发展（R&D）人员全时当量分别是 642490 人年、508375 人年、451752 人年、198205 人年、140361 人年，最少的是西藏，仅为 264 人年，研究与试验发展人员最多与最少二者相差了 2434 倍（见图 11）。相比于 2018 年，青海的研究与试验发展人员全时当量增长率最高，新疆和西藏出现负增长。

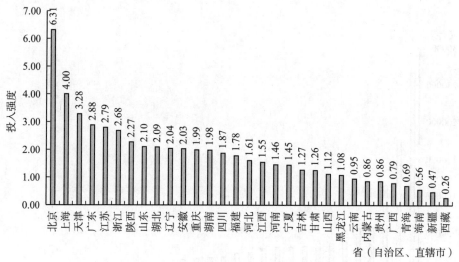

图 10　2019 年全国分省（自治区、直辖市）科技投入强度

资料来源：《中国科技统计年鉴 2020》。

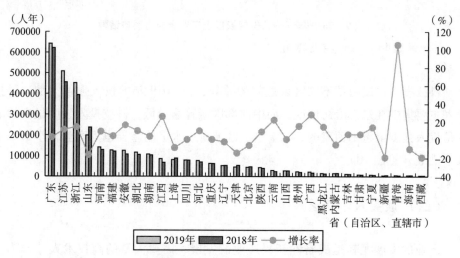

图 11　2018～2019 年全国各省（自治区、直辖市）研究与试验发展人员全时当量

资料来源：《中国科技统计年鉴 2020》。

我国中西部不但面临高端人才缺乏的问题,还面临"孔雀东南飞"的问题。仅兰州大学被东部高校、科研院所等挖走的人才就足够再办一个高水平的大学。国土经济产业的科学布局,人才问题一定要放到核心位置。

(五)资源消耗量大

资源禀赋对一个国家国土经济产业的布局具有重要影响。比如,我国东北具有十分丰富的土地资源,农业布局较多;山西煤炭资源丰富,采矿业和以煤炭为原料的产业发达。但事实上,这些基于资源禀赋的产业布局,也常常会给一个地区的经济带来较大影响,给其他产业发展带来巨大冲击。这主要基于以下两个原因:一是资源禀赋较好,完全依靠向外销售资源或者仅进行低水平加工就能带来巨大经济效益,对其他产业的布局会带来不利影响;二是资源禀赋也会随着资源的利用而逐渐减少。目前我国国内出现的很多资源枯竭型城市,由于其他产业基础不够,转型面临巨大压力。如何平衡基于资源禀赋的产业和其他产业的发展是必须要认真对待的问题。

(六)战略创新不够

国土经济产业的科学布局在新时代下必须创新国土经济战略,打破传统的思维模式,从依靠国土资源转向依靠国土人才,走出一条国土经济高质量发展的新路子。一是要打破依靠资源禀赋的传统思维,这方面前已述及。二是要改变大而全的思维。比如,国家发布战略性新兴产业,全国各地的政府纷纷出台相关地方规划,但事实比较下来,我们发现这些地方规划的产业类型和国家规划倡导的几乎完全雷同,国家提倡的产业类型几乎一应俱全,追求区域内产业发展自成体系。三是要避免短期行为,有长远布局,依据科技发展态势、结合当地优势资源,有所为有所不为,选择力所能及可打造成国内一流的产业项目进行部署,力争打造全产业链,形成牢不可破的优势,这对地方政府尤其重要。

三、国土经济合理布局的对策

国土经济科学布局和我国区域发展布局密切相关。对区域布局,"十四五"规划第九篇:优化区域经济布局 促进区域协调发展,提出要"深入实施区域重大战略、区域协调发展战略、主体功能区战略，健全区域协调发展体制机制，构建高质量发展的区域经济布局和国土空间支撑体系"，为国土经济科学布局提供了指导方向。在综合研究分析"十四五"规划的基础上，我们认为国土经济科学布局需要从几个方面入手。

（一）创新国土经济战略

党的十九大报告明确指出中国经济已由高速增长阶段转向高质量发展阶段。什么是经济高质量发展？当前经济质量为什么不高？如何提高经济发展质量？什么是国土经济高质量发展？国土经济如何高质量发展？已经成为当前及今后一段时期中国经济发展、国土经济发展重大的理论与实践问题。这就需要概念创新、战略创新，研究存在的问题，为未来的发展提出好的想法和思路。明确不同行业、不同地区的经济现在在哪儿？将来去哪儿？

我们在《差距经济学：中美经济与省区经济的差距及走势》一书中探讨了经济高质量发展概念、内涵与特征。

经济高质量发展是指市场机制强、政府作用好，创新能力强，生态友好、社会认同、开放共赢，全要素生产率高的持续、均衡、协调的发展。在经济活动中，市场、政府、科技、生态、社会、国际六类要素必须数量充足、结构合理、配置均衡，均衡是高效的基石，没有明显"短板"，才能实现经济高质量发展。经济高质量发展与现代化经济一样，是一个动态的概念，在不同时期、不同国家或地区都有不同的概念、标准与内涵，随着经济、科技与社会发展，经济高质量发展的概念与内涵还将不断完善。

经济高质量发展的基本内涵是高效、均衡、持续发展，具体包括六个方面：一是要素投入产出效率高、速度稳；二是市场、政府、创新、生态、社会、国际要素配置均衡，无明显短板；三是创新驱动、高效发展；四是生态友好、绿色发展；五是社会和谐，共同发展，区域协调、贫富差距缩小、人人共享成果；六是国际协作、共建人类命运共同体，国际利益均衡发展。

经济高质量发展的主要特征是：稳、高、强、好。具体是指"三稳"：投资稳、消费稳、增速稳；"三高"：劳动生产率高、土地生产率高、资本生产率高；"两强"：市场机制强、创新能力强；"四好"：政府作用好、生态环境好、社会和谐好、国际协同好。

同样，国土经济高质量发展是指国土经济发展中市场机制强、政府作用好，创新能力强，生态友好、社会认同、开放共赢，全要素生产率高的持续、均衡、协调的发展。

国土经济发展战略的创新，要从依靠消耗、保护国土资源为主的发展战略，转向依靠创新、体制机制推动国土经济的新的发展战略。也就是从要素驱动转向创新驱动，从抢占资源转向争夺人才。

在发展方式上更加注重"均衡发展"，防止区域之间、人群之间差距过大。一是要认识到差距是客观存在的。不同行业、产业存在差距是必然的、客观的。无论人类对差距采取何种态度，差距都是客观存在的。因此，不同行业、产业和区域的产业布局，必然会存在差别，也必然会涉及科学布局的问题。二是要认识到差距可以通过优先布局、加速发展等方式缩小，"差距是可以调控的"。不同省份、不同区域资源禀赋、产业基础、技术基础、人力资源等都不同，产业布局也应有所不同，切忌一哄而上，要实施差异化发展，最终实现协同合作、均衡发展、共同富裕。

（二）优化国土经济布局

对国家而言，国土经济产业发展要从保障国家安全、人民安全的角度出发，针对国家产业发展的短板重点部署，力争尽快攻克"卡脖子"的关键技术。第一产业要围绕保障粮食安全、食品安全、乡村振兴、农村人口转移四大核心任务进行部署；第二产业要围绕传统工业产业产能普遍过剩、高科技产业缺乏技术支撑、核心技术仍然依赖进口、加速制造业大国向制造业强国的转变等任务进行部署；第三产业要围绕人民的需求和社会发展方向等进行部署。

对区域发展而言，不同区域国土经济产业的发展，要在"补短板"和"拉长长板"形成竞争优势之间做出抉择，均衡发展与差异化发展，要根据情况进行选择。对经济基础一般、产业布局相对不完善的区域，要根据当地的人才、技术、产业基础等状况，选择具有局部优势的产业（环节），打造区域性高地，逐步吸引相关产业形成全产业链。对产业布局较为完善的区域，可强调补短板。具体而言，我国东北地区，可优先选择发展汽车、机床、航空、造船、发电设备等为主体的重大装备制造业，布局资源综合利用和深度加工产业；东部沿海地区，利用科技创新优势，发展电子信息、先进制造等高技术产业；中部地区要大力发展现代农业、制造业和能源矿产产业，发展以农副产品为原料的特色轻加工工业；西部地区要利用资源优势布局资源特色产业。

（三）提高科技创新能力

国土经济产业科学布局需要高科技的支撑与引领，没有科技的重大突破与广泛应用，很难实现经济的高质量发展，而科技创新需要解决好创什么、怎么创、谁来创的问题。首先要回答创什么的问题。迫切需要针对当前经济高质量发展、国家安全对技术的需求，特别是针对美国对中国的技术封锁、"技术脱钩"等问题，遴选一批制约当前或今后经济高质量发展、影响国家安全的关键性、战略性、前沿性核心技术与重大产品，以及重大科学问题，发扬新时代"两弹一星"精神，组建应急攻关团队，攻克"卡脖子"技术。各行业、区域也要针对本行业、本地区经济建设、生态建设、民生改善，以及国防建设对技术的需求，遴选急需的重大技术需求，明确科技创新的重点与方向。

（四）找准未来发展重点

从国际科技、经济发展的态势分析，未来的经济增长点越来越聚焦在数字经济、生物经济、海洋经济、空间经济四大领域。中国国土经济产业要率先在生物经济、海洋经济、空间经济进行布局，争取进入国际领先行列。

一是用好农村国土资源，加速农业与乡村振兴。依靠科技与改革，加速农业发展，力争使粮食产能达到 8 亿吨左右，把饭碗牢牢端在自己手中，为经济发展、社会稳定奠定坚实的基础；推进第四次农业经济体制改革，把农村土地资源盘活，推进乡村振兴，缩小城乡差距，壮大农村产业。农民居住的农村建设好了，将再创中国经济辉煌。

二是加速制造业大国向制造业强国的根本性转变。制造业是国家稳定的基础，也是产业发展的核心。国土经济产业的科学布局，要牢牢把握住制造业的核心地位，从六个方面重点部署。一是实现高档数控机床、基础制造装备的重大突破，提高先进制造水平。二是力争使交通相关制造业技术尽快进入国际领先水平。力争使航空发动机、燃气轮机达到国际并跑的水平，研发每小时 600～900千米的高速列车，保持中国在高速列车领域的领跑地位。三是加速家电产品智能化，进一步提升中国家电产品的国际竞争力。加速家电制造业与人工智能技术融合发展，开发智能家电产品，抢占国际高端家电市场。四是发展高端医疗器械与可穿戴健康监测及诊断设备，实现核磁、PET－CT、数字 X 光、大型生化设备、穿戴设备的国产化，替代国外进口，形成万亿元产业规模。五是大力发展智能机器人，使中国智能机器人研究与开发进入国际领先水平，提高工业、农业、环保、治安、医疗、家政等领域的智能化水平。六是开发一批新型材料，重点是三层以下石墨烯的制备与应用、1600 兆帕超级钢和 70 年长寿水泥，在基础材料、基础工艺方面取得突破，补上"工业 2.0、工业 3.0 的课"，争取引领、共同引领新的产业革命。

三是加速补上第三产业短板，推动中国成为第一大经济体。发展第三产业是经济高质量发展的战略选择，具有改善民生、促进经济发展、提高经济质量的多重作用。我国第三产业增加值占 GDP 比重刚刚达到 54%，与发达国家还有一定差距，依靠第三产业支撑，保持 15 年以上的中高速发展，将促使我国成为第一大经济体。

四是加速发展海洋产业，保障海洋安全。要紧紧围绕保卫与保护海洋、开发海洋两大目标，开展科技创新，在民用领域重点发展海洋检测与探测技术及设备、海洋开发相关机械设备，以及海洋资源开发设备，力争形成规模 10 万亿元以上的海洋产业。

五是发展空间经济产业，开拓空间经济、航天经济新领域。一要突破航空发动机的技术瓶颈，加快推进大飞机计划，减少大飞机对国外的依赖，发展私人小飞机，努力培育万亿元新兴产业；二要进一步发展高分辨率、快速、稳定的对地观测系统，加快空间信息应用体系建设，探索国际领先的遥感探测与应用技术；三要实施天地一体化信息网络系统，重点支持脉冲星导航系统的前期研发和准备，形成独特的信息网络系统；四要加强航空航天与探月工程，进一步开展对火星及其他星球、宇宙的科学探索；五要加强空间站的部署，发展空间观测、空间体验、空间探险、空间旅游等新业态，加速空间经济的发展。

（五）创新发展体制机制

据国家统计局的数据，我国 GDP 由 1949 年的 466 亿元人民币，增加到 2020 年的 1015986 亿元人民币，增长了 2179.2 倍。据来自世界银行的数据测算：1978 ~ 2020 年，中国 GDP 由 1496 亿美元，增加到 14.73 万亿美元，增长了 97.5 倍，而同期美国 GDP 由 2.36 万亿美元增加到 20.93 万亿美元，增长了 7.87 倍。同期中国 GDP 增长速度是美国的 1237.0 倍；另据美国经济分析局（BEA）、中国统计局数据计算，1949 ~ 2020 年，中国 GDP 增长是美国的 8.9 倍。

我们在《差距经济学：中美经济与省区经济的差距及走势》一书中探索了中美经济发展、经济体制与机制的差距与差别，中国经济持续 40 多年快速发展至少有三个根本原因：一是创新了经济发展战略。以经济发展为核心，发展是硬道理。二是不断创新经济体制及其运行机制。坚持市场无形之手与政府有形之手高效、有机结合，是经济体制、机制改革的大方向。继续深化改革，形成适合经济发展规律、符合中国国情、有中国特色的经济体制机制，是中国经济快速发展的根本所在。实践是检验真理的唯一标准，中国发展的成就是体制、机制优劣的最好的答案。实践证明中国经济体制、机制是适合中国国情的。当然，经济体制机制还存在许多阻碍经济高质量发展的地方，亟待不断深化改革，让市场机制在要素配置中发挥决定性作用的大方向不能变、也不会变。对外开放，把 14 亿人口的市场扩大到 70 亿人的市场的方向不能变，也不会变。三是创新经济发展理念，创新、协调、绿色、开放、共享的新发展理念深刻总结了国内外发展经验教训、深刻分析国内外发展大势，是关系国家发展全局的重大创新。

（六）切实营造发展环境

一个地方和区域的营商环境对产业科学布局具有重要意义。中国具有创新力的企业多倾向在我国长三角、珠三角等东部沿海布局，主要考虑的是当地的营商环境；技术、人才离开中西部也多投向了东部沿海，核心就在于东部沿海的营商环境好。即使我国的东北土地资源丰富，具有发展农业最重要的基础，但依然面临"投资不过山海关"的困扰。

营商环境的好坏直接影响了一个地区发展动能的强弱、市场主体的兴衰、生产要素的聚散。营商环境的优劣直接反映了一个地区信用建设水平的高低。区域国土经济产业发展，一方面，需要考虑优化营商环境，加强信用建设，转变政府作用。另一方面，营商环境还包括产业链配套，一个完整有力的产业链，不仅可以降低企业成本，还可以拓展附加值，增强产业协同性、凝聚力，提升企业抗风险能力，是企业所期待的发展环境。国土经济产业科学布局，必须要重点完善营商环境。

参 考 文 献

[1] 王宏广，等. 差距经济学：中美经济与省区经济的差距及走势 [M]. 北京：科学技术文献出版社，2020.

[2] 王宏广，等. 中国粮食安全：战略与对策 [M]. 北京：中信出版社，2020.

［3］王宏广，等．填平第二经济大国陷阱：中美差距及走向［M］．北京：华夏出版社，2018．

［4］杨仁发．推进数字经济新发展面临的主要问题及对策［J］．国家治理，2021（18）：4．

［5］王一鸣．深化要素市场化配置改革　推动经济高质量发展［J］．中国经贸导刊，2020，967（9）：10－11．

［6］许益静．中美经济比较与问题思考［J］．中国管理信息化，2019，22（18）：145－146．

［7］姚丽娟．我国产业布局演变规律研究［J］．西北成人教育学院学报，2020（6）：71－74．

附录

中国土经济产业类型列表

项目	国土经济产业类型		
	门类	大类	名称
基础产业	A		农、林、牧、渔业
		1	农业
		2	林业
		3	畜牧业
		4	渔业
	B		采矿业
		5	煤炭开采和洗选业
		6	石油和天然气开采业
		7	黑色金属矿采选业
		8	有色金属矿采选业
		9	非金属矿采选业
		10	其他采矿业

项目	国土经济产业类型		
	门类	大类	名称
加工和服务性产业	C		制造业
		11	农副食品加工业
		12	食品制造业
		13	酒、饮料和精制茶制造业
		14	烟草制品业
		15	纺织业
		16	纺织服装、服饰业
		17	皮革、毛皮、羽毛及其制品和制鞋业
		18	木材加工和木、竹、藤、棕、草制品业
		19	家具制造业
		20	造纸和纸制品业
		21	印刷和记录媒介复制业
		22	文教、工美、体育和娱乐用品制造业
		23	石油加工、炼焦和核燃料加工业
		24	化学原料和化学制品制造业
		25	医药制造业
		26	化学纤维制造业
		27	橡胶和塑料制品业
		28	非金属矿物制品业
		29	黑色金属冶炼和压延加工业
		30	有色金属冶炼和压延加工业
		31	金属制品业
		32	通用设备制造业
		33	专用设备制造业
		34	汽车制造业
		35	铁路、船舶、航空航天和其他运输设备制造业
		36	电气机械和器材制造业
		37	计算机、通信和其他电子设备制造业

续表

项目	国土经济产业类型		
	门类	大类	名称
加工和服务性产业		38	仪器仪表制造业
		39	其他制造业
		40	废弃资源综合利用业
	D		电力、热力、燃气及水生产和供应业
		41	电力、热力生产和供应业
		42	燃气生产和供应业
		43	水的生产和供应业
	E		建筑业
		44	房屋建筑业
		45	土木工程建筑业
		46	建筑安装业
		47	建筑装饰和其他建筑业
	A	48	农、林、牧、渔服务业
	B	49	开采辅助活动
	G		交通运输、仓储和邮政业
		50	铁路运输业
		51	道路运输业
		52	水上运输业
		53	航空运输业
		54	管道运输业
		55	装卸搬运和运输代理业
		56	仓储业
		57	邮政业
	H		住宿和餐饮业
		58	住宿业
		59	餐饮业
	K		房地产业
		60	房地产业

项目	国土经济产业类型		
	门类	大类	名称
加工和服务性产业	N		水利、环境和公共设施管理业
		61	水利管理业
		62	生态保护和环境治理业
		63	公共设施管理业

注：此表是依据《国民经济行业分类》（GB/T 4754—2011），根据中国土定义，以及国土经济产业定义拟定的产业分类表。

（执笔：张俊祥、王宏广）

城 乡 统 筹 发 展

一、城乡统筹的现状和问题

（一）城乡统筹的现状

1. 农村土地权属结构更加明晰。

第一，农村承包地"三权"分置有利于土地规模经营。2016 年，中共中央办公厅　国务院办公厅印发了《关于完善农村土地所有权承包权经营权分置办法的意见》，将农村土地产权中的承包经营权进一步划分为承包权和经营权，实行所有权、承包权、经营权分置并行，成为继家庭联产承包责任制后农村改革又一重大制度创新。2018 年 12 月 29 日，第十三届全国人民代表大会常务委员会第七次会议表决通过了关于修改《中华人民共和国农村土地承包法》的决定，修改后的法律规定："承包方承包土地后，享有土地承包经营权，可以自己经营，也可以保留土地承包权，流转其承包地的土地经营权，由他人经营。"由此正式以法律的形式确立了承包地"三权"分置制度。这一制度创新打破了承包土地的经营活动局限在村集体内部封闭运行的局面，城乡经营主体均可以经营承包土地，打破了城乡间要素流动的壁垒，同时农业生产的规模经营，提高了生产效率。"三权"分置推动承包土地流转速度加快，2004 年我国农村承包地流转面积为 0.58 亿亩，到 2018 年全国家庭承包耕地流转面积超过了 5.30 亿亩（见图 1）。

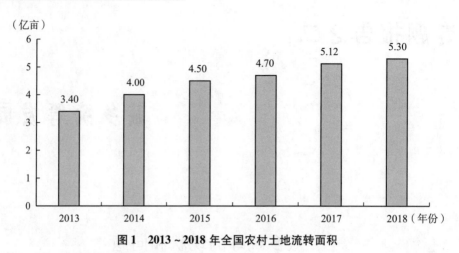

图1　2013～2018年全国农村土地流转面积

资料来源：根据农业农村部有关数据整理。

　　第二，农村宅基地"三权"分置有利于加速城市要素下乡。2018年1月，《中共中央　国务院关于实施乡村振兴战略的意见》提出，"落实宅基地集体所有权，保障宅基地农户资格权和农民房屋财产权，适度放活宅基地和农民房屋使用权。"此后中共中央、国务院在2019年和2020年又先后发文，作出探索宅基地所有权、资格权、使用权"三权"分置的改革部署。2019年中央农村工作领导小组办公室、农业农村部也发布了《关于进一步加强农村宅基地管理的通知》，提出"鼓励村集体和农民盘活利用闲置宅基地和闲置住宅，通过自主经营、合作经营、委托经营等方式，依法依规发展农家乐、民宿、乡村旅游等"。根据中央部署，山东禹城、浙江义乌和德清、四川泸县等多个试点地区以及河南省、湖南省等非试点地区结合地方实际，积极探索了宅基地"三权"分置模式。2021年3月份发布的《中华人民共和国国民经济和社会发展第十四个五年规划和2035年远景目标纲要》（以下简称"十四五"规划《纲要》）又进一步提出"探索宅基地所有权、资格权、使用权分置实现形式"。宅基地的三权分置改革探索扩大了宅基地流动和使用的范围，非集体经济组织成员、城镇居民也可以成为宅基地使用权人，取得使用权并按照约定对宅基地及农房进行改造利用，经营乡村旅游、健康养老等产业或用于自己居住。通过资本下乡，有效实现了宅基地及农房资源盘活利用与农村新产业新业态发展协同推进，不仅显化了农民宅基地及农房的资产价值，还极大地激发了乡村发展的内生动力，同时也满足了城镇居民在乡村休闲度假、疗养养老等需求，实现了城乡资源、资本、产业、需求的对接。

　　第三，农村抵押贷款试点推动了不动产权权能的城乡统筹。为了进一步深化农村金融改革创新，2015 年国务院发布《关于开展农村承包土地的经营权和农民住房财产权抵押贷款试点的指导意见》，要求依法稳妥规范推进农村"两权"抵押贷款试点。2018 年底，在第十三届全国人民代表大会常务委员会第七次会议上，国务院作了《关于全国农村承包土地的经营权和农民住房财产权抵押贷款试点情况的总结报告》，试点工作基本完成。根据报告，截至 2018 年 9 月，"两权"抵押贷款试点取得积极成效，全国 232 个试点地区农地抵押贷款余额 520 亿元，同比增长 76.3%，累计发放 964 亿元；59 个试点地区农房抵押贷款余额 292 亿元，同比增长 48.9%，累计发放 516 亿元。同时部分地区还结合宅基地"三权"分置改革积极探索开展宅基地使用权和农民住房财产权抵押贷款。农村承包土地经营权、宅基地使用权和农民住房财产权抵押贷款试点不仅缓解了"三农"领域融资难题，而且通过抵押权的实现完善了农村土地和房屋权能，推动了不动产权权能的城乡统筹，有利于保障和实现农民的土地和房屋财产权益。

2. 土地增值收益的城乡分配结构更趋合理。

第一，集体经营性建设用地入市推动了城乡建设用地统一市场建设。2015 年 1 月，中共中央办公厅和国务院办公厅联合印发了《关于农村土地征收、集体经营性建设用地入市、宅基地制度改革试点工作的意见》，正式开始部署了农村土地制度改革三项试点。2015 年 2 月 27 日，全国人民代表大会常务委员会发布《关于授权国务院在北京市大兴区等三十三个试点县（市、区）行政区域暂时调整实施有关法律规定的决定》①，确定在北京市大兴区、浙江省德清县、江西省余江县等 33 个行政区域开展土地制度改革试点工作。到试点结束的 2018 年底，集体经营性建设用地已入市地块 1 万余宗，面积 9 万余亩，总价款约 257 亿元，收取调节金 28.6 亿元，办理集体经营性建设用地抵押贷款 228 宗、38.6 亿元②。在总结试点经验的基础上，集体经营性建设用地直接入市正式被写入法律，2019 年新修正的《中华人民共和国土地管理法》（以下简称《土地管理法》）删除了 2004 年版关于"任何单位和个人进行建设，需要使用土地的，必须依法申请使用国有土地"的规定，允许集体经营性建设用地在符合规划、依法登记，并经本集体经济组织三分之二以上成员或者村民代表同意的条件下，通过出让、出租等

---

① 全国人民代表大会常务委员会关于授权国务院在北京市大兴区等三十三个试点县（市、区）行政区域暂时调整实施有关法律规定的决定 [EB/OL]. (2015-02-28). http://www.gov.cn/xinwen/2015-02/28/content_2822866.htm.

② 国务院关于农村土地征收、集体经营性建设用地入市、宅基地制度改革试点情况的总结报告——2018 年 12 月 23 日在第十三届全国人民代表大会常务委员会第七次会议上 [EB/OL]. (2018-12-23). http://www.npc.gov.cn/npc/c12491/201812/3821c5a89c4a4a9d8cd10e8e2653bdde.shtml.

方式交由集体经济组织以外的单位或者个人使用，同时使用者取得集体经营性建设用地使用权后还可以转让、互换或者抵押。"十四五"规划《纲要》也提出，建立健全城乡统一的建设用地市场，积极探索实施农村集体经营性建设用地入市制度。集体经营性建设用地入市赋予集体建设用地与国有建设用地同等权能，实现了城乡土地平等入市、公平竞争，同时让农民长期享有土地增值收益，进一步显化了集体土地价值，增加了农民的财产性收入。

第二，征地制度改革重构了土地增值收益的城乡分配格局。在原有征地制度安排之下，征地权行使范围过宽、补偿标准偏低，政府通过土地征收将大量的土地增值收益由乡村转移到城市，造成了极大的城乡不公。征地制度改革通过缩小征地范围、规范征地程序、建立多元补偿机制扭转了这一局面，改变了由土地征收造成的乡—城利益输送格局，结合集体经营性建设用地入市实现了城乡平等分享土地增值收益的局面，在由于公共利益需要不得不征地的情况下确保被征地农民权益得到极大保障。改革后的征地制度在新修改的《土地管理法》中正式确立。在征地范围方面，新法在借鉴《国有土地上房屋征收与补偿条例》关于公共利益规定的基础上，通过明确列举六种情形，对公共利益进行了严格限定。在征地程序方面，新法弥补了2004年版在征地批准前程序上的空白，强化了农民的知情权、话语权，还与时俱进地增加了社会风险评估的内容，并将补偿安置协议的签订，作为上级批准征地决定的重要依据。在征地补偿安置方面，确立被征地农民原有生活水平不降低、长远生计有保障的补偿原则，给予公平、合理的补偿，建立合理、规范、多元保障机制。"十四五"规划《纲要》也进一步要求建立土地征收公共利益认定机制，缩小土地征收范围。由此征地制度改革也成为城乡统筹和城乡公平的重要突破。

第三，城乡建设用地增减挂钩政策提升了农村土地价值，优化城乡用地结构。城镇土地增值收益溢出并更多流向农村拆旧区，是城乡建设用地增减挂钩政策的合理性所在。宋佩华等（2020）对2009~2018年浙江省完成验收的1456个增减挂钩项目测算，城镇土地增值溢出强度为每亩79.92万元，城镇建新区用地18.25万亩，城镇建新区土地增值流向农村拆旧及安置区的价值量共1458.63亿元，其中用于项目区内农村和基础设施建设资金1424.63亿元、支持农村集体发展生产资金11.45亿元、改善农民生活条件资金22.55亿元。项目实施后的农民人均纯收入比实施前增长12.17%。在2018年10月17日举办的"扶贫用地政策论坛"上，自然资源部党组成员张德霖表示："从2016年以来，脱贫攻坚用地增减挂钩政策进行了三次拓展，到目前为止，全国增减挂钩节余指标在省域范围内流转覆盖了26个省、1250多个县，17个省累计流转了28万余亩，收益有800

亿元，支持"三州三区"以及深度贫困地区的脱贫攻坚工作①。

3. 城乡国土空间结构更协调。

第一，探索宅基地自愿有偿退出推动城乡建设用地增减协调。2015 年启动的农村土地制度改革三项试点，允许探索进城落户农民在本集体经济组织内部自愿有偿退出或转让宅基。截至 2018 年底，全国 33 个试点县（市、区）共腾退出零星、闲置的宅基地约 14 万户、8.4 万亩②。在试点基础上，2019 年修正的《土地管理法》规定"国家允许进城落户的农村村民依法自愿有偿退出宅基地"，2019 年中央农村工作领导小组办公室、农业农村部发布的《关于进一步加强农村宅基地管理的通知》也提出："对进城落户的农村村民，各地可以多渠道筹集资金，探索通过多种方式鼓励其自愿有偿退出宅基地。""十四五"规划《纲要》明确在保障进城落户农民农村土地承包权、宅基地使用权、集体收益分配权的同时，鼓励依法自愿有偿转让。进城落户农民在城市安家立业之后退出宅基地，意味着城市国有建设用地增加与农村集体建设用地的减少形成协调联动，避免了城市建设用地的无序增长和农村建设用地的低效利用。

第二，"多规合一"构建起统筹城乡的国土空间规划体系。城乡一体化是经济社会发展到一定阶段的必然结果，完善城乡规划体系、统筹城乡国土空间资源、谋划新时代国土空间开发保护格局是城乡一体化的必然要求。经过长期的探索与实践，多规合一成为实现城乡统筹的重要突破。2013 年中央城镇化工作会议正式提出多规合一的概念；2014 年中央全面深化改革工作部署中明确要求开展市县多规合一的试点工作；2019 年 5 月，《中共中央 国务院关于建立国土空间规划体系并监督实施的若干意见》，对国土空间规划各项工作进行了全面部署，自然资源部印发了《关于全面开展国土空间规划工作的通知》，这标志着多年持续探索的规划改革，正式进入了城乡一体、统一管理的新阶段。在统一的国土空间规划体系引领下，国家、省、市（县）编制国土空间总体规划，各地结合实际编制乡镇国土空间规划，在城镇开发边界外的乡村地区编制"多规合一"的实用性村庄规划作为详细规划，由此带动城乡国土空间格局更加优化更加协调。

第三，城乡建设用地增减挂钩政策的完善确保了城乡统筹发展。城乡建设用地增加挂钩政策从国家层面已规范完善，地方增减挂钩政策多样化创新，确保了

---

① 自然资源部. 2018 年扶贫政策用地论坛 [EB/OL]. (2018 – 10 – 17). http：//www. mnr. gov. cn/dt/zb/2018/fpyd2018/jiabin/.

② 农业农村部. 对十三届全国人大二次会议第 3858 号建议的答复摘要 [EB/OL]. (2019 – 07 – 10). http：//www. moa. gov. cn/govpublic/NCJJTZ/201907/t20190715_6320939. htm.

城乡统筹发展。国家层面的政策充分尊重农民自由迁徙权、规划参与权、知情权、受益权、土地产权；规范了财政资金整合使用及鼓励社会资本投资等内容；明确了确权、登记、发证、维持原有土地权属等集体土地权属管理；明确了所获土地增值收益及时全部返还农村，用于支持农业农村发展和改善农民生产生活条件（见表1）。

表1　　城乡建设用地增减挂钩政策促进城乡统筹发展的政策文件及其内容

时间	政策文件	主要内容
2004 年	《国务院关于深化改革严格土地管理的决定》	国家鼓励农村建设用地整理，城镇建设用地增加要与农村建设用地减少相挂钩
2005 年	《关于规范城镇建设用地增加与农村建设用地减少相挂钩试点工作的意见》	对增减挂钩的内涵、挂钩周转指标的定义进行了阐述，并提出"尊重群众意愿，维护集体和农户土地合法权益"的工作原则
2006 年	《关于坚持依法依规管理节约集约用地支持社会主义新农村建设的通知》	村庄复垦整理节省出来的土地，按照因地制宜的原则，宜耕则耕、宜建则建，优先用于农村经济社会发展
2007 年	关于进一步规范城乡建设用地增减相挂钩试点工作的通知	挂钩周转指标专项用于项目区内建新地块的面积规模控制，不得作为年度新增建设用地计划指标使用……充分尊重农民意愿。要保障农民的知情权和参与权，建立公众参与和监督制度，项目区选点布局要实行听证、论证，充分吸收当地农民和社会各界意见；项目区实施过程中，涉及农用地和建设用地调整、互换，以及集体土地征收，涉及农民补偿安置的，要实行公示。要循序渐进地推进挂钩试点工作，不得违背当地农民意愿，搞大拆大建，不符合农民意愿的，不得搞行政命令强行拆迁。要坚决防止盲目推进试点，搞政绩工程、形象工程，给当地农民带来不必要的经济负担
2008 年	《城乡建设用地增减挂钩试点管理办法》	涵盖了公众参与程序、集体和农民补偿、增值收益分配、指标使用等多项内容，这标志着增减挂钩政策开始进入稳定、规范阶段
2010 年	《关于严格规范城乡建设用地增减挂钩试点，切实做好农村土地整治工作的通知》	对挂钩形成的土地增值收益用途、资金整合、收益分配等内容进行了逐步规范
2015 年	《中共中央 国务院关于打赢脱贫攻坚战的决定》	在连片特困地区和国家扶贫开发工作重点县开展易地扶贫搬迁，允许将城乡建设用地增减挂钩指标在省域范围内使用

时间	政策文件	主要内容
2017 年	《关于支持深度贫困地区脱贫攻坚的实施意见》	深度贫困地区开展城乡建设用地增减挂钩,可不受指标规模限制;探索"三区三州"及深度贫困县增减挂钩节余指标在东西部扶贫协作和对口支援框架内开展交易,收益主要用于深度贫困地区脱贫攻坚
2018 年	《城乡建设用地增减挂钩政策节余指标跨省域调剂管理办法》	允许"三区三州"及其他深度贫困县城乡建设用地增减挂钩节余指标跨省域调剂使用,由国家下达调剂任务,确定调剂价格标准,统一资金收取和支出

资料来源:笔者根据相关资料整理。

虽然增减挂钩试点政策填补了地方解决经济发展用地供需缺口,但中央层面的挂钩试点政策并不能满足部分地区经济发展的用地需求,天津滨海新区、武汉城市圈、重庆、成都、河南、南京、浙江等地通过申请开展各种主题的改革试点,在特定区域范围内开展了多种形式的挂钩政策探索(见表2)。

表2　试点区城乡建设用地增减挂钩政策促进城乡统筹发展的政策文件及其内容

时间	试点地区	文件名称	主要内容
2006 年	天津滨海新区	《天津滨海新区综合配套改革试验总体方案》	宅基地换房,承包地换保险,承包地流转至镇集体
2007 年	武汉城市圈	《武汉城市圈资源节约型和环境友好型社会建设综合配套改革试验总体方案》	城市圈内城乡增减挂钩中的"拆旧区"与"建新区"可打破行政区划;结余指标经批准可在武汉城市圈内实行指标有偿交易
2007 年	成都市	《成都市统筹城乡综合配套改革试验总体方案》	全市范围内统筹设置城乡建设用地增减挂钩项目区
2008 年	重庆市	《重庆农村土地交易所管理暂行办法》	设立重庆农村土地交易所,可交易建用地挂钩指标,明确指标产生程序、交易规则、交易价格指导、指标购买用途等
2012 年	河南省	《河南省土地资源保障专项工作方案》	人地政策,节余指标可用于跨县域、跨市域有偿调剂;指标收益集中到县级财政后统一返还农村建设等
2012 年	南京市	《南京市转变土地利用方式创新试点方案》	农民集体自行实施的整治项目,节余建设用地指标及流转收益归集体和农民所有;引进政府机构或社会投资者组织实施的,节余建设用地指标归属及流转收益向农民集体和农民倾斜并由双方合同约定

时间	试点地区	文件名称	主要内容
2018 年	浙江省	《关于做好城乡建设用地增减挂钩节余指标调剂使用管理工作的通知》	建立城乡建设用地增减挂钩节余指标调剂平台，明确调剂范围和要求，土地综合整治与生态修复工程项目区产生的节余指标可在全省范围内调剂使用

资料来源：笔者根据相关资料整理。

地方试点创新突破了国家政策规定的将节余指标仅用于县域范围的局限，使得土地增值收益显著增加，在更大空间尺度促进了城乡统筹。土地指标价格得以显化，其配置方式更符合市场化趋势。地方政府的权力让渡，也增强了农民集体的自主性。

第四，"飞地经济"创新模式推进城乡国土空间结构更协调。近几年，长三角、京津冀、皖江城市带等全国多个地区借助"飞地经济"创新合作模式，有效推进城乡国土空间结构更协调的高质量发展（见表3）。"飞地经济"是在两个互相独立、经济发展水平存在落差的行政地区，通过创新规划、建设、管理和税收分成等合作机制，以共建园区为载体，以利益共享机制为手段，以优势互补、互利共赢为目的，把因区位不同、资源制约、规划限制、产业配套等因素不宜在原区域（即飞出地）发展的项目转移到承接区域（即飞入地）的经济合作模式。此模式打破了行政区划界限，促进资源要素流动，实现跨区域的产业空间重塑和空间布局结构优化。自2016年，"飞地经济"模式已由地方多元化探索实践上升为国家推进城乡区域协调发展的重大举措，得到国家层面的充分肯定。

表3　　　"飞地经济"促进城乡国土空间结构协调发展的政策文件及其内容

时间	政策文件	主要内容
2015 年 12 月	《关于进一步加强区域合作工作的指导意见》	支持有条件地区发展"飞地经济"，鼓励各地通过委托管理、投资合作、共同组建公司管理园区等多种形式合作共建各类园区
2016 年 3 月	《中华人民共和国国民经济社会发展第十三个五年规划纲要》	要创新区域合作机制，通过发展"飞地经济"、共建园区等合作平台，建立互利共赢、共同发展的互助机制
2016 年 9 月	《长江经济带发展规划纲要》	要引导产业有序转移，并鼓励上海、江苏、浙江到中上游地区共建产业园区，发展"飞地经济"，共同拓展市场和发展空间，实现利益共享

续表

时间	政策文件	主要内容
2017 年 5 月	《关于支持"飞地经济"发展的指导意见》	明确要创新"飞地经济"合作机制,发挥不同地区比较优势,优化资源配置,强化资源集约节约利用,提升市场化运作水平,完善发展成果分享机制,加快统一市场建设,促进要素自由有序流动,为推进城乡区域协同发展做出新贡献。 创新"飞地经济"合作机制,鼓励社会资本参与建设和经营,以及探索行政许可跨区域互认等措施,加快统一市场建设,促进要素自由有序流动,推进城乡空间结构协调发展
2019 年 4 月	《关于建立健全城乡融合发展体制机制和政策体系的意见》	在符合国土空间规划、用途管制和依法取得前提下,允许农村集体经营性建设用地入市,允许就地入市或异地调整入市。坚决破除体制机制弊端,促进城乡要素自由流动、平等交换和公共资源合理配置,加快形成工农互促、城乡互补、全面融合、共同繁荣的新型工农城乡关系,加快推进农业农村现代化

资料来源:笔者根据相关资料整理。

"飞地抱团"发展模式是飞地经济的一种新形式,是由县、镇统筹实现的城乡统筹创新模式(见图2)。抱团指各乡村进行入股合作,飞地是指相对发达的

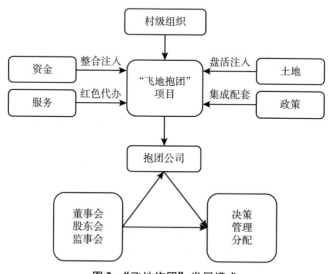

图 2 "飞地抱团"发展模式

资料来源:李圆圆,蒋星梅.农村集体经济"飞地"抱团发展的生成逻辑、运作路径与发展绩效研究——基于浙江省嘉善县的数据 [J].经济视角,2018(5):14-20.

地区，也就是条件优越的城镇区域。在没有抱团之前是各村自己独立发展，空间布局结构分散。乡镇提供符合指标的村办企业建设用地，将各村腾退"低小散"企业获得的土地指标和资金整合起来，并选择规划符合产业发展导向的强村项目，既解决了偏远薄弱村"造血难"问题，也解决了区位优势镇土地指标紧张的问题。相对发达的城镇地区提供资金补贴，双向互惠，壮大集体经济模式，实现共赢，通过示范效应和辐射效应，推动发达地区（飞出地）和欠发达地区（飞入地）的协调发展。"飞地抱团"发展模式对激活乡村经济，促进城乡统筹发展的成效显著（见表4）。

表4　　　　　　全国部分试点区"飞地抱团"经济取得的成效

时间	地区	"飞地抱团"经济取得的成效
2006~2018年	浙江省平湖市与青田县、四川省九寨沟县	2006年首创"飞地抱团"强村模式，发展出从政策到村—本镇各村联建—跨镇街道联建—跨市抱团—跨省抱团的飞地模式。2013年，浙江平湖市15个村采用"飞地抱团"方式合作建设标准厂房项目，占地45亩，总投资8500万元，每村每年平均增收24.8万元。2016年，平湖市54个村"飞地抱团"，建设标准厂房项目，占地120亩，总投资1.9亿元，参建每村每年平均增收24.7万元。2017年，36个村"飞地抱团"，建设平湖智创园项目，占地125.3亩，总投资7.4亿元，建成后每村每年平均增收42.8万元。 平湖与青田"飞地"产业园建成后，采取包租固定收益与基金扶持的方式，为青田156个经济薄弱村持续"造血"。前5年，青田农村集体经济联合发展公司每年获得实际投资额10%的固定收益，即每年1950万元总收益。参与项目的每个村年增收12.5万元；5年后，在固定收益外，每年按项目地方财政分成部分的50%建立扶持基金
2006~2016年	江苏省苏州市	苏州工业园采用飞地发展模式，形成高端要素聚集效应，以不到苏州市4%的土地、人口和5%的工业用电量，创造了全市16%的工业总产值、17%的固定资产投资、31%的进出口总额
2008~2015年	山东省沂水县	全县18个乡镇均在开发区建有项目，落户企业已达213家，占开发区全部企业的80%多。根据规定，"飞地"乡镇和落户经济开发区税收分成比例为7∶3，极大地提高了各乡镇招商引资的积极性。2014年，经济开发区实现税收21.1亿元。2014年，沂水县18个乡镇（街道）地方财政收入全部超过3000万元
2018年	浙江省嘉善县	累计"飞地抱团"项目13个，覆盖9个镇，99个村，占全县总数84%，2019年全部建成后预计带来1.34亿元租金收入

续表

时间	地区	"飞地抱团"经济取得的成效
2020 年	广西壮族自治区平桂区	平桂区已发展"飞地抱团"项目 4 个，90 个行政村通过发展"飞地经济"，增加村级集体经济收入 689.77 万元

资料来源：周少来. 城乡土地交易的利益分配逻辑——从"增减挂钩"到"飞地抱团"的制度提升[J]. 中央社会主义学院学报，2018（6）：156 - 160；周柯. 以"飞地"创新发展加快航空港区建设［N］. 河南日报，2015 - 08 - 21（007）；山东沂水"飞地经济"助推镇域经济发展纪略［N］. 中国国土资源报，2015 - 09 - 21；姚杰，杭超."飞地抱团"：强村富民新通道——浙江嘉善县创新模式助推村集体经济发展[J]. 农村工作通讯，2020（20）：15 - 16；"飞地抱团"破解村集体经济发展难题［EB/OL］.（2020 - 04 - 07）. http://fpb. gxzf. gov. cn/fpjy/t4391256. shtml.

（二）存在的问题

1. 城乡国土权属结构仍有差距。

第一，以宅基地为代表的城乡建设用地还未全面实现权能公平。虽然已有部分地区开展宅基地"三权"分置试点，但是试点范围比较窄，试点时间比较短，尚未普遍形成可复制、可推广的制度经验，且目前有关各方对宅基地所有权、资格权、使用权的权利性质和边界认识还不一致。在未落实宅基地"三权"分置的情况下，宅基地使用权虽在法律上被确定为用益物权，但因权能受限，并未完全实现用益物权的物权理念及权利优势。对于村集体而言，宅基地不能流转和有偿使用意味着所有者无法基于宅基地所有权获取收益；对于农户而言，在城镇化快速推进背景下，宅基地的潜在资产价值日益显现，但由于转让受限，宅基地使用权难以变现，也无法像城镇居民一样因为房价上涨而获益。

第二，入市集体经营性建设用地产权归属不够清晰。虽然新修正的《土地管理法》已经明确集体经营性建设用地可以直接入市，但由于实践的时间和规模有限，运行机制并不成熟健全，特别是入市主体的身份确定较为模糊，所有权的终极归属仍不够清晰。新修正的《土地管理法》规定各级集体经济组织作为集体经营性建设用地的入市主体，但在实践中入市主体类型多样，组织运行模式也各异，制约了集体建设用地入市水平的提升，也在一定程度上阻碍了城乡建设用地市场的统一。

2. 土地增值收益的城乡分配关系有待健全。

第一，集体经营性建设用地入市收益分配规范缺失。农村集体经营性建设用地入市增值收益如何分配仍不明晰，地方政府、集体经济组织、农民等分配占比缺乏统一的标准，目前尚未建立起全国统一的增值收益分配指导体系，增值收益缴纳比例、分配比例、分配方式及分配主体基本上是各地方政府自由裁量，随着集体经营性建设用地入市规模的扩大，如何构建城乡之间不同主体之间的收益分配格局仍是有待突破的重大课题。

第二，城乡建设用地挂钩的收益分配政策有待完善。国家层面的城乡建设用地挂钩政策指标要素配置限制在县域范围内，使得农村建设用地的价值显现受到一定制约。在增值收益分配上，向农民和农村地区倾斜的边界范围也有待更加明晰的政策。虽然各地通过各种方式增强集体经济组织的自主性，一些地方也出现了侵害农民权益的情况。

3. 城乡国土空间协调发展有待加强。

第一，城市建设用地日趋紧张与农村宅基地大量闲置之间的矛盾依然存在。随着我国工业化、城镇化进程的不断推进，外出务工和进城落户的农村人口越来越多，农村闲置宅基地随之增加。对于闲置比例，各类调查有不同的估算结果。根据王良健、吴佳灏（2019）在14省份1400份问卷调查，推算出2016年我国农村宅基地空心率的均值为29.14%。虽然国家鼓励进城落户农民有偿退出闲置宅基地，但由于针对农业转移人口的城市公共服务和社会保障存在供给不足，且农村宅基地退出的补偿标准偏低，退出后产生的宅基地发展权收益很少甚至没有与农民共享，再加上进城后农民在劳动力市场上竞争力不足，缺乏稳定收入预期，因此出于对未来生活的担忧以及乡土情结的影响，进城农民退出宅基地的动力不足。农民进城落户却仍保有宅基地，使城市建设用地日趋紧张与农村宅基地大量闲置之间的矛盾日益凸显。

第二，"多规合一"的村庄规划落实难度大。新建立的国土空间规划体系要求在城镇开发边界外的乡村地区，以一个或几个行政村为单元，由乡镇政府组织编制"多规合一"的实用性村庄规划，作为详细规划经上一级政府审批后实施。随着乡村振兴战略的推进，乡村产业得到发展，涌现出了诸如农业观光采摘园、乡村酒店、农村电商等一批新业态，而新业态往往具有新内涵和复合性，给编制新的村庄规划带来不小挑战。

第三，城乡土地增减挂钩项目程序复杂且交易成本较高。从城乡建设用地增减挂钩项目的推行实践来看，一般要经历四个步骤：一是由政府层面引导城市建设多使用城乡建设用地置换指标；二是由县级及以下政府进行宅基地的退出和复垦以及验收工作；三是形成的指标进入相应的平台，由需要的城市相关用地企业购买；四是交易产生的费用汇入供应指标所在的县财政，并用来偿还腾退宅基地时所付花费等。复杂的程序和制度设计增加了项目的交易成本。

二、城乡统筹面临的挑战

（一）城乡要素双向流动对乡村经济带来较大影响

1. 工商资本下乡带来农地过度非农化非粮化风险。

工商资本下乡是城乡要素双向流动的重要内容。近年来，越来越多的工商资本进入乡村，为乡村产业发展和改变面貌做出了贡献，但由于工商资本的逐利特征以及农业生产特别是粮食生产的比较收益过低，不少下乡资本都出现了非粮化甚至非农化问题，一旦形成蔓延之势，将会影响粮食等主要农产品的自给率，给国家粮食安全带来影响。

2. 农村土地产业化规模化经营对传统小农模式带来一定冲击。

承包地和宅基地的"三权"分置实现了并优化了农村土地资源配置，但是在这一过程中，无论是种植大户、家庭农场、农民专业合作社等新型农业经营主体，还是龙头企业等工商资本，产业化规模化经营的效率效益均明显优于小农户，一家一户的小农经营模式将会面临更大困难。有的基层政府出于帮助农民提高收益或追求政绩的考虑，不重视农户主观意愿，采取一些行政措施要求农民流转土地，也会损害农民利益。

（二）城乡国土资源管理面临新压力新挑战

1. 宅基地非正规交易市场存在扩大风险。

随着城镇化进程快速推进，城市建设用地需求旺盛，供应普遍紧张，城市住宅价格与居民收入相比居高不下。在此背景下，尽管法律明令禁止，但仍有投资人和城市居民在农村购买农宅或宅基地用于自住或从事经营活动，客观上造成了宅基地和农宅的非正规隐形交易市场，不仅政府管理困难，而且交易者权益也无法受到法律的保护，存在较大风险。一旦宅基地"三权"分置在更大范围内铺开，宅基地的使用权得以合法流转，如果不能加以规范，有可能形成更大规模的宅基地及农宅非正规交易市场，造成宅基地流失和农民利益受损等风险。

2. 城乡土地集约节约利用管理面临新压力。

集体经营性建设用地入市打破了长期存在的城乡建设用地市场壁垒，有效缓解了城镇建设用地紧张的局面，但也为土地资源集约节约利用带来压力和挑战。随着乡村振兴战略的持续推进，各类资源要素不断流入乡村，为乡村带来更多的产业、居住用地需求，一旦管控不力，可能会在乡村造成新的土地浪费和低效利用。

3. 村集体经济组织能力不足给有效利用政策和有效加强管理带来新挑战。

作为全体村民代表的集体经济组织是农村土地所有权代表，但目前全国特别是中西部地区有相当一部分村集体组织存在资产很少、现金很少和能力有限等突出问题，难以承担组织经营性集体建设用地直接入市的重任。《关于建立健全城乡融合发展体制机制和政策体系的意见》提出，"鼓励农村集体经济组织及其成员盘活利用闲置宅基地和闲置房屋。允许村集体在农民自愿前提下，依法把有偿收回的闲置宅基地、废弃的集体公益性建设用地转变为集体经营性建设用地入市；推动城中村、城边村、村级工业园等可连片开发区域土地依法合规整治入市。"在现行政策没有做出明确的操作性规程的情况下，处在最基层的村集体经济组织很难顺利完成这些任务。

三、城乡统筹发展的对策建议

（一）以完备的土地权属结构促进城乡统筹发展

1. 落实规范承包地经营权的管控机制。

在"三权"分置逐步到位的情况下，应根据 2021 年最新出台的《农村土地经营权流转管理办法》的要求，强化对下乡流转经营承包土地的工商资本的监管，严格审核项目，坚决防止违反规划和相关政策规定，导致流转耕地非粮化非农化的行为，避免城乡要素双向流动配置带来的土地用途改变，以及由此带来的农产品和粮食安全风险。

2. 构建放活宅基地使用权的实现机制。

宅基地"三权"分置和使用权流转是完善宅基地权能、推动城乡建设用地使用权权能统筹的重要举措，但是考虑到宅基地具有的保障功能，应着力构建合理的使用权流转实现机制，避免因不合法不合规的流转行为侵害农户权益影响农村社会稳定。一是严格宅基地资格权认定。资格权认定是放活使用权的前提，应在村民协商一致基础上确定集体经济组织成员资格的认定原则，并为宅基地资格权人发放资格权证，严格禁止农户宅基地资格权向本集体外部流转、买卖。二是探索和建立不同类型的宅基地流转机制。建议结合实际分别制定相应的流转政策，分类指导、分类规范管理。三是对流转行为加以严格规范和限制。对于流转受让主体资格和使用用途、使用项目进行审核，对于流转后的使用行为、使用期限等进行严格管控，对于违规使用行为要严厉处罚。四是建立健全宅基地及农房流转市场。可以参考城镇住房交易市场、土地经营权流转市场的办法，在县（区）、乡（镇）成立专门的宅基地及农房流转与交易的公开市场，并提供宅基地及农房流转相关信息与管理服务。

（二）以统一的国土市场运行机制推动城乡统筹

建立城乡统一的建设用地市场，核心是要建立城乡统一的市场运行机制。一是产权管理一体化机制。明晰待入市集体经营性建设用地的所有权主体，健全权属清晰、权责明确、流转顺畅的城乡建设用地产权管理一体化机制，为农村集体经营性用地与国有建设用地同等入市、同价同权提供制度保障。二是用途管制一体化机制。从用地的价值、标准、布局、规模、结构等方面，切实做好农村集体经营性建设用地调查、评价和规划，完善城乡建设用地用途管制一体化机制，确保与国有建设用地同等入市、公平交易顺利进行。三是资产管理一体化机制。从用地清产核资、交易平台搭建、市场规则完善、收益增值合理分配、服务监管体系健全等方面入手，有序推进统筹城乡建设用地资产管理一体化，确保农村集体建设用地入市顺畅、价值公平、经营规范，为建立城乡统一的建设用地市场、赋予农民更多土地财产权利提供制度保障。

（三）以优化的国土空间结构实现城乡统筹

实现城乡国土空间结构优化，要突出规划引领的作用，落实国土空间规划体系具有重大意义。一是要建立城乡统一的用地分类标准。在对土地的社会经济属性和自然属性等多方面综合考虑的基础上，结合现行空间规划体系的工作思路，基于城乡一体化的发展原则，建立完善符合实际的城乡用地分类标准，作为各级国土空间规划以及实用性村庄规划的基础和起点。二是要充分考虑新形势新进展。特别是在村庄规划中，要综合考虑乡村振兴带来的新业态，对其进行界定和分类，纳入规划之中统筹考虑，并且为未来发展留有一定的空间。三是要深度推进参与式规划。在传统的规划编制方法之外，积极引入参与式规划方法，深入了解居民和村民诉求，确保国土空间规划的高水平高质量。

（四）以创新的合作机制强化城乡统筹

国土经济城乡发展过程中，创新合作机制是关键。要坚持"政府引导、市场运作、优势互补、合作共赢、平等协商、权责一致"的原则，以立足城乡区域产业和区域市场，兼顾远期、近期目标和利益，充分调动政府、企业、人才等各方面的积极性，统一领导，精心组织，综合施策，一体推进。强化城乡统筹协调机制，开展顶层设计，出台指导意见，明确城乡统筹发展的思路、原则、模式和政策，构建重大问题协调解决机制。清晰划分合作双方政府之间的权责、管理体制、利益分配机制、矛盾解决机制等核心内容。

（五）以县（区）或镇级统筹农村集体建设用地和宅基地资源促进城乡统筹

继续以县（区）或镇级统筹推进"飞地抱团""合作建园区"等模式推进城乡统筹发展，实现强镇、弱镇和强村、弱村抱团发展、共同富裕。一是要深化农村集体经济产权改革，做大集体资产，实现确权、确利，建立村级股份制经济合作社和镇级股份制经济联合社。二是推进区、镇统筹镇、村联合工作，将偏远乡、村建设用地和宅基地整合上市或建设租赁用房，降低城市化成本，同时实现偏远乡村土地增值。三是总结和推广全国 33 个试点县（市、区）农村集体经营性建设用地和宅基地改革经验，允许存量农村集体经营性建设用地使用权出让、租赁、入股，在更广范围实行与国有建设用地使用权同等入市、同权同价。四是深化落实《关于进一步加强农村宅基地管理的通知》，鼓励节约集约利用宅基地，鼓励盘活利用闲置宅基地和闲置住宅，依法保护农民合法权益，实现户有所居。

（六）以保障乡村公共设施用地带动城乡统筹

推动新型城镇化与乡村振兴双轮驱动，深入探索破解城乡二元结构、缩小城乡差距、健全城乡融合发展的土地供应机制。保障城乡交通、供水、电网、通信、燃气等基础设施用地。保障乡村医疗卫生、中小学建设用地，梯次提升城郊农村、远郊农村公共服务质量，为下乡人才提供高质量的医疗卫生和教育资源，确保人才留得住。推进以人为核心的新型城镇化，健全农业转移人口市民化长效机制，探索建立人地钱挂钩、以人定地、钱随人走制度。

参考文献

[1] 施春风．新时代我国征地制度的创新与发展［J］．行政管理改革，2020（6）：51－59.

[2] 朱喜钢，崔功豪，黄琴诗．从城乡统筹到多规合———国土空间规划的浙江缘起与实践［J］．城市规划，2019（12）：27－36.

[3] 宋佩华，邱滋璐，靳相木，等．增减挂钩推动城乡空间优化布局［J］．中国土地，2020（10）：55－57.

[4] 管必英，王双金．农村集体经营性建设用地入市：趋向、困境与纾困对策［J］．农村经济与科技，2020（14）：134－135.

[5] 林宣佐，王光滨，郑桐桐，等．农村宅基地"三权分置"的实现模式及保障措施分析［J］．农业经济，2020（11）：94－96.

[6] 张灵芝，曾毓隽．国土空间规划背景下村庄规划编制的思考与探究［J］．城市建筑，2019（19）：136－139.

[7] 张勇，周丽，李银．宅基地"三权分置"改革的政策与实践［J］．江南大学学报（人文社会科学版），2020（5）：60－67.

[8] 周少来．城乡土地交易的利益分配逻辑——从"增减挂钩"到"飞地抱团"的制度提升［J］．中央社会主义学院学报，2018（6）：156－160.

[9] 杨亚楠．城乡土地要素流动中收益共享机制研究［D］．南京：南京农业大学，2014.

[10] 张玉林．21世纪的城乡关系、要素流动与乡村振兴［J］．中国农业大学学报（社会科学版），2019（3）：18－30.

[11] 王良健，吴佳灏．基于农户视角的宅基地空心化影响因素研究［J］．地理研究，2019（9）：2202－2211.

[12] 李圆圆，蒋星梅．农村集体经济"飞地"抱团发展的生成逻辑、运作路径与发展绩效研究——基于浙江省嘉善县的数据［J］．经济视角，2018（5）：14－20.

（执笔：史育龙、王大伟）

区 域 协 调 发 展

一、中国区域经济现状分析

（一）中国经济区域划分代表性方案

国土经济区作为空间单元反映了不同地区因经济发展水平、产业结构特征和自然地理条件的差异而产生的分化（杨树珍，1990）。国土经济区划则是在地区自然条件、经济水平、产业特征等基础上，根据地区间的相似性与联系紧密程度，对国土空间要素进行的划分。国土经济区划不仅是对国土经济区域的系统划分，使国土空间要素成为一个有机整体，而且突出了不同地区的属性特征，对于地区之间的分工合作具有重要的指导意义，也是制定区域发展政策的重要参考依据，对于区域经济的协调发展具有重要意义（周起业等，1989）。中华人民共和国成立以来，对国土经济区的划分有众多方案，其中有代表性的划分方案有以下几种。

1. 二分法。

二分法即按沿海和内地两大块来划分全国的国土经济区域。20 世纪 70 年代末到 20 世纪 80 年代初，制订"六五"计划时，在地区经济发展上采用了沿海和内地的提法，并且指出沿海地区要提高对外开放水平，发展高精尖工业，内陆地区则要提高资源的开发利用水平，统筹发展农业和工业。也有的按 400 毫米等降水量线将全国划分为东南和西北两大块。

2. 三分法。

结合不同时期的区域开发政策，根据不同地区的自然地理区位和经济发展水平把全国划分为三个区域——东部沿海地区主要是毗邻海岸线的 12 个省市 (辽、京、津、冀、鲁、苏、沪、浙、闽、粤、琼、桂)，由于在对外开放方面具有天然的地理区位优势，优先实施对外开放政策，加速地区经济发展；中部地区 9 省区 (黑、吉、内蒙古、晋、豫、鄂、湘、皖、赣) 是东部和西部之间的过渡地带，既没有沿海地区的开放优势，也不像西部地区那样深处内陆；西部地区 10 个省区 (陕、甘、宁、青、新、藏、川、渝、黔、滇) 涵盖了我国西北、西南的广大内陆地区。相关研究经常使用三大分区的提法，但在细节方面存在一些区别。其一认为三大地带是东北及沿海地带 (包括除广西之外的其余临海省市和东北吉、黑、蒙东的 3 盟 1 市)、边疆地带 (包括内蒙古其余部分、新、藏、宁、青、滇、贵、甘、桂 9 省区) 和内陆地带 (包括全国其余省区)；其二则完全依据地理区位定义沿海地带，涵盖所有临海省市，同时根据边境线定义边疆地带，与上一种方案相比剔除了广西，新增了川西、陕北、蒙西和甘西部分地区，其余为中部内陆地带；其三对西部地带划分不一，有的把整个西南和西北作为西部，有的把东经 100° 以西划为西部地带，也有的把内蒙古、广西两区归入西部地带。

3. 四分法。

随着梯度开发理论的运用，在 20 世纪 90 年代末和 21 世纪初国家相继提出了西部大开发、中部崛起和振兴东北老工业基地的战略方针，原有的东部、中部、西部三大经济地带的划分逐步演变为四大国土经济区。考虑到东北地区的经济发展速度逐渐滞后于其他东部沿海地区，在产业转型升级的压力下普遍面临着振兴老工业基地的难题，形成了独具特色的区域经济结构，因此在三大分区的基础上，将黑龙江省、吉林省和辽宁省单独划为东北地区，再将内蒙古划入西部地区，构建了新的四大国土经济区。

4. 五分法。

五分法以省区为单元，按地区产业专门化系数将全国划分为五大类型区，即加工型、加工主导型、资源开发主导型、资源开发加工混合型和特殊型。

5. 六分法。

六分法即把全国分为六大区。从中华人民共和国成立后到"一五"时期，国土经济区划以恢复、调整国民经济为主要功能，将我国北方地区划分为东北、西北和华北三个区域，将南方地区划分为中南和西南地区，在东部划出华东地区，形成了六大国土经济区域。刘再兴 (1985) 也提出了六个国土经济区的分区方案，根据地理区位和经济发展的空间格局，将黑龙江、吉林、辽宁和内蒙古东部划为东北区，将黄河流域和长江流域经济生产活动集中分布的中下游地区分别划分为黄河中下游区（涵盖内蒙古中西部和黄河流域中下游的北京、天津、河北、河南、山西、山东）与长江中下游区（包括上海、江苏、浙江、安徽、江西、湖南、湖北），另外，将东南地区的福建、广东、广西、海南划为东南沿海区，而将西部划分为西南区（包括四川、云南、贵州、西藏）和西北区（包括陕西、甘肃、宁夏、青海和新疆）。对于六大分区也有其他不同的表述，主要区别在于后三个区域的划分，提出了南方经济区取代东部沿海区，而将西部更精确地划分为新疆区和西藏区（陈栋生，1986）。

6. 七分法。

改革开放前曾有过七大经济协作区的提法，与前几种划分方法的主要区别在于将东部和南方地区进行了细分，划分为华东、华中和华南地区。关于七大区的其他划分还有很多，如周起业等（1989）将其划分为东南"黄金海岸"区、长江大流域、陇海—兰新大铁路经济地带、黄河经济地带、环渤海经济区、东北区和西南区。原国家计划委员会还提出了将国土按发展规划的需要划分为七大经济区，与上述七大区有些类似，只不过有了长江三角洲地区和东南沿海地区的提法。

7. 其他划分方法。

中国学者程潞等（1993）和杨吾扬等（1992）还分别提出了八大经济地理区和十大经济区划的方案。八大经济分区是在 20 世纪 50 年代实行过的七大经济协作区的基础上，单独从西北区中分出了新疆区，其他区的范围也有所变动；十大经济区的划分方案综合考虑了能源基地的地位，单独划分了晋陕区，根据中心城市和交通枢纽的地位与作用划分了京津区和上海区，在南部划分了中南、东南和西南区，单列了山东和四川区，还提出了大西区的概念。

纵观我国国土经济区划的演变历程，不同时期的国土经济区域具有不同特征。改革开放前，国土经济区划服务于国民经济体系建设和加强中央政府的统一领导，国土经济区划与行政区划高度统一，服从于计划经济需要，经济区域是执行国家计划的基本单元。改革开放后，为了加快实施梯度推移的非均衡发展战略，先后提出了沿海与内地和东中西三大地带的划分方法，东部沿海地区得到特殊优惠政策倾斜，为区域经济差距的扩大埋下了伏笔。随着东北老工业基地的衰弱，中国四大国土经济区的分化日益显著，针对东部、中部、西部和东北地区都形成了差异化的地区发展政策。从国土经济区划的宏观格局来看，国家的区域发展战略的着眼点从三大地带转向四大板块。

（二）中国国土经济区域新的划分方案

国土经济区的划分可以基于同质性也可以基于异质性，但为了促进国土经济区域协调发展，国土经济区划应该坚持同质性和异质性相结合，地区专业化和地区综合发展相结合，必须充分重视经济中心对周围地区的辐射作用，注重区域内部的关联性、协作性，将各地区的地理环境、资源条件与经济发展结合起来，既要满足国家宏观调控的需要，也应促进地区协调发展和实施可持续发展战略。现阶段，我国东部、中部、西部和东北地区四大国土经济区中，东部地区经济发展水平相对较高，而其他地区经济发展模式相对落后，受地理空间的阻隔与交通通达性的限制，东西和南北之间人才、资金、技术等要素流动不畅，产业转移缺乏梯度衔接，同时经济区内部也日益分化，统一的区域政策难以兼顾内部各地区的发展要求。因此，要加快推动我国国土经济区划进行新一轮调整，构建国土经济区域协调发展的新格局，适应我国经济社会发展的新要求。新时代的区域协调发展不仅仅是缩小地区差距，还包括区域内部各个主要要素、主要领域的相互协调，并不一定要求对现有国土经济格局进行大调整（陆大道，2018）。

近年来，我国国土经济空间结构面临新的影响因素和外部环境。一方面，随着地区经济增长的驱动因素从自然禀赋等第一性地理因素转变为以规模经济、专业化分工以及知识要素为主导所形成的新空间集聚等第二性地理因素。另一方面，人口的空间流动导致我国一些地方已经开始面临城市劳动力供给短缺的问题，但随着我国对外开放水平的不断提升和基础设施建设的加快推进，我国在对外贸易、交通和通信等方面都有了长足发展，全国高速铁路建设方兴未艾，贸易成本和运输成本不断降低，都在推进国土经济空间结构不断演化（李国平等，2016）。面对我国区域发展中存在的区域分化以及区域差异扩大的问题，为了促进区域协调发展，应根据自然地理条件和经济社会现状重塑我国的国土经济空间格局。

现阶段我国国土经济区域形成了较为稳定的大格局，未来的区域空间结构调整应以三大自然区和地势三大阶梯确定的主体功能区为基础，在自然地理格局的基础上结合国情与国家发展战略需求，面向高质量发展要求进行合理优化（陆大道，2020）。倪鹏飞（2016）指出中国经济空间日益呈现出东部和中部地区经济一体化、东北和西部地区人口和经济向主要城市群集中的格局。随着城市之间的经济联系的加强，以重点城市为核心的城市群经济特征日趋明显，地区间的经济联系日益突破距离限制，重构中国经济空间格局（涂建军等，2019）。也有学者指出要通过东部地区重组贯通长三角与珠三角地区，实现国土经济区域发展动能转化（孙久文，2016）。孙久文等（2019）还提出了基于大运河文化带划定连接南北的带状经济区，重塑中国区域空间格局。自然地理格局是国土经济空间格局的基础，东部地区的重新划分成为中国国土经济空间结构优化的主要关注点，以城市群为基础的区域经济发展格局也是中国国土经济区域划分的重要依据，李国平等（2020）从促进区域协调发展的角度出发，提出了中国国土经济区域划分的五分法。

中国国土经济区域五分法的划分方案为：我国南北以秦岭淮河为界，东西应以胡焕庸线为界进行区域板块划分，另外可以将东北单独划出，并将西部地区根据资源禀赋及其定位分为西北（含青藏）和西南两个地区。东北地区的划分方法不变，依旧是东北三省；主要是根据自然地理区位和经济社会发展水平进一步细化其他三个地区的划分方法，将原来的东部和中部地区进行拆分重组，将秦岭—淮河一线以北的北京、天津、河北、山西、河南、山东6省（直辖市）划为华北地区，而将秦岭—淮河一线以南的湖北、湖南、江西、安徽、江苏、上海、浙江、福建、广东、海南10省（直辖市）划为东南地区；同时将原来的西部地区也进一步细分为西北地区和西南地区，前者包括内蒙古、宁夏、甘肃、陕西、西藏、青海、新疆7省（自治区），后者则包括云南、贵州、四川、重庆、广西5省（自治区、直辖市）。

传统的经济区划大多考虑了我国自然地理条件的地区差异。从自然条件来看，我国地形西高东低，呈现出三大阶梯，大的方面分为三大自然区，分别为东部季风区、西北干旱区和青藏高原区，东部季风区降水相对丰富，西北干旱区深入内陆，青藏高原区海拔较高，降水相对较少，西北干旱区和青藏高原区基本上都在胡焕庸线以西地区，东部季风区基本都在胡焕庸线以东地区。我国属于大陆性季风气候，青藏高原地区受地形影响属于高原寒带，东北、西北地区基本位于中温带，华北地区大部分位于暖温带，东南和西南地区基本位于亚热带，东北、西北和青藏高原地区冬季寒冷对宜居水平以及冬季生产活动产生很大影响。这些自然因素都对我国的人口和经济分布产生很大影响，因此才出现了著名的"胡焕庸线"。我国的华北和东南地区基本在胡焕庸线以东、以南，集中了我国大部分的人口和经济活动。而从区位条件来看，由于华北和东南地区人口集中，有着广阔的消费市场，加上位于沿海地区，在与国际市场的距离以及可达性方面都更具优势，因此这两个地区相对来说具有更好的区位条件。三大阶梯和三大自然区的自然地理格局共同决定了中国国土经济空间格局的宏观框架。重新划分中国区域，主要理由有以下几个方面：一是更加符合中国的自然地理条件，体现区域内的一致性和区域间的最大差别性，和中国三大自然区、胡焕庸线、秦岭—淮河南北地理分界线、关内关外等地理标志性界线吻合；二是反映了历史发展基础、经济发展现状、社会文化以及未来发展方向的一致性；三是区域内部的联系比以往四大区域更加紧密，中国的四大区域更多的是地理区域，而非经济区域，比方说原中部区域内部省份的联系不是很紧密，甚至可以说区外联系大于区内联系，原东部地区过于狭长，南北联系也不是很紧密，而湘、赣等省同为长三角与珠三角大城市群腹地，将两大城市群及其经济腹地共同划分为东南地区显然更利于强化区内经济联系（陆大道，2017）；四是新的五大区域从形态上看，更接近于圆形，这样便于交通组织、经济联系以及发挥区域中心城市的辐射带动作用。

在新的划分基础上，才有可能更有针对性地根据各个区域的特点制定差异化的区域发展政策。例如，西南和西北地区在资源禀赋、发展条件和产业结构等方面均存在较大差异。西南地区随着长江经济带建设，发展速度加快，具有发展先进制造业与现代服务业的新优势；而西北地区则在发展原材料、能源、矿产等基础和原材料产业方面有优势。所以将原西部地区重新划分为西南和西北地区两个区域，就可针对性地制定差异化的区域发展政策。

（三）中国五大国土经济区域的现状

1. 面积与人口差别较大。

中国的五大国土经济区域中，华北地区位于秦岭—淮河以北，是我国北方规模最大的经济区域，也是沟通南北、联动东西的枢纽，华北地区面积占全国的7.20%，人口占全国的24.52%，人口密度为498.28人/平方千米。东南地区包括长三角和珠三角地区，是我国经济最发达、开放程度最高的地区，东南地区人口最多，人口达到5.81亿人，占全国的41.28%，面积占全国的13.00%。东北地区能源和矿产资源丰富，在此基础上形成了传统的钢铁、机械、石油、化工等重工业集中的老工业基地以及资源型城市，但目前东北地区的人口最少，人口规模为1.00亿人，仅占全国的7.09%，面积占全国的8.40%。西北地区受到地形、气候、降水等自然地理条件的影响，在宜居性与经济发展方面都相对弱势，因此具有典型的地广人稀的特征，其面积占全国的57.30%，人口密度仅为23.72人/平方千米。西南地区的自然地理条件不如东南和华北地区优越，但远远好于西北地区，西南地区的面积占全国的14.10%，近年来西南地区经济的快速发展加速了人口的集聚，其人口占全国的17.81%，人口密度为184.57人/平方千米（见表1）。

表1   2019年中国新五大国土经济区域面积与人口基本情况

区域	面积		人口		人口密度（人/平方千米）
	总量（万平方千米）	比重（%）	总量（亿人）	比重（%）	
华北	69.29	7.20	3.45	24.52	498.28
东南	125.06	13.00	5.81	41.28	464.74
东北	80.63	8.40	1.00	7.09	123.78
西北	551.97	57.30	1.31	9.30	23.72
西南	135.90	14.10	2.51	17.81	184.57
全国	962.85	100.00	14.08	100.00	146.24

资料来源：根据国家统计局官网整理分析。

2. 各个地区的经济发展总体水平和人均水平差异显著。

从区域经济发展水平来看，经济总量最大和人均 GDP 水平最高的是东南地区，2019 年，东南地区的 GDP 为 50.16 万亿元，占全国 GDP 的 51.06%，人均 GDP 为 8.63 万元；华北地区次之，GDP 为 22.57 万亿元，占全国的 22.98%，人均 GDP 为 6.54 万元；东北地区的 GDP 为 5.01 万亿元，在全国所占比重最低，为 5.10%，人均 GDP 也最低，为 5.02 万元；西北地区的 GDP 为 7.37 万亿元，占全国的 7.50%，人均 GDP 为 5.63 万元；西南地区的 GDP 为 13.12 万亿元，占全国的 13.36%，人均 GDP 为 5.23 万元（见表2）。东南地区在经济总量与人均 GDP 方面都具有绝对优势，综合经济实力突出，人均 GDP 水平分别是华北地区的 1.32 倍、西北地区的 1.53 倍、东北地区的 1.72 倍和西南地区的 1.65 倍。与西北和东北地区相比，西南地区的经济总量更大，分别是西北地区的 1.78 倍和东北地区的 2.62 倍，但由于人口数量远远超过这两个地区，人均 GDP 水平反而低于西北地区。

表2   2019年各区域地区生产总值和人均GDP

区域	地区生产总值		人均 GDP（万元）
	总量（万亿元）	比重（%）	
华北	22.57	22.98	6.54
东南	50.16	51.06	8.63
东北	5.01	5.10	5.02

续表

区域	地区生产总值		人均GDP（万元）
	总量（万亿元）	比重（%）	
西北	7.37	7.50	5.63
西南	13.12	13.36	5.23
全国	98.23	100.00	6.98

资料来源：根据国家统计局官网整理分析。

3. 区域经济增长水平的差异也较大。

2010~2019年，五个区域的GDP在全国所占份额均有所变化，但变化趋势差异显著。2010~2019年，经济份额最大的东南地区的GDP增长了147%，GDP在全国所占份额从46.44%上升到51.06%，增加了4.62个百分点；华北地区的GDP增长了96%，但GDP在全国所占份额则从26.36%降至22.98%，减少了3.38个百分点；西南地区的GDP增长最快，增长了182%，GDP在全国所占份额从10.64%上升到13.36%，增加了2.72个百分点；东北地区的GDP仅增长了34%，GDP在全国所占份额从8.58%降至5.10%，下降了3.48个百分点，经济增长乏力；西北地区的GDP增长了111%，GDP在全国所占份额从7.99%降至7.50%，下降了0.49个百分点，经济增长水平相对稳定（见图1）。

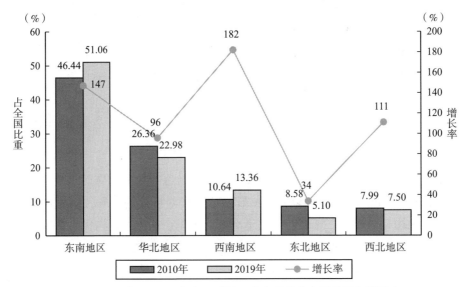

图1 2010年和2019年各区域地区生产总值占全国比重与增长率

资料来源：根据国家统计局官网整理分析。

4. 各地区的产业结构差异显著。

2019 年华北地区的第三产业比重最高，为 56.99%，三次产业比重为 6.38∶36.63∶56.99；东南地区的第一产业比重最低，三次产业比重为 5.37∶40.76∶53.87，华北与东南地区的产业结构相对比较合理。东北地区由于第二产业发展缓慢，份额仅有 34.41%，导致第三产业比重也比较高，三次产业比重为 13.26∶34.41∶52.33，西北地区的三次产业结构为 10.06∶40.11∶49.83，西南地区的三次产业结构为 11.48∶36.32∶52.20，东北地区、西北地区与西南地区第一产业的比重仍较高，西北地区第三产业比重尚不足 50%，产业结构均有待优化（见图 2）。

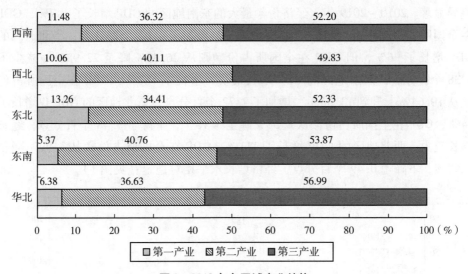

图 2　2019 年各区域产业结构

资料来源：根据国家统计局官网整理分析。

进一步比较各区域三次产业细分行业的产值比重，从图 3 可以看出，华北地区和东南地区的农林牧渔业比重相对较低，东南地区与西北地区的工业比重相对较高，分别为 34.36% 和 31.60%；在第三产业细分行业中，五大区域的批发和零售业占比均相对较高，金融业的比重次之，第三产业内部结构仍有待优化。

比较各区域的三次产业产值在全国所占比重可以发现，东南地区的经济实力排在首位，第一产业产值占全国第一产业的 38.24%，第二产业产值占比超过一半，达到 53.57%，第三产业产值占比也达到了 50.96%，产业优势突出；华北地区的三次产业在全国所占比重相对均衡，分别占全国第一产业、第二产业和第三产业的 20.43%、21.67% 和 24.26%，也具有相当重要的经济地位；西南地区的三次产业产值在全国所占比重相对较低，而西北和东北地区的三次产业产值在全国所占比重十分有限（见图4）。

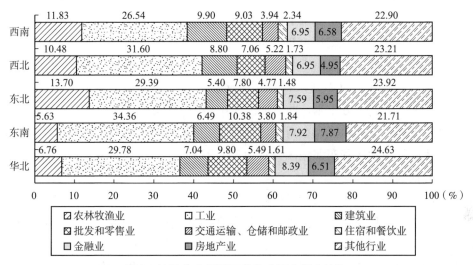

图3 2019年各区域三次产业细分行业结构

资料来源：根据国家统计局官网整理分析。

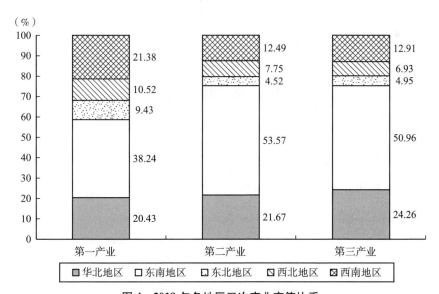

图4 2019年各地区三次产业产值比重

资料来源：根据国家统计局官网整理分析。

5. 交通基础设施水平呈现明显的空间分异特征。

分区域来看，华北和东南地区的交通基础设施相对完善。华北地区的铁路营业里程密度最高，为 42.43 米/平方千米，东南地区和东北地区次之，分别为 29.27 米/平方千米和 22.70 米/平方千米，西南地区为 15.23 米/平方千米，西北地区仅有 6.32 米/平方千米。受地貌条件限制和经济社会发展水平差异的影响，我国铁路、航道、公路（高速公路）的地区差异显著，具有明显的东密西疏、南密北疏的特征。东南地区的航道营业里程密度远高于其他区域，达到 66.45 米/平方千米；西南地区次之，为 21.27 米/平方千米；东北和华北地区分别为 8.68 米/平方千米和 4.47 米/平方千米，西北地区为 0.94 米/平方千米。在等级公路的营业里程密度方面，华北地区和东南地区分别为 1302.21 米/平方千米和 1247.88 米/平方千米，西南地区和东北地区分别为 731.94 米/平方千米和 452.56 米/平方千米，西北地区为 158.79 米/平方千米，仅约为华北地区的 12%。就高速公路密度而言，2019 年华北地区的密度为 42.00 米/平方千米，东南地区为 40.78 米/平方千米，东北地区为 15.38 米/平方千米，西北地区为 4.95 米/平方千米，西南地区为 21.85 米/平方千米（见表 3）。比较各地区的路网密度可以发现，西北地区的交通基础设施水平与其他地区仍存在较大差距，东北地区和西南地区的交通基础设施水平也有待提升。尽管这些年来，各地普遍加大了对于交通基础设施建设的力度，我国各地的交通条件均有很大改善，但交通基础设施发展不均衡问题也较为突出，原有的交通基础设施较好的东北地区已经被中部地区所超越，西南地区的交通条件得到快速改善，投资环境变得更好。

表 3　　　　　　　　　　**2019 年各地区路网密度**　　　　　　　单位：米/平方千米

地区	铁路营业里程密度	航道营业里程密度	等级公路营业里程密度	高速公路里程密度
华北	42.43	4.47	1302.21	42.00
东南	29.27	66.45	1247.88	40.78
东北	22.70	8.68	452.56	15.38
西北	6.32	0.94	158.79	4.95
西南	15.23	21.27	731.94	21.85

资料来源：根据国家统计局官网整理分析。

6. 各地区的创新投入与产出水平差异显著。

区域的科技发展水平与对地区经济的推动作用均有较大区别。2019 年全国研究与试验发展（R&D）经费已经达到 22143.6 亿元。2011～2019 年，全国研发投入强度①也从 1.84% 上升至 2.23%，增加了 0.39 个百分点。地区间的研发投入强度差异较大，2011～2019 年，华北地区的研发投入强度从 1.96 增长到 2.54，增加了 0.58 个百分点；东南地区的研发投入强度从 1.83 增长到 2.54，增加了 0.71 个百分点；东北地区的研发投入强度从 1.28 增长到 1.60，增加了 0.32 个百分点；西北地区的研发投入强度从 1.04 增长到 1.34，增加了 0.30 个百分点；西南地区的研发投入强度也从 1.04 增长到 1.43，增加了 0.39 个百分点。东南地区的研发投入强度增长最快，华北地区次之，2019 年东南地区的研发投入强度几乎是西北地区的 2 倍，科技投入的变化和地区差异也导致了各区域经济增长出现分异（见图 5）。

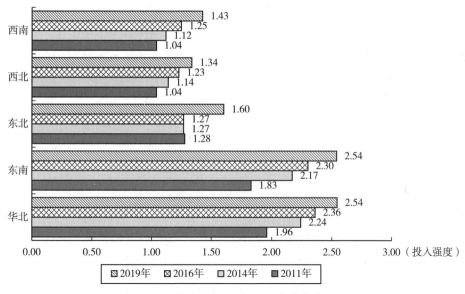

图 5　2019 年全国各区域 R&D 经费投入强度

资料来源：根据国家统计局官网整理分析。

科技投入水平的高低直接影响着地区的技术水平与创新能力，进而对区域经济发展的活力与可持续性产生重要影响。伴随着现代经济活动对技术依赖程度的加大，技术与知识已经成为影响经济活动区位选择的最重要因素之一，技术进步已成为产业结构升级以及经济增长的关键因素。五大国土经济区的创新产出水平

---

①　研发支出占地区生产总值的比重。

不一，在专利的申请授权量方面，东南地区遥遥领先，2019 年的专利申请授权量达到1601381 项，占全国的 65.16%；华北地区次之，占全国的 20.21%；西南、西北和东北地区分别占全国的 7.96%、3.59% 和 3.08%。东南地区的专利申请授权量分别是华北、东北、西北和西南地区的 3.22 倍、21.18 倍、18.13 倍和 8.18 倍，在科技研发方面占据绝对优势。从技术市场成交额来看，2019 年东南地区的技术市场成交额高达 8672.41 亿元，占全国的 39.87%；华北地区次之，为 8437.15 亿元，占全国的 38.79%，东南地区与华北地区的科技成果转化优势也十分突出（见表4）。

表 4   2019 年各区域创新产出水平

地区	专利申请授权		技术市场成交额	
	数量（项）	比重（%）	数量（亿元）	比重（%）
华北	496650	20.21	8437.15	38.79
东南	1601381	65.16	8672.41	39.87
东北	75605	3.08	1264.60	5.81
西北	88327	3.59	1719.03	7.90
西南	195678	7.96	1656.04	7.63

资料来源：根据国家统计局官网整理分析。

7. 各地区的城镇化水平显著提升。

2010 年，东北地区的城镇化水平相对较高，达到 57.65%，东南地区的城镇化水平也达到了 55.96%，华北、西北和西南地区的城镇化水平分别为 48.53%、44.74% 和 39.70%。这主要是因为从新中国成立初期开始，东北老工业基地城镇人口相对集中，城镇化水平相对较高，而中东部地区人口稠密，自古以来就是重要的农业地区，农业人口数量大、比重高。近年来，区域之间的城镇化过程呈现出收敛的态势，城镇化水平整体显著提升。2019 年，东北地区的城镇化水平达到了 68.30%，东南地区的城镇化水平也达到了 63.95%，华北地区则为 61.08%，均高于全国平均水平（60.88%），西北和西南地区虽然低于全国平均水平，但均超过了 50%（见图 6）。

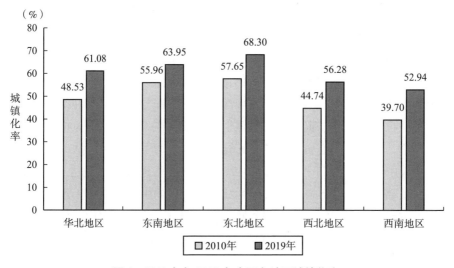

图 6　2010 年与 2019 年全国各地区城镇化率

资料来源：根据国家统计局官网整理分析。

第一，东南和西南地区的城镇化发展速度更快。城镇化不仅仅意味着人口向城镇地区的集聚，而且往往伴随着地区工业化的迅速推进，而劳动力的集聚与人口规模的扩张又会使地区的市场规模扩大，促进服务业水平不断提升，因而对地区经济增长与产业结构的优化具有重要意义。中华人民共和国成立之后，出于资源条件与国家安全战略的考虑，我国优先在东北地区建设工业基地，大力开发北方地区的矿产资源与能源，发展重化工业，使北方地区较早开始了工业化进程，城镇化水平迅速提升。但改革开放后，东南地区在对外开放政策支持下加快引进外资、发展外向型工业，地区经济高速发展，吸引了大量的劳动力流入，工业化与城镇化相互促进，城镇化水平迅速提升。随着东南与西南地区经济发展水平的不断提升，东北地区的经济发展相对滞后，西北地区经济发展水平提升缓慢，由于经济相对落后，这些地区的人口倾向于向经济发达的地区迁移，更加快了南部地区的城镇化进程，2019 年东南地区的城镇化水平提升到了 63.95%，西南地区的城镇化水平也迅速提升，2010～2019 年增长了 13.24 个百分点。2019 年全国城镇化率排名前 10 的省（自治区、直辖市）中，有 4 个来自东南地区，分别为上海（86.42%）、江苏（67.28%）、广东（65.87%）、浙江（64.05%）；有 2 个来自华北地区，分别为天津（94.15%）、北京（85.16%）；西南地区的重庆城镇化率达到 65.50%。目前，各地区的城镇化水平仍然不均衡，天津、上海、北京的城镇化率已超过 80%，遥遥领先其他省（自治区、直辖市），东南地区与西南地区的城镇化水平也存在较大差距，城镇化发展的地区差异对我国区域经济的分异也产生了重要的影响①。

第二，不同国土经济区的区域中心城市建设水平仍存在较大差别。在城镇化加速推进的过程中，不同国土经济区的区域中心城市都得到了一定程度的发展。在每个国土经济区域中，区域中心城市都集聚了大部分的人口与经济活动，为地区经济发展积累了人才、资金、技术等生产要素，在地区经济增长中起到了重要的推动作用，以区域中心城市为核心的城市群也成为了地区经济活动的主要空间载体。随着中国城镇化进程加快，2019年中国城镇化水平已经达到了60.6%，大城市以及都市圈和城市群作为我国区域经济发展的引擎，成为了区域经济和人口集聚的主要空间载体，我国19个城市群占据了全国近80%的人口和经济总量②。但由于不同国土经济区的人口数量与经济发展水平差距较大，各地区中心城市发展水平的差距仍较大，各地区不同等级的城市数量也明显不同，我国市区常住人口超过500万人以上的特大城市多集中在东南、华北和西南地区，东北地区暂时还没有市区人口超过500万人以上的特大城市，东南和华北地区人口在100万~300万人之间的大城市也相对较多（见表5）。

8. 地区的就业规模与消费水平反映了地区经济发展活力。

劳动力的就业空间结构对于地区产业发展与企业的区位选择都有重要影响。消费是推动经济增长的主要动力，其规模和水平将对经济活动的区位选择产生重要影响。从各区域的劳动力规模来看，2019年东南地区的就业规模远远超过其他地区，占全国的47.35%；华北地区次之，占23.99%；西南地区则占13.15%，这与各地区的人口规模基本成正比。人口规模的扩大往往意味着劳动力供给的增加，从而对地区的就业规模与产业规模也会造成一定影响。2019年，全国各地区的社会消费总额也呈现出相似的结构，东南地区的社会消费总额占比最高，为51.96%，华北地区次之，为22.55%，西南地区则为14.41%，主要是因为长三角、京津冀和珠三角地区的人口基数大，人均收入水平相对较高，消费市场大、消费水平高，因而位于东南的长江经济带沿线地区的社会消费总额较高，西南地区的贵州和重庆的消费市场近年来迅速增长，但东北地区受人口流失和经济乏力的影响，消费市场低迷，西北地区的经济总量和人口规模有限也导致消费市场相对较小（见表6）。

---

① 根据住房和城乡建设部《2019年城市建设统计年鉴》整理分析。

② 李国平，孙瑀，朱婷. "十四五"时期优化我国经济空间结构的若干对策建议 [J]. 改革，2020 (8)：30-45.

表 5　　　　　　　　　　　**2019 年中国分区域城市规模等级**

城市规模	华北	东南	东北	西北	西南
超大城市 （1000 万人及以上）	北京、天津	上海、深圳	—	—	重庆
特大城市 （500 万~1000 万人）	—	广州、南京、武汉	—	西安	成都
大城市（Ⅰ型） （300 万~500 万人）	石家庄、济南、青岛、郑州	杭州、长沙	沈阳、大连、长春、哈尔滨	—	昆明
大城市（Ⅱ型） （100 万~300 万人）	唐山、秦皇岛、邯郸、保定、张家口、太原、大同、淄博、枣庄、烟台、潍坊、济宁、泰安、临沂、洛阳、南阳	无锡、徐州、常州、苏州、南通、淮安、盐城、扬州、宁波、温州、台州、合肥、芜湖、淮南、福州、厦门、泉州、南昌、赣州、襄阳、株洲、珠海、汕头、佛山、惠州、东莞	—	呼和浩特、包头、兰州、西宁、银川、乌鲁木齐	南宁、柳州、海口、自贡、泸州、绵阳、南充、宜宾、达州、贵阳、遵义

资料来源：根据住房和城乡建设部《2019 年城市建设统计年鉴》整理分析。

表 6　　　　　　　　　　　**2019 年全国各地区就业与消费水平**

地区	城镇单位就业人数		社会消费总额	
	数量（万人）	比重（%）	数量（亿元）	占比（%）
华北	4117.80	23.99	92025.20	22.55
东南	8125.30	47.35	212000.00	51.96
东北	1126.80	6.57	19487.40	4.78
西北	1535.80	8.95	25702.70	6.30
西南	2256.00	13.14	58802.00	14.41

资料来源：根据国家统计局官网整理分析。

二、区域协调发展的现状和问题

在国土经济区划的基础上，对区域协调发展的研究层出不穷，区域的协调发展不仅会对社会经济的可持续发展产生重要影响，而且关乎社会稳定和民族团结的大局，因而对当前五大国土经济区域的经济格局进行深入的剖析具有重要意义。习近平总书记也高度关注我国区域经济布局不平衡问题，指出区域经济发展呈现明显分化态势，北方经济增长放缓，南北经济发展差距扩大，经济高质量发展对区域协调发展提出了新的要求①。为了把握地区经济发展差距的变化趋势，根据各个区域的地区生产总值计算区位基尼系数，研究发现，2000 年以来，以华北、东北、西北、东南、西南五大区域计算的区位基尼系数经历了上升、下降、再上升的过程；2000 ~ 2004 年，区域发展差距逐渐扩大，区位基尼系数从 0.484 上升到 0.497；2005 ~ 2012 年，区位基尼系数呈下降趋势，降到了 0.458，区域发展差距呈现出缩小的态势，但新的一轮上升始于 2013 年；2013 ~ 2019 年，区位基尼系数从 0.458 迅速上升到了 0.537，区域之间经济发展的差距进一步扩大，区域协调发展面临更加严峻的挑战（见图 7）。

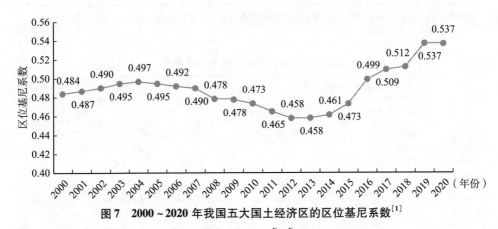

图 7   2000 ~ 2020 年我国五大国土经济区的区位基尼系数[1]

注：[1] 区位基尼系数计算公式为 $Gini = \dfrac{1}{2(N-1)} \sum\limits_{i=1}^{N} \sum\limits_{j=1}^{N} |\lambda_i - \lambda_j|$，式中，$\lambda_i$ 和 λ_j 分别为 i 地区和 j 地区的地区生产总值占当年国内生产总值的比重；N 为地区的数量。

资料来源：根据国家统计局官网整理分析。

---

① 习近平. 推动形成优势互补高质量发展的区域经济布局 [J]. 奋斗，2019 (24)：4 - 8.

（一）我国区域经济总体呈现不均衡的增长格局

2000～2020 年，五个地区的 GDP 在全国所占比重的变动可以看出，我国区域经济总体呈现不均衡的增长格局，区域差距依然存在。占比最高的是东南地区，比重一直维持在 45% 以上，2000～2003 年比重略有上升，从 47.12% 上升到 47.68%，但 2004～2012 年其比重呈下降趋势，降至了 45.63%；2013～2019 年比重持续上升，到 2019 年高达 51.06%，但 2020 年占比略有下降，降到了 50.95%。华北地区 GDP 占全国的比重长期稳定在 25% 上下，2000～2006 年，GDP 占全国比重从 25.48% 上升至 27.14%；但从 2007 年开始，其比重呈下降趋势，到 2018 年降至 24.76%，2019 年开始比重大幅下降，到 2020 年降至 22.93%。西南地区 GDP 在全国所占比重维持在 10% 以上，2000～2006 年，其占全国比重呈下降趋势，从 10.98% 降至 10.17%；2007 年开始，比重持续上升，到 2020 年达到了 13.64%。东北地区的 GDP 比重整体呈下降趋势，2000～2007 年比重持续下降，从 9.90% 降至 8.42%；2008～2012 年，比重小幅波动上升，达到 8.76%；2013 年后占全国比重迅速下降，到 2020 年降至 5.05%。西北地区 GDP 在全国所占比重相对较小，2000～2013 年，比重持续上升，从 6.52% 增至 8.42%；2014 年开始比重呈下降趋势，到 2020 年降至 7.43%。整体来看，东南地区和西南地区近年来 GDP 比重上升，而三北地区 GDP 占比则呈下降趋势，东北地区 GDP 份额下降尤为突出，2014 年，西北地区的 GDP 份额开始超过东北地区。同时，区域经济差距仍存在，2020 年东南地区的 GDP 是华北地区的 2.22 倍、西南地区的 3.73 倍、西北地区的 6.86 倍、东北地区的 10.09 倍（见图 8）。

（二）五大区域的产业结构都得到了一定程度的优化

2000 年以来，五大区域的产业结构都得到了一定程度的优化，总体变化趋势基本一致。2000～2019 年，华北地区的第一产业比重从 14.27% 降至 6.38%，第三产业比重从 39.08% 上升到 56.99%；东南地区的第一和第三产业比重分别下降了 8.07 个百分点、上升了 12.77 个百分点，分别达到 5.37% 和 53.87%；东北地区的第一产业比重上升了 0.11 个百分点，达到 13.26%，西北地区和西南地

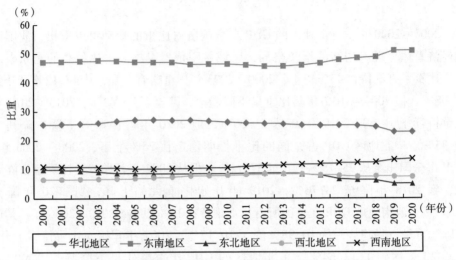

图8　2000～2020年中国五大国土经济区GDP比重

资料来源：根据国家统计局官网整理分析。

区的第一产业比重分别下降了8.80个和11.49个百分点，降为10.06%和11.48%；东北地区、西北地区和西南地区的第三产业比重分别上升了15.06个、8.80个和13.45个百分点，达到52.33%、49.83%和52.19%。但区域之间的产业结构仍然存在一定差异，产业发展不协调问题突出。虽然除东北地区外，其他四个地区的第一产业比重都大幅下降，但西南地区的第一产业比重一直相对较高，达到11.48%，东北地区的第一产业比重则高达13.26%，而华北和东南地区的第一产业比重已低至6%左右，各地区第一产业产值比重差异显著。西北与西南地区的第二产业比重变动不大，但东北地区的第二产业比重却大幅下降，从49.58%降至34.41%，下降了15.17个百分点。这与东北地区传统老工业基地的衰落有很大的关系，第二产业转型困难与发展乏力也导致东北地区的经济发展相对滞后。与华北和东南地区相比，西北地区的第三产业发展相对滞后，2019年比重为49.83%，而华北地区已经高达56.99%（见图9）。

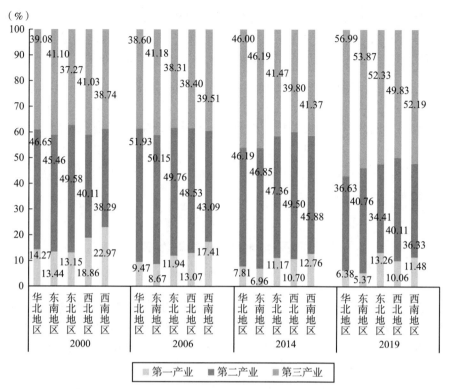

图9 2000～2019年各地区产业结构变化情况

资料来源：根据国家统计局官网整理分析。

（三）非均衡的区域发展政策加剧了区域发展不协调问题

区域政策反映了政府对地区发展的基本导向，是政府为实现增加就业、促进技术进步、优化升级产业结构、保护生态环境等目标采取的措施。改革开放以来，根据中国国情以及经济社会发展大局需要，我国在东部沿海地区率先推行了对外开放政策，使得这些地区获得了先发优势，这些政策优势是改革开放后中国经济沿海化的最直接的推动力。进入 21 世纪以来，我国先后启动了西部大开发、东北振兴和中部崛起战略，推动了我国经济空间格局从区域差距扩大转向了缩小，区域空间格局不均衡状况有所改变。但近几年来，受产业结构、技术基础、市场作用、营商环境、宜居环境等综合影响，区域差距再一次拉大，东北地区、西北地区以及华北地区经济发展相对滞后的问题凸显。

自然资源禀赋与区位差异导致各个地区在产业基础、人才资源、交通条件和科技水平方面都存在一定差距。1979～1990年，中国实行非均衡的区域发展政策，改革开放后支持东部沿海地区率先开放，使沿海东南和华北地区的工业化快速推进并且形成了惯性，在一定程度上使区域发展差距进一步扩大。1991年以来，中国政府正式确立地区经济协调发展的指导方针，尽管先后实施了西部大开发、振兴东北地区等老工业基地和中部崛起的发展战略，但受区位条件、资源状况和产业基础的影响，区域协调发展仍存在一些问题。东北地区工业转型升级面临巨大挑战，西北地区产业发展乏力，西南地区产业结构加快优化升级但产业基础相对薄弱，发展动力不足。

三、促进区域协调发展的对策建议

尽管区域协调发展战略日益深入实施，但由于我国国土面积广阔，各个地区国土经济的资源禀赋、地理区位差异较大，区域发展不均衡、不协调的问题仍然较为突出。在此情况下，重塑国土经济空间发展格局，实现区域协调发展成为了促进我国经济社会可持续发展的重要举措。基于影响国土经济空间结构变化的主要原因，未来应多策并举，通过制定实施差异化的区域政策、建立更加有效的区域合作机制、推进产业结构转型升级、加大人力资本和科技创新投入、加快交通基础设施建设和区域中心城市建设，促进国土经济区域协调发展，增强不同国土经济区域之间的经济联系和产业合作，提升经济发展质量。

（一）制定差异化的区域政策

在新的五个国土经济区划分基础上，可以更有针对性地根据各个区域的特点制定差异化的区域发展政策，有效引导各个区域发挥比较优势、把握发展机遇。为了促进区域协调发展，尤其要大力支持西北地区和东北地区抓住"一带一路"建设机遇，推进全方位对外开放。改革开放以来特别是党的十八大以来，我国致力于推动形成全面开放新格局，加快建设"一带一路"，为西北地区和东北地区提升对外开放水平、开展国际合作提供了历史机遇。在这一新的外部发展环境中，国家应大力支持西北地区和东北地区依托各边境口岸，寻求新的发展机会，提高对外开放水平，在西北地区和东北地区各选择部分沿边城市打造新的开放窗口，通过一系列的市场准入、税收优惠等政策加速生产要素向这些地区的集聚，促进国际贸易合作。通过在西北和东北地区提升开放能级，打造面向东北亚、中亚和欧洲的国际合作平台，为西北地区和东北地区的经济加速发展提供新的动力，从而缩小与华北和东南地区的发展差距。

（二）强化区域合作机制

我国目前的经济发展格局中，东南与华北地区的珠三角、长三角和环渤海三大城市群成为了地区经济增长的三大核心区域，但三大城市群之间以及东南、华北地区与西北、西南和东北地区之间的合作紧密程度仍有待提升，区域合作面临着重重阻力。由于区域间资源禀赋以及发展定位的差异，要形成优势互补、高质量发展的区域经济布局，必须建立起更加有效的区域合作机制。在国家层面上要不断突破体制机制障碍，打破区域之间的市场分割与制度壁垒，创新区域合作方式，促进各类资源要素在不同地区间自由流动。同时还要加强宏观调控，促进区域协调发展，在财政税收制度方面，通过完善转移支付制度加大对落后地区的支持力度，通过跨区生态补偿制度促进地区之间资源要素的流动与经济交流。可以通过总结多年来形成的区域间对口支援经验，将东北地区或西北地区的部分县市指定为对口支援合作对象，由发达省市直接管辖，促使其形成新的增长极。在区域层面，为了构建区域协调发展国土经济空间格局，应加快推进海峡西岸经济区建设，打造联通珠三角与长三角区域的通道，促进人才、资金等要素顺畅跨区流动，加强地区经济联系，促进区域协调发展。通过发挥泛长三角与泛珠三角区域的经济与科技优势，带动西南地区腹地发展，辐射影响华北、西北、东北地区，有效推动实现国土经济区域协调发展。

（三）加快产业结构转型升级

产业结构不合理是导致东北、西北地区经济份额快速下滑的重要原因，特别是资源型等传统产业为主，技术密集型特别是高技术产业比重低，竞争力不强，是导致经济份额持续下降的关键因素。东南和华北地区的比较优势主要集中在资本和技术密集型行业，长三角在这两类型工业的比较优势最为突出，而西北地区和东北三省大多还处于以资源密集型行业为主导工业的发展阶段，其中以山西、甘肃、内蒙古、青海、新疆最为突出。因此，加快推进东北、西北等北方地区工业内部结构优化和转型升级，降低对资源型产业的依赖程度，增加技术集约型行业比重，将有助于北方地区经济可持续发展，促进区域协调发展。

（四）加大人力资本和科技创新投入

由于东北和西北地区的经济发展严重受制于人才流失与技术落后，为了促进东北和西北地区的经济发展，增加这两个地区的人力资本和科技创新投入十分必要。近年来东北地区在全国的经济地位快速下降，与其人才流失和科技创新投入严重不足甚至下降密切相关。2011～2019 年，全国研发投入强度从 1.84% 增加到 2.23%，增加了 0.39 个百分点。西北地区、西南地区与东北地区的研发投入强度远低于全国平均水平。东北地区的人口流失特别是科技人才的流失也直接影响到消费能力增加和培育经济发展新动能。为促进区域经济协调发展，应该针对东北地区和西北地区设立特殊地区的人力资本专项和科技专项给予特别支持。

（五）强化交通基础设施建设

西部大开发战略实施以来，我国西部地区特别是西南地区的交通条件得到很大改善。但受自然条件、人口密度以及经济活动强度等影响，我国交通基础设施呈现东密西疏、南密北疏的特征，部分地区特别是东北地区交通基础设施建设远低于全国平均水平。建设统一、高效、便捷的交通网络有助于密切区域经济联系，促进区域协调发展。五大区域在资源禀赋与产业基础方面存在互补性，未来应加大东北地区以及西北地区交通基础设施建设，增强这两个地区与华北、东南和西南地区的交通和通信联系，促进各类生产要素在不同地区间加速流动，从而更好地承接经济发展水平较高地区转移的产业活动，更好地开展经济合作和技术交流。加快东北与西北地区的交通基础设施建设，缩小地区间基础设施水平的差距，将有效改善这些地区的发展条件，吸引和留住产业投资，促进东北地区和西北地区的经济增长，缩小区域间差距。

（六）大力建设区域中心城市

中心城市与城市群是支撑人口和经济活动的主要空间载体。伴随着我国经济结构的服务化，服务业发展将对经济空间格局变化产生更加重要的影响，服务业中无论是高端的生产者服务业还是以消费为导向的消费型服务业，都直接受制于人口规模和消费能力，服务业发展与高等级的大规模城市直接相关。提升北方地区的城镇化水平，推进建设国家中心城市以及大都市圈，增强对于新移民的吸引力，将可以承载更多的人口和经济功能。近年来，东北地区人口的加速流失严重制约了地区经济发展，应尽快确定沈阳作为国家中心城市，通过提升东北地区中心城市的城市等级和影响力来吸引人口和经济活动。

参考文献

[1] 陈栋生. 我国生产力布局的几个问题 [J]. 生产力布局与国土规划，1986 (4)：3 - 14.

[2] 程潞，李振良，陆心贤. 中国经济地理 [M]. 上海：华东师范大学出版社，1993.

[3] 国家计委经济研究所课题组，等. 中国区域发展战略研究 [J]. 管理世界，1996 (4)：175 - 189.

[4] 李国平，等. 产业转移与中国区域空间结构优化 [M]. 北京：科学出版社，2016.

[5] 李国平，孙瑀，朱婷. "十四五" 时期优化我国经济空间结构的若干对策建议 [J]. 改革，2020 (8)：30 - 45.

[6] 刘再兴. 综合经济区划的若干问题 [J]. 经济理论与经济管理，1985 (6)：45 - 49.

[7] 陆大道. 地理国情与国家战略 [J]. 地球科学进展，2020，35 (3)：221 - 230.

[8] 陆大道. 关于珠江三角洲大城市群与泛珠三角经济合作区的发展问题 [J]. 经济地理，2017，37 (4)：1 - 4.

[9] 陆大道. 我国区域经济大格局不宜谋求大调整 [J]. 环境经济，2018 (Z1)：66 - 67.

[10] 倪鹏飞. 重塑中国经济空间新格局 [J]. 小康（财智），2016 (2)：20.

[11] 孙红玲，刘长庚. 论中国经济区的横向划分 [J]. 中国工业经济，2005 (10)：2.

[12] 孙久文. 重塑中国经济地理的方向与途径研究 [J]. 南京社会科学，2016 (6)：18 - 24，41.

[13] 孙久文，易淑昶. 大运河文化带建设与中国区域空间格局重塑 [J]. 南京社会科学，2019 (1)：11 - 16，33.

[14] 涂建军，罗运超，张骞，等. 改革开放40年来中国城市经济联系空间格局演化 [J]. 经济地理，2019，39 (3)：1 - 11.

［15］习近平. 推动形成优势互补高质量发展的区域经济布局［J］. 奋斗，2019（24）：4 - 8.

［16］杨树珍. 中国经济区划研究［M］. 北京：中国展望出版社，1990.

［17］杨吾扬，等. 中国的十大经济区探讨［J］. 经济地理，1992（3）：14 - 20.

［18］谷树忠. 国土经济学通论［M］. 北京：高等教育出版社，2012.

［19］周起业，刘再兴，祝诚，等. 区域经济学［M］. 北京：中国人民大学出版社，2001.

（执笔：李国平、朱　婷）

‖专题报告之四‖

国土经济节约集约利用

土地节约集约利用主要是通过规模引导、布局优化、标准控制、市场配置、盘活利用等手段，达到节约土地、减量用地、提升用地强度、促进低效废弃地再利用、优化土地利用结构和布局、提高土地利用效率的各项行为与活动①。当前，我国已进入"十四五"发展时期，新的时期国土经济发展也将面临新的挑战和机遇。社会和经济发展对国土节约集约利用提出了新的更高层次的要求，更加注重生态保护，更加强调高效利用和"合理"利用等（严金明等，2022）。因此，本专题将着重阐述当前我国国土经济节约集约利用的基本现状和问题、所面临的挑战以及相应的对策建议等，以期为推进我国国土经济高质量发展提供参考。

一、国土经济节约集约的现状和问题

土地节约集约利用突出"节约减量化"和"集约增效性"两个特点，强调在充分满足土地利用基本功能的前提下，不断提高建设用地的利用效率和效益。当前，我国国土经济总体情况仍有较大提升空间。一方面，我国国土资源总量多、人均占有量少、优质耕地少、耕地后备资源少的"一多三少"基本国情仍未改变（黄晓芳，2020），另一方面，我国国土资源开发与保护矛盾仍然较突出，生产经营（尤其是中西部地区和东北地区）整体水平相对粗放，生态环境成本仍然较高。与此同时，我国国土经济节约集约利用已经进入高质量发展阶段、存量发展阶段、城乡融合发展阶段和资产彰显发展阶段。国土经济集约程度有所提高，国土经济发展开始重视缓解人地关系矛盾。在高质量发展要求下，必须挖掘存量国土资源，开展低效用地再开发。国土经济发展要求改变农村依附城市的发

---

① 自然资源部. 节约集约利用土地规定 [EB/OL]. (2019 – 08 – 13). http: //f. mnr. gov. cn/201908/ t20190813_2458552. html.

展方式，形成城乡均等的主体地位。且随着自然资源资产管理体制在不断完善，资产所有者、市场化进程以及人民权利保障对资产显化的需求不断提升（严金明等，2022）。以上诸多现实挑战和发展机遇都对国土经济节约集约利用提出强烈的诉求。因此，党和国家高度重视国土经济节约集约利用，并出台了系列相关政策文件，要求全面促进国土经济节约集约利用，使得我国最严格的节约集约用地政策体系不断走向健全与完善。近年来，国家有关部门相继开展了区域建设用地节约集约利用评价、城市建设用地节约集约利用评价以及开发区建设地节约集约利用评价三个层面的节约集约利用评价，了解和掌握了我国国土经济节约集约利用的总体情况，发现了当前我国国土经济节约集约利用存在的一些问题，并指出了下一步改进的措施，对推动我国国土经济高质量发展具有重要意义。

（一）国土经济节约集约的现状

1. 国土经济节约集约利用总体情况。

2016~2018年，国土经济节约集约利用水平逐年提高，为顺利实现"十三五"规划目标奠定了良好基础。其中，国土开发强度从4.12%上升至4.21%，城乡建设用地人口密度从4461人/平方米下降到4415人/平方米，地均GDP由189.3万元/公顷提高到225.4万元/公顷，单位GDP地耗从11.72公顷/亿元下降到7.98公顷/亿元，单位GDP耗地下降率从5.09%提高到5.28%[①]。

第一，国土开发强度。2018年底，全国国土开发强度为4.21%，较2016年提升了0.09个百分点[②]。分省份看，上海和天津的国土开发强度最高，分别为36.84%和35.15%；北京和江苏次之，均为21.79%；山东、河南、安徽、浙江、河北、广东、辽宁7个省份介于10%~20%之间；最低为青海（0.52%）和西藏（0.13%）。分城市看，深圳市、东莞市、厦门市、南京市、广州市等17个城市高于25%[③]。

第二，人口承载水平。2018年底全国常住总人口13.95亿人，常住城镇人口8.31亿人，城乡建设用地人口密度为4415.2人/平方米。分省份看，上海、北京的城乡建设用地人口密度较高，分别达到8940.13人/平方米和7402.2人/平方米，分别是全国参评城市平均水平的2.02倍和1.68倍；广东（6861.55人/平方

米)和福建(6352.90 人/平方米)次之,最低为内蒙古(1880.94 人/平方米)。分城市看,深圳、汕头、揭阳、广州等 11 个城市高于 8000 人/平方米,克拉玛依、哈密、呼伦贝尔、吐鲁番、鄂尔多斯等 10 个城市低于 2000 人/平方米①。

第三,经济承载水平。2018 年全国 GDP 为 90.03 万亿元,建设用地地均GDP 为 225.4 万元/公顷,较 2016 年提高了 19.07%。分省份看,上海(1059.85万元/公顷)最高,是全国平均水平的 4.70 倍;北京(848.13 万元/公顷)次之,是全国平均水平的 3.76 倍;新疆(73.43 万元/公顷)最低,仅为全国平均水平的 32.58%。分城市看,深圳(2407.88 万元/公顷)最高,广州(1206.88万元/公顷)和厦门(832.22 万元/公顷)次之,无锡、武汉等 7 个城市高于 600万元/公顷,定西、黑河、阜新、白城、齐齐哈尔、通辽 6 个城市则低于 50 万元/公顷②。

第四,经济增长的地耗水平。从单位 GDP 地耗看,2018 年全国单位 GDP 地耗 7.98 公顷/亿元,较 2016 年的 11.72 公顷/亿元、2017 年的 10.27 公顷/亿元有了较大的下降。分省份看,西藏(41.18 公顷/亿元)最高,上海(0.8 公顷/亿元)最低;与 2016 年相比,天津、山东、浙江经济增长的土地资源消耗水平有小幅增加,西藏、青海、宁夏、甘肃、内蒙古、新疆等西部省份下降显著,下降了 10 公顷/亿元以上。分城市看,深圳(0.58 公顷/亿元)、大连(1.12 公顷/亿元)耗地量较小;大庆、襄阳、北京、哈尔滨等 7 个城市低于 2 公顷/亿元;而张掖、辽源等 8 个城市耗地水平较高,超过 50 公顷/亿元,需进一步提高资源利用效率。从单位 GDP 耗地下降率来看,2016~2018 年,全国单位 GDP 耗地下降率逐年提高,分别为 5.09%、5.19%、5.28%,单位 GDP 耗地下降成效显著。分省份看,单位 GDP 耗地下降率安徽(7.53%)最高,江西(6.98%)和北京(6.90%)次之,天津(2.71%)最低。分城市看,普洱、驻马店等 18 个城市下降率在 8% 以上,滨州、丹东等 14 个城市则不足 2%③。

第五,城镇化进程中的人口与用地增长匹配协调状况。与 2017 年相比,2018 年全国城镇总人口增加了 2.20%,城镇工矿用地总面积增长了 1.43%,城镇人口增长与城镇工矿用地增长的比值大于 1.0,为 1.54(2016 年和 2017 年分别为 1.19 和 1.50),人口城镇化快于土地城镇化的趋势逐年递增④。分省份看,除天津、贵州、西藏、湖北、北京 5 省(自治区、直辖市)弹性系数小于 1.0

---

①②③ 中国国土勘测规划院.2019 年度行政区建设用地节约集约利用状况整体评价情况通报 [Z].2020.

④ 数据来自相关年份《中国统计年鉴》。

外，其余 26 个省（自治区、直辖市）弹性系数大于 1.0。其中，青海（6.07）、河北（4.60）、新疆（3.93）的弹性系数在 3.0 以上，海南、山西、宁夏、河南、安徽、甘肃、上海 7 省（自治区、直辖市）的弹性系数在 2.0 ~ 3.0 之间①。

第六，节约集约利用综合指数。2018 年全国行政区建设用地节约集约利用综合指数为 63.61。分省份看，有 15 个省（自治区、直辖市）高于全国平均水平，其中上海、北京、广东、浙江、福建、天津的综合指数高于 70.00，集约利用程度较高；有 16 个省（自治区、直辖市）低于全国平均水平，其中西藏、内蒙古、吉林、新疆、黑龙江的综合指数低于 60.00。分城市看，深圳、厦门、上海、广州、温州、北京、无锡、东莞、太原、杭州名列前十位②。

2. 国土经济节约集约利用发展情况。

第一，国土开发强度稳中有升，建设用地内部结构持续优化。在新增建设用地规模整体下降的大环境下，各地着力强化国土空间优化配置和高效利用助推高质量发展，建设用地内部结构调整成效初现。一是国土开发强度稳中有升，建设用地总规模增幅维持在较低水平。与 2017 年相比，2018 年全国国土开发强度小幅提高了 0.04 个百分点，为 4.21%。其中，东部最高，建设用地占比为 14.17%，较 2017 年提高了 0.14 个百分点；中部次之，为 10.19%，较 2017 年提高了 0.70 个百分点；东北第三，为 5.56%，较 2017 年提高了 0.02 个百分点；西部最低，为 1.76%，较 2017 年提高了 0.02 个百分点。分省份看，2017 ~ 2018 年，天津、山东、浙江国土开发强度提高较快，分别提高了 0.28、0.23、0.21 个百分点，北京、上海、安徽的国土开发强度则出现了微幅的下降③。从建设用地总量上看，截至 2018 年底全国建设用地面积为 39.94 万平方米，较 2017 年的 39.57 万平方米小幅增长。其中，北京、上海、安徽实现了建设用地的减量化，黑龙江、辽宁、江苏等 13 个省（自治区、直辖市）的建设用地增幅不足 1%，河北、四川、福建等 13 个省（自治区、直辖市）的建设用地增幅在 1% ~ 2% 之间。二是建设用地内部结构持续优化。2018 年全国行政区城乡建设用地占比 79.12%，交通水利用地 18.85%，其他建设用地为 2.03%。2017 ~ 2018 年，全国城乡建设用地面积增加 2825.76 平方米，交通水利用地增长 874.38 平方米。其中，城镇用地占城乡建设用地比重由 30.76% 上升至 31.02%，村庄用地占城乡建设用地比重从 61.70% 下降至 61.50%④。城镇用地比例保持低速增长的同

---

① ② ③ ④　中国国土勘测规划院.2019 年度行政区建设用地节约集约利用状况整体评价情况通报［Z］. 2020.

时，村庄用地比例持续下降，建设用地内部结构趋于优化。

第二，建设用地人口承载水平略有下降，建设用地经济产出水平提升明显。2018 年，全国行政区的建设用地、城乡建设用地人口密度分别为 3493.25 人/平方千米、4415.22 人/平方千米，较 2017 年小幅下降了 0.56% 和 0.52%。从建设用地人口承载水平看，2018 年建设用地人口密度东部地区最高（4059.59 人/平方千米）、中部次之（3546.10 人/平方千米）、西部第三（3207.54 人/平方千米）、东北最低（2459.33 人/平方千米）；2018 年，城乡建设用地人口密度东部地区最高（5062.82 人/平方千米）、中部地区次之（4425.77 人/平方千米）、西部地区第三（4113.82 人/平方千米）、东北部地区最低（3210.10 人/平方千米）。与 2017 年相比，全国 31 个省份中，安徽（1.24%）、新疆（0.48%）、上海（0.41%）、广东（0.12%）、海南（0.11%）、宁夏（0.04%）6 省（自治区、直辖市）建设用地人口密度有小幅提高，其余各省（自治区、直辖市）建设用地人口承载水平均有所下降，贵州（-2.52%）、吉林（-1.10%）降幅较大，超过 1.0%。城乡建设用地人口密度的年度变化情况与建设用地人口密度基本一致。2018 年，建设用地地均 GDP 为 225.39 万元/公顷，较 2017 年增长 8.67%。其中东部地区最高（385.94 万元/公顷）、中部地区次之（184.09 万元/公顷）、西部地区第三（155.75 万元/公顷）、东北部地区最低（128.80 万元/公顷）。分省份看，2017～2018 年，各省份地均 GDP 均有不同程度提升，其中河北、安徽、新疆、陕西、福建的提升幅度在 10% 以上[1]。

第三，经济增长耗地有所下降，区域发展地耗水平不平衡差异大。从经济增长耗地看，2018 年全国行政区单位 GDP 地耗为 7.98 公顷/亿元，相比于 2017 年的 10.27 公顷/亿元均有所下降。其中，东北部地区单位 GDP 地耗最低（5.04 公顷/亿元）、东部地区（5.55 公顷/亿元）次之、中部地区（7.49 公顷/亿元）第三、西部地区最高（10.92 公顷/亿元）[2]。从经济发展与建设用地增长匹配协调程度来看，四大区域在 GDP 稳定增长的同时建设用地规模持续扩张，但总体上单位建设用地经济产出水平也在持续提升。特别是安徽、上海、北京在建设用地减量化的同时实现了内涵集约化发展。

第四，全国城市区域建设用地节约集约利用状况总体趋好，不同区域综合指数差异显著。根据 2019 年度行政区建设用地节约集约利用评价成果，2018 年综合指数值较高的区域集中分布在东部沿海发达地区，尤其以珠三角、长三角、海峡西岸城市群和苏浙沪区最为显著，全国城市建设用地节约集约利用综合水平仍

---

① ② 中国国土勘测规划院. 2019 年度行政区建设用地节约集约利用状况整体评价情况通报［Z］. 2020.

呈现出"东部＞中部＞西部＞东北部"梯度分异格局。全国建设用地节约集约利用综合指数为 63.61。分省份看，上海、北京、广东位居前三位，综合指数值分别为 84.04、78.22、72.44；浙江、福建、天津、江苏、陕西、重庆、湖南综合指数名列前十位；贵州、山东、湖北、河北、四川、广西、安徽、云南、江西、甘肃位居第 11～20 位；西藏、内蒙古、吉林位居倒数后三位。288 个地级以上城市中，有 115 个城市综合指数高于全国平均水平，57 个城市综合指数不足 60，综合指数差异较为明显①。

（二）国土经济节约集约的问题

1. 国土空间仍存在闲置低效利用问题。

一方面，国土空间闲置浪费现象仍然存在。2019 年，全国人均城镇工矿用地达 147 平方米，人均村庄用地 335 平方米，均远高于国家标准。据不完全统计，截至 2019 年，国家级开发区土地闲置率连续两年持续增加，闲置土地面积 0.06 万公顷，较上年度增加近 4 成②。农村建设用地闲置情况严重，如 2017 年北京农村近八成村庄有闲置农宅，共约 7.5 万套，个别山区村庄闲置率达 15% 以上③。另一方面，国土空间开发利用产出低，效率不高。尽管地均产出有所增加，2017 年达到 106 万元/平方千米，但仍然仅为日本的 1/15、韩国的 1/12、德国和英国的 1/10，与高效用地的部分发达国家相比仍有明显差距。2017 年工业用地地均税收超过 500 万元/公顷的工业开发区不足 3 成④。

2. 国土空间开发利用结构不尽合理。

一方面，土地资源利用数量结构不协调。我国城镇用地总体表现为生产（工业用地）比重偏大、生活（居住用地）和生态（绿地和公共用地）不足的现象。除青海和海南，2017 年我国其他省份城市工业用地占城市建设用地的比重均超过 10%，而伦敦为 4.7%、巴黎为 8.0%、东京为 3.5%、纽约为 3.8%、新加坡为 6.8%。另一方面，空间利用结构和效率区域不均衡。根据第一次全国地理国情普查结果，全国经济密度指数均值为 3.23，江苏、浙江、广东等东部省份介于 3～7 之间，而湖北、河北、安徽等中部省份在 1.25～

---

① 中国国土勘测规划院. 2019 年度行政区建设用地节约集约利用状况整体评价情况通报 [Z]. 2020.
② 根据《2020 年度国家级开发区土地集约利用监测统计情况通报》整理。
③ 常修泽. 盘活闲置农宅，应保障农民财产性收入 [N]. 新京报，2019－09－27.
④ 自然资源部. 关于 2018 年度国家级开发区土地集约利用评价情况的通报 [Z]. 2019.

1.55之间，云南、甘肃、内蒙古、新疆等西部省份经济密度低于0.35（程鹏飞等，2018）。经济活动效率与土地利用的密集程度区域差异大，由东往西经济密度降低的趋势明显。

3. 乡村国土空间规划滞后监管不到位。

农村宅基地建设基本上处于自发状态，农户建房选址比较随意，存在用地规模不符合标准的情况。整体来看，我国农村居民住宅绝大多数以低层建筑为主，尤其以独居小院最为普遍，占地面积大，建筑容积率低，所占土地多是地势平坦向阳、水源条件好、交通方便、土层深厚、土质肥沃的优质土地。近些年，虽然有关部门加强了对农户建房管理，但由于村镇建设规划不到位，规划滞后所造成的后果日益凸显，具体表现为：布局分散，结构零散，功能混杂，不但不利于农户日常生活，且制约了土地的集约使用效率。

此外，基层土地管理部门人员少、执法条件不够，面对土地案件案发范围大、土地管辖面积广，以致无法兼顾，同时由于部分土地管理部门在做出处罚决定后对继续施工的行为制止不力，一定程度上也助长了群众的违法占地行为。

4. 国土空间高质量发展形势不容乐观。

一方面是为了追求土地资源产出进行不合理的资源索取与开发，生态空间退化问题仍在持续。我国目前工业单位产出水耗、单位产出能耗分别是世界平均水平的1.7倍和2倍。另一方面是生态建设中忽视客观规律，片面追求大而快的生态建设成效。许多地方尤其是北方地区忽视水资源、气候资源等客观约束，片面追求绿化建设，提出大力植树造林、多种树、种大树，生态建设动辄占地百万亩以上。地方政府在落实造林绿化标准过程中层层加码，个别部门追求"大干快上"，有的违规占用永久基本农田绿化造林，有的在高速铁路、国道省道（含高速公路）、河渠两侧违规占用耕地超标准建设绿化带，有的甚至大规模挖湖造景，对国家粮食安全构成威胁①。

此外，国土空间开发利用中忽视宜居宜业等品质提升。其一，城市发展用地外延式扩张和土地利用中大尺度功能分区致使职住不平衡。商服、居住、教育、医疗等用地指标配置不当，导致通勤时间长、距离远，降低生活和就业人居体验。据统计，北京2019年日均道路拥堵时长为6小时10分钟，早晚高峰期间综合出行时间指数4.25分钟/千米，其中，公共汽（电）车出行时间指数为3.53

---

① 国务院办公厅关于坚决制止耕地"非农化"行为的通知［EB/OL］.（2020 – 09 – 15）. http：// www. gov. cn/zhengce/content/2020 –09/15/content_5543645. htm.

分钟/千米，地铁出行时间指数 2.17 分钟/千米①。其二，忽视乡村地区品质提升，乡村地区公共服务设施用地不足。例如，全国农村地区中学校区 4 千米交通距离服务覆盖程度不足 40%（程鹏飞等，2018）。

二、国土经济节约集约面临的挑战

新时代，我国践行"创新、协调、绿色、开放、共享"的发展理念，实施一系列政策措施，不断推进绿色低碳发展，促进人与自然相和谐。党的十九大以来，无论是我国经济发展方式、资源利用导向、还是生态环境安全均产生了较大变化，这为我国国土经济节约集约利用带来了新挑战。这些挑战总体可分为因土地利用自身变化对国土节约集约造成影响的直接挑战，如土地利用方式、效率、结构等因素带来的负向影响；以及因社会经济环境等变化对国土节约集约利用产生影响的间接挑战，如人口、产业的变化，后疫情时代的冲击，气候的变化等因素造成的不利影响。

（一）土地要素约束趋紧，增量扩张空间有限

土地要素供应指标越来越少，资源约束效应日趋明显，国土经济节约集约须向"存量"要"增量"（曹靖等，2020）。增量土地是指新增土地供给部分，主要通过农地转为建设用地进行供应。《中国国土资源统计年鉴 2018》显示，城镇村建设用地审批面积在 2015 年、2016 年、2017 年分别为 241187.09 公顷、211375.08 公顷、203719.76 公顷，2015～2016 年、2016～2017 年分别下降12.36%、3.62%。根据 2016 年中共中央、国务院《关于加强耕地保护和改进占补平衡的意见》要求，国土资源部、农业部开展的永久基本农田划定工作，在全国城市周边划定永久基本农田 9740 万公顷，保护比例由原来的 45% 上升到60%②。党的十九大报告在谈到加大生态系统保护力度时提出，完成生态保护红线、永久基本农田、城镇开发边界三条控制线划定工作。2019 年，自然资源部修订《节约集约利用土地规定》，提出"严控总量、盘活存量、优化结构、提高

---

① 数据来源于《2020 北京市交通发展年度报告》。
② 全国永久基本农田总体划毕 [EB/OL].（2017－09－20）. http：//www. gov. cn/guowuyuan/2017－09/20/content_5226462. htm.

效率"的合理使用土地原则。2021 年,"十四五"规划提出,"加强土地节约集约利用,加大批而未供和闲置土地处置力度,盘活城镇低效用地,支持工矿废弃土地恢复利用,完善土地复合利用、立体开发支持政策",明确强调严控新增建设用地规模,推动单位 GDP 耗用建设用地稳步下降。

无论是增量土地空间、还是城市土地开发利用强度(见图 1),均表明城市增量扩张空间已经十分有限(王博等,2020),如何实现土地利用从发展"增量"转向盘活"存量",从粗放外延式发展转向紧凑内涵式发展(乔文怡、黄贤金,2021),是未来国土经济节约集约面临的严峻挑战。

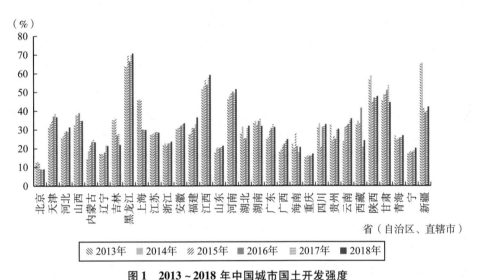

图 1 2013~2018 年中国城市国土开发强度

资料来源:根据《中国统计年鉴》《中国国土资源统计年鉴 2018》整理所得。

(二)土地利用效率偏低,环境承载压力较大

国土利用效率整体偏低,粗放利用土地普遍存在,土地节约集约利用难度大。当前,相比国外发达国家,我国的土地利用效率明显偏低,集中表现为用地粗放和产出不足。以单位土地面积产出为例,2010~2019 年,我国地均 GDP 由63.8 万美元/平方千米增长到 153 万美元/平方千米,年均增速 9.91% 居世界前列,但总量仅为日本的 1/9、韩国的 1/10、德国的 1/7、英国的 1/8、法国的 1/3、美国的 5/7。此外,根据 2019 年度国家级开发区土地集约利用监测统计情况,参评的 531 个国家级开发区中,有 13 个开发区的综合容积率低于 0.3,有 17 个

开发区工业用地地均税收低于 10 万元/公顷①，远低于发达国家水平。而以工业用地固定资产投入强度为例，2019 年，东北部地区固定资产投入强度最低（5667.95 万元/公顷），西部地区（7474.10 万元/公顷）次之，中部地区（7584.65 万元/公顷）再次之，东部地区最高（9659.55 万元/公顷）②。

　　土地低效利用引致的资源环境新问题，为土地节约集约利用带来新挑战（谭术魁等，2017）。粗放的用地模式严重挤占了城市未来发展空间和耕地资源、生态空间（罗遥、吴群，2018），摊大饼、外延式扩张以及多地新城开发导致内城衰落、交通压力大、环境问题多、资源环境承载力降低等问题，如何保证城市的有机更新与城市土地"存量"化发展相适应，为国土经济节约集约利用带来挑战（严金明等，2019）。2020 年，全国生态环境质量优和良的县域面积占国土面积的 46.6%，一般的占 22.2%，较差和差的占 31.3%。与 2018 年相比，2020 年 810 个国家重点生态功能县域中，生态环境质量变差的占 5.6%③。据 2019 年《中国水土保持公报》，我国共有水土流失面积 271.08 万平方千米，约占国土面积的 28.24%④。据第五次全国荒漠化和沙化监测结果，全国荒漠化土地面积 261.16 万平方千米，沙化土地面积 172.12 万平方千米，全国岩溶地区石漠化土地面积 10.07 万平方千米⑤。另外，2020 年，有 4.8% 的国土受到不同程度的酸雨污染⑥，七大流域与各诸河劣 V 类水占 0.2%，29% 的湖泊出现不同程度的富营养化，2.3% 的水源不达标⑦。据美国耶鲁大学与哥伦比亚大学发布的《2020 年全球环境绩效指数报告》，中国得分 37.3 分，位列 180 个国家或地区中的第 120 位。此外，粗放的土地利用模式所引发的区域空间资源环境的矛盾，易诱发生成社会不稳定因素。如 2016 年，江苏常州"毒地"事件引发公众恐慌。常州外国语学校迁入新校区后，陆续有学生出现皮炎、流鼻血等症状。事后调查发现，原来该地曾是化工厂，土壤及周边环境已严重污染，受害群众频频上访，严重影响社会稳定。污染防治不公平显然加剧了城乡矛盾，我国污染防治资金大部分投入到工业和城市，农村环保设施不健全（卢新海等，2018），生活垃圾露天堆放，农民生存权利受到威胁。

---

　　①② 自然资源部. 关于 2019 年度国家级开发区土地集约利用监测统计情况的通报 [EB/OL]. (2020 - 01 - 08). http://gi.mnr.gov.cn/202001/t20200108_2496785.html.

　　③⑥⑦ 生态环境部. 2020 中国生态环境状况公报 [EB/OL]. (2021 - 05 - 26). https://www.mee.gov.cn/hjzl/sthjzk/zghjzkgb/.

　　④ 水利部. 2019 年中国水土保持公报 [EB/OL]. (2020 - 09 - 24). http://www.mwr.gov.cn/sj/tjgb/zgstbcgb/.

　　⑤ 中国荒漠化和沙化状况公报 [EB/OL]. (2015 - 12 - 29). http://www.forestry.gov.cn/main/65/content-835177.html；中国·岩溶地区石漠化状况公报 [EB/OL]. (2018 - 12 - 14). http://www.forestry.gov.cn/main/195/20181214/104340783851386.html.

（三）土地结构不尽合理，优化升级需求迫切

城乡土地利用结构调整提高了实现国土经济节约集约利用的困难程度。我国城镇用地总体表现为生产用地比重偏大、生活用地和生态用地不足的状况（顾朝林，2020）。

分区域看，我国东中西部地区在主要用地类型比重方面存在明显差异（见图2和表1），表明东中西部的国土空间结构和土地资源配置差异较大。2017年，东中西部城镇村及工矿用地分别为18217.97万亩、15898.92万亩、13919.53万亩，分别占土地利用总面积的12.55%、6.98%、2.66%，尽管西部地区城镇村及工矿用地比例不高，但绝对数值与东中部地区较为接近，表明西部地区城市土地利用较为粗放。

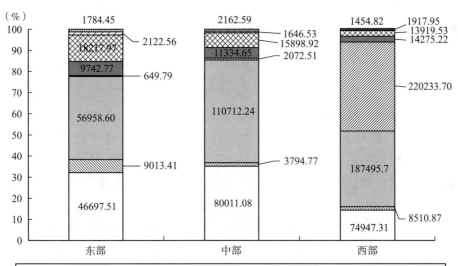

图2 2017年东中西土地利用结构比例

资料来源：《中国国土资源统计年鉴2018》。

表1   东中西部地区土地利用结构

(2017年)   单位：万亩

区域	耕地	园地	林地	牧草地	其他农用地	城镇村及工矿用地	交通用地	水利设施
东部	46697.51	9013.41	56958.60	649.79	9742.77	18217.97	2122.56	1784.45

续表

区域	耕地	园地	林地	牧草地	其他农用地	城镇村及工矿用地	交通用地	水利设施
中部	80011.08	3794.77	110712.20	2072.51	11334.65	15898.92	1646.53	2162.59
西部	74947.31	8510.87	187495.70	220233.70	14275.22	13919.53	1917.95	1454.82

资料来源：《中国国土资源统计年鉴2018》。

（四）人口产业结构变化对用地需求未知风险较高

人口变化增加了用地需求的不确定性风险，易增加土地供需不匹配程度，不利于土地节约集约利用。随着人口增速逐渐放缓和城市化率逐渐趋向饱和，当前的土地资源利用数量结构、空间结构可能在未来出现结构性失衡的问题。另外，随着人民物质文化水平的不断提高，人对于土地资源在功能、数量等方面的需求也会发生改变，当前土地资源利用结构和配置思路不一定能够适应未来人地关系的变化。1949年，我国总人口5.42亿人，大约以年均1200万人增加，到2019年我国人口已达14亿人，城镇化水平从10.64%增加到60.60%[①]。据测算（见图3），2015年人口与城乡建设用地增长弹性系数为1.2，系2010年以来人口城镇化首次快于土地城镇化，2016年度这一趋势继续延续，弹性系数进一步提升至1.3[②]。这一数据表明，土地城镇化快于人口城镇化的趋势得到初步扭转，人口进一步向城市集聚，而人口增加后的物质和精神生活需求增长，将会使人们向自然索取力度增加，经济活动增多，出现毁林开荒、围湖造田、过度放牧、滥杀滥捕等现象。

产业结构调整不确定性与土地配置刚性相冲突，易影响土地利用效率。土地资源作为重要的生产资料和社会资产，在配置过程中要根据用地部门的需要进行调整。但由于我国正处于经济转型时期，产业结构将持续优化、升级和调整，存在较大的不确定性。根据《中国统计年鉴2019》及相关数据资料分析，从改革开放到2018年，我国三次产值数据、就业数据以及产业结构调整政策变化反映出产业结构调整的普遍性和政策影响的频繁性。其中，1985年以后农业增加值

---

① 数据来源于相关年份《中国统计年鉴》。
② 由相关年份《中国统计年鉴》《中国城乡建设统计年鉴》数据整理得出。

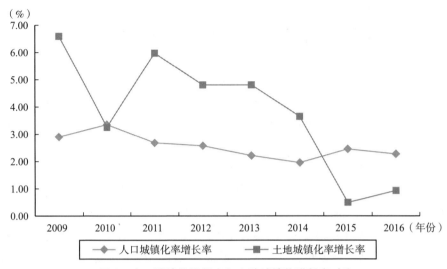

图3　人口城镇化增长率与土地城镇化增长率对比

份额持续下降，到2019年农业部门增加值占国内生产总值的比例甚至降低到约7%，服务业增加值从1978年则一直呈上升趋势，而工业增加值份额比较平稳，2019年服务业增加值份额在三大产业中居首，约为54%。1978年以来，农业部门的就业人口所占比例显著下降，农业部门的就业份额从1978年的70%下降到2019年的25%左右；工业和服务业部门的就业人口持续上升，2019年工业和服务业部门的就业份额分别约为28%和47%，1995年以后服务业部门的就业份额超过工业部门，2011年超过农业部门。回顾产业结构调整政策，第一产业在改革开放初期占据较大比重，而且有着相当长的农业税的历史，只是在2006年才正式取消农业税，逐步开始实施农业补贴。对于第二产业，一直采取鼓励政策，倡导加快工业化过程，即使在工业化水平较高的时候，仍然采取了各种战略型新兴产业政策，鼓励工业的发展；近年来，一再强调服务业的重要性，不断推动服务业的发展。当今世界正面临百年未有之大变局，全球经济发展面临较大不确定性，而我国产业结构的进一步优化调整，在构建国内国际"双循环"背景下亦存在较大不确定性。而土地资源配置机制和用地规划中刚性过大等问题可能无法有效地对产业结构调整需求做出引导和反馈，影响土地资源的利用效率、国土空间优化和宏观经济发展。

（五）后疫情时代对土地综合利用的冲击风险较高

后疫情时代将重塑人地关系，城乡生态环境的较高需求对土地综合利用带来挑战（严金明等，2020）。新冠肺炎疫情促使人们重新审视人与自然的关系，提醒人类要重新认识自然、保持对自然的敬畏，重新审视和反思掠夺式发展导致的生态破坏、资源耗竭、灾害疫情等问题，自然资源开发利用观念将从"人类中心观"转向"自然中心观"。此外，面对疫情导致的长时间封闭居住，城乡居民不仅对生活圈内近距离的生态景观诉求大大增加，对安全宜居、开阔舒适和美好生态环境的诉求也大大加强，共同保护环境的意识也有所提高。

后疫情时代将重温粮食安全，耕地保护的底线思维对土地综合利用带来挑战。新冠肺炎疫情的爆发更让人们看到了粮食安全的极端重要性。受疫情影响，国际粮食价格有所上涨，部分国家在疫情初期就开始限制或禁止粮食出口，如越南宣布将暂停签署新的大米出口合同，柬埔寨禁止白米和稻米出口，哈萨克斯坦将对小麦和面粉出口实行配额制等。尽管这些国家的粮食供应变化整体对中国的影响甚微，但其引发了人们对粮食安全的高度警惕。当然，面对疫情，中国粮食始终供应充足，并未出现粮食安全危机，稻谷和小麦两大口粮的库存足够全国消费一年以上，这恰恰是长期坚持耕地保护和保障粮食安全的结果，有效保障了国家在战疫过程中实现"手中有粮、心中不慌"，以不变应万变。仓廪实、天下安，耕地是关系十几亿人吃饭的大事，未来应当进一步强化耕地保护和粮食安全底线，确保"谷物基本自给、口粮绝对安全"。

后疫情时代将重识土地价值，土地保障功能对土地综合利用带来挑战。新冠肺炎疫情使得农村宅基地的居住保障作用得到更为具体的体现。疫情冲击之下，众多进城返乡农民工在春节之后长期滞留乡村。即使在疫情形势有所好转后，由于众多中小企业受疫情影响严重，农民工就业岗位有所减少以及相应收入待遇下降，导致部分农民工仍然滞留农村。在此情景下，宅基地作为农民工"最后退路"的保障作用得到了充分体现，维护了社会的稳定。同时，低密度、自给自足式的田园生活模式使得乡村空间成为了疫情软着陆的有效缓冲地带，从而能够以封村封路等较低的治理成本控制住乡村疫情传播。疫情对于城市居民的生活方式同样造成了冲击，安全和舒适的居住保障诉求更为凸显。疫情过后，城市居民对居住空间隐私性和安全性的要求逐步加强，更希望在个人短时间、近距离的出行范围内，能够实现社会无接触或少接触。相较于过分集约、人群过于密集和个人空间过于狭窄的高楼大厦，更为舒适、疏散和开阔的居住空间结构，成为了城乡居民追求更美好生活的必然诉求。

后疫情时代将重振实体经济，产业结构优化调整对土地综合利用带来挑战。疫情给中国产业安全造成了巨大的冲击。2020 年中国第一季度 GDP 同比下滑 6.8%，消费、投资和进出口贸易相关指标也都是负增长①。作为疫情最为严重的地区，2020 年湖北省第一季度主要经济指标明显下滑，全省 GDP 同比减少 3706.23 亿元，下降幅度将近 39.2%，社会消费品零售总额下降 44.9%，外商投资更是直接下降 96.3%②。对于国土经济节约集约利用而言，如何在实现土地资源节约集约利用的同时，实现经济社会发展所需要素和资源的有效供给能力的提升是较大挑战。

（六）气候变化下土地利用调整不及时的风险较高

土地利用变化是全球气候变化的重要原因，但土地利用对气候的影响存在不确定性。放眼世界，城市空间承载着全球一半以上人口，占有全球经济比重达 90% 以上，消耗 65% 以上的能源，排放超过全球 70% 的温室气体，而全球土地城镇化率仍高歌猛进。现有研究表明城市土地利用对气候变化产生重要影响，如城市热岛效应、极端高温、强降水事件和城市内涝等（叶祖达等，2010），城市扩张对全球变暖的影响持续加强（林坚、叶子君，2019）。已观测到的城市内部温度已超过了预测的未来几十年的全球温度。城市高温热浪频率和程度增加，2019 年 6 月印度比哈尔邦多地最高气温比正常水平高出 5℃ 以上，持续高温造成至少 92 人死亡③。2017 年夏季印度特伦甘纳邦高温热浪致使 167 人死亡④。2012 年 7 月北京遭遇特大暴雨，造成 79 人死亡，经济损失 116.4 亿元⑤。此外，气候变化亦存在很大的不确定性，极端气候频发。2014～2018 年，环渤海经济区、长江经济带、东北经济区气温显著偏暖，且区域性极端高温、降雨、雨雪、冰冻事

---

① 国家统计局：2020 年一季度 GDP 同比下降 6.8% ［EB/OL］. (2020 – 04 – 17). https：//baijiahao. baidu. com/s?id = 1664183956202952504&wfr = spider&for = pc.

② 湖北省 2020 年第一季度 GDP 为 6379.35 亿元，比上年同期下降 39.2% ［EB/OL］. (2020 – 04 – 21). https：//baijiahao. baidu. com/s?id = 1664584924606756042&wfr = spider&for = pc.

③ 印度比哈尔邦热浪致死人数升至 92 人 ［EB/OL］. (2019 – 06 – 19). https：//baijiahao. baidu. com/s?id = 1636780690409792574&wfr = spider&for = pc.

④ 热！印度特伦甘纳邦遭热浪席卷致 167 人死亡 ［EB/OL］. (2017 – 05 – 22). http：//www. xinhuanet. com/world/2017 – 05/22/c_129612216. htm.

⑤ 罗鑫玥，陈明星. 城镇化对气候变化影响的研究进展 ［J］. 地球科学进展，2019，34 (9)：984 – 997.

件呈相对多发态势，华南经济圈年平均气温显著偏高，且受台风影响日趋严重。

气候变化的不确定性与土地利用的滞后性为国土经济节约集约利用带来风险。为了应对全球气候变化必须对土地资源利用结构和利用方式做出调整（叶裕民，2015）。但由于土地利用方式和结构变化存在滞后性和较大程度的不可逆性，可能出现无法及时应对气候变化的风险。例如，应对气候变暖需要增加森林覆盖率，但是森林培育的长期性及过程中林木坏死等无法避免的问题，都可能对及时有效应对气候变化带来风险。

三、国土经济节约集约的对策建议

（一）推动国土空间"六量"统筹利用

"十四五"规划指出，要"坚持生态优先、绿色发展，推进资源总量管理、科学配置、全面节约、循环利用，协同推进经济高质量发展和生态环境高水平保护"。因此，未来国土空间节约集约利用应以安全和品质为核心导向，在保障基本社会、经济和生态系统安全的前提下，实现"底量、存量、数量、质量、差量、流量"六量统筹优化（严金明等，2019）。

第一，保"底量"，"底量"代表了国土空间利用中保障社会、经济和生态安全的基本底数，充分保障粮食生产和基础生态保护所需的土地空间供给，严格划定耕地保护红线和生态保护红线。此外，还应考虑经济发展和社会稳定中的诸多具体风险，如考虑居住诉求确保一定的住宅用地资产（吕萍等，2020）、考虑畜牧业发展需要保障草原资产等，在土地要素中留存一定的应急"底量"。

第二，以"存量明底数"，"盘点家底"，基于既有自然资源统计数据和统一的国土调查，综合应用各类监测和调查技术手段，测算国土空间存量，构成国土空间资产账户的基础内容（陶建格，2018）。

第三，以"数量定变化"，通过变更登记、动态监测等制度，监测各类国土空间因生产消耗、生态破坏等导致的减量和生态环境修复等导致的增量变化。

第四，以"质量测价值"，通过对国土空间的质量情况进行核算和监测，制定质量等级以及对应价值测算标准，依据质量优劣程度并综合存量数量数值，测定国土空间具体价值量。

第五，以"差量作修正"，引入国土空间差量概念，突出区域差异导致的价值测算标准差异，即不同区域在不同资源禀赋、经济水平和功能定位下，同等质量和数量的国土空间可能具备不同的价值量，提升土地空间价值量测度的科学性。

最后以"流量核成本"，明确国土空间利用中产生的合理成本和不合理的生态、经济等成本和负债，严控土地空间利用过程中过度开发、以劣充好、投机倒把等行为，实现国土空间节约集约利用（严金明等，2019）。

同时，实现国土空间的"底量、存量、数量、质量、差量、流量"六量统筹优化，还应基于规划战略、数量、空间和治理四个维度，推进多规融合，健全国土空间规划体系。首先，健全规划法律体系，理顺规划之间关系，统筹规划战略，从规划的根源调整关系，理顺结构，规划编制才能互相协同，规划价值体系才能切合一致，实现"多规合一"（严金明等，2019），在此基础上，分清规划战略的轻重缓急，保障战略实现的有效性。其次，构建统一的数据信息平台，为数据结构耦合提供基础，严守国土空间红线，保障国土空间"存量"，开展全面的自然资源调查登记工作，明确国土空间"底量"，健全动态监测机制，监测国土空间"流量"，建立规划区域指标调整机制，协调国土空间"变量"，选取"价值量"最高的规划方案。再其次，合理布局国土空间结构，按照"点—线—面"的空间规划结构逻辑合理布局国土空间，保证基本底线、进行合理分区和项目选址（夏方舟等，2019）。最后，构建"智慧城市"平台，推动国土空间规划体系构建，通过组建空间规划委员会或者部门合并或者部门协作等机制，构建智慧城市发展平台，实现规划措施的择优、创新和整合，提高规划实施有效性，推动国土空间规划体系构建和完善（甄峰等，2015）。

（二）加强国土空间"高质量"综合利用

"十四五"规划提出，要立足资源环境承载能力，发挥各地区比较优势，促进各类要素合理流动和高效集聚，推动形成主体功能明显、优势互补、高质量发展的国土空间开发保护新格局。因而，在生态文明建设、高质量发展、乡村振兴等多重战略要求下，需要推动国土空间利用理念从节约集约利用走向"高质量"综合利用。

一方面，应当加快推动国土空间"高质量"利用内涵构建，在集约和效率的基础上，结合当前国家战略要求，将安全、协调、美丽和品质等内容融入国土空间"高质量"利用中去。同时，拓展"合理"利用的外延，将生态空间、地下空间等均纳入"高质量"利用范畴中来，统筹规划和调整沿海地区及海岸带产业布局、推进自然岸线与海岛保护进而推动陆海均衡。此外，由于国土空间利用作为一项系统性、综合性极强的工作，是由资源、环境、经济等多种要素构成的综合体，这些要素关联复杂、领域交叉，高质量国土空间利用应综合平衡各类要素，统筹兼顾。

另一方面，还要设定符合中国国情兼具定量和定性的高质量国土空间利用指标体系（杨帆等，2020）。目前我国也面临着切实推进经济结构调整和经济增长方式转变，促进城乡融合，保护生态环境等新形势，因此，需要从我国国情出发设立高质量国土空间利用指标体系，统筹设计包括效率指标、安全指标、品质指标、均衡指标等在内的综合指标体系，发展并完善中国自身的高质量国土空间利用模式。同时，指标体系需要遵循经济规律和生态规律，采用科学的方法和手段，结合调查研究和定量测度，通过多维参数、多重标准、多尺度分析，得出明确结论的定量指标，保证指标间的相容性和指标体系的全面性、科学性，从而设定一个最佳的综合指标体系，能够真实有效地作出评价和规划（杨帆等，2020）。

（三）因地制宜设计国土空间利用规则与实现路径

"十四五"规划强调，要"加快建立健全以国家发展规划为统领，以空间规划为基础，以专项规划、区域规划为支撑，由国家、省、市县级规划共同组成，定位准确、边界清晰、功能互补、统一衔接的国家规划体系"。由于国土空间开发利用阶段之间的巨大差异性和不平衡性，我国不同发展层次、处于不同发展阶段的城市的建设规模、建设密度、核心区域、开发速度有着巨大的差异。而针对这种发展不同阶段的巨大差异，需要制定差异化的国土空间节约集约发展战略与实现路径。

一方面，要有效识别国土空间利用阶段，制定差异化的国土利用行为规则（朱佩娟等，2021）。国土空间规划编制以及空间优化行为应当以有效识别国土空间的发展程度、集约程度和短期增速为基础，从而实现对过往发展经验的有效甄别借鉴、对当前发展状态的准确判断和对未来发展趋势的精准预判，从而提高国土空间规划和相关政策的科学性。针对发展缓慢的地区，应当以科学发展为主要思路，政策针对应有效破解关键制约因素，解放发展潜力，同时颁布引导政策，避免风险；针对发展高速地区，则应以速度控制为主要思路，通过计划、规划、许可等政策和规划手段抑制过高的发展速度，或者采取针对性政策有效防止高速发展可能导致的各类风险。

另一方面，根据重点空间的区域类型和主体功能，制定差异化的国土空间节约集约利用实现路径（张晓玲，2020）。城镇化地区应严格控制城市开发边界，合理配置工业用地与居住用地，促进土地集约利用和产城融合；乡村地区应在严控耕地红线的基础上，合理流转集体土地和宅基地，鼓励开展多种形式的生产经营活动，促进农业与工业服务业的有机融合。同时，要严格控制农业面源污染，限制高污染、高排放、高能耗产业进入乡村地区，维持乡村的美丽风貌；对于矿产资源开发集中区，要积极探索资源高效利用的新技术，发展一批绿色工业，延长产业链条，注重产业接续和城市更新。重点生态功能区要严格遵守生态红线，探索因地制宜的绿色产业发展模式，开展生态修复和生态利用行为，积极探索生态补偿制度。

（四）构建促进人地和谐的国土空间治理机制

"十四五"规划指出，"坚持生态优先、绿色发展和共抓大保护、不搞大开发，协同推动生态环境保护和经济发展，打造人与自然和谐共生的美丽中国样板"。未来，还应从数量、空间和时序三方面推动国土空间利用结构调整，构建促进人地和谐的空间治理机制（严金明等，2017）。

一方面，在控制增量的同时提升国土空间利用品质，优先保障基础设施与公共服务等重点功能用地指标。一是合理规划城市居住用地，确保保障性住宅用地规模，形成合理的城市居住用地供应体系。对于"拥挤"和老化的旧城区，要积极改善居住条件和人居环境，做好城市的更新和改造（邹兵，2013）。着力提升公共服务和基础设施支撑水平，保障基础设施用地规模，升级和改造城市管网，防治城市内涝灾害的发生。二是农村地区要补齐基础设施短板，加强文化、体育、教育、医疗、卫生、环保等公共服务设施建设，注重保护村庄整体风貌，合理流转集体土地和村民宅基地。

另一方面，要在集约利用国土资源的同时，提升国土资源的利用质量，追求可持续发展的宜居空间，提升空间品质，着力打造一批"30分钟品质舒适圈"，优化生态环境，增加城市公园和绿地面积，确保生产、生活、生态空间的宜居适度，注重产城融合和职住均衡。

（五）优化后疫情时代国土空间要素配置

"十四五"规划提出，"改革土地计划管理方式，赋予省级政府更大用地自主权，探索建立全国性的建设用地、补充耕地指标跨区域交易机制"。后疫情时代，国土经济节约集约利用还应重点保障关键"点—线—面"建设空间供给，促进要素集聚和效率提升（严金明等，2020）。

首先，要全力保障重大项目建设用地需求。一是跟踪掌握重大建设项目的用地需求，优化供地规模、结构和时序，提高出让地块品质，完善提升供地效率，强化土地供后监管；二是以国土空间规划为引领，推进低效用地通过转让、收回再出让等模式实现再利用，鼓励企业通过出租、重组、合并等形式进行再开发，保障重大项目快速落地；三是努力通过土地利用计划指标调控，灵活组织重大项目弹性供地，为优质"造血"产业项目提供落地空间；四是通过适度加强建设空间供给倾斜，优先满足乡村振兴的用地需求，为乡村振兴重点难点项目提供空间保障。

其次，针对疫情对要素和资源的流动性阻断，应以国土经济节约集约利用进一步推进城乡之间和区域之间更为紧密频繁的连接和更为联动互补的发展。在疫情之下，城乡之间的比较优势一览无遗，因而要基于城乡之间要素互补、互联互通、均等互助式发展的需要，以国土空间规划和全域土地综合整治为抓手，加强链接城乡、互通有无和贯穿始终的线状空间链接布局建设，打造发展特色更为鲜明、功能分工更为明显、空间层次感更为分明的城乡融合发展网络体系，引导促使城乡资源要素在更大范围、更高层次、更广空间的配置均衡和高效利用。另外，要基于流量时代资源快速流动的新诉求，进一步打造线上线下的流通空间。其中，重点推动以交通基础设施一体化为重点的基础设施建设，依托主要交通干线和综合交通运输网络，打通要素流动通道，降低区域间要素流动的摩擦阻力，积极引导生产要素跨区域线下合理流动。同时，积极推进信息网络等基础设施建设，通过区域间虚拟线上互联，充分利用互联网跨地域、无边界、海量信息、海量用户的优势，全面推动区域间各类资源线上深度融合，从而提高区域整体综合承载能力和联动发展水平。

最后，除了"点"和"线"的用地保障，国土经济节约集约利用还应重点引导建设用地向迫切区域和产业集中。一是优先优化湖北地区建设用地空间布局，助推激活疫后经济。新冠肺炎疫情令湖北经济遭受前所未有的重创，应通过编制各级各类国土空间规划，积极把握长江经济带、中部地区崛起等重大战略机遇，以新型建设空间蓝图推进湖北省经济社会秩序全面恢复。二是赋予省级政府更大自主权，推进建设用地空间向更为微观的核心优势"板块"集中。通过赋予省级地方政府更大的自主权利调整国土空间格局与发展战略，提高项目落地效率和土地利用效率以满足疫情之后经济复苏要求，进而保障改善营商环境、服务产业发展、提高基础设施保障等用地需求。三是合理优化产业建设空间结构，保障建设用地空间向备受疫情"摧残"的受损产业和历经疫情

"检验"的优势产业集中，推动产业布局转型。在总量控制、增量有限的现实条件下，重点支持符合未来发展方向的智能制造业、现代服务业、战略性新兴产业、开放型产业用地诉求，尤为注重通过建设空间布局推进产业集群培育和上下游产业链集中建设，提高产业空间集聚水平和利用效率，推进高质量的产业创新发展与结构转型升级。

（六）遵循道法自然加强国土空间生态安全治理

"十四五"规划强调，要"坚持绿水青山就是金山银山理念"，要"实施可持续发展战略，完善生态文明领域统筹协调机制，构建生态文明体系，推动经济社会发展全面绿色转型，建设美丽中国。"基于"道法自然"的伦理观，未来的国土空间节约集约利用还要强化自然生态安全认知，构建全域生态安全格局（严金明等，2020）。

首先，全面开展全域综合整治和生态修复。要更为深入地认识区域内的生态环境特征和空间分异规律，从而以重要生态功能区、生态环境脆弱区为重点，有针对性地开展景观生态型国土综合整治和生态修复工程，全面保护与修复受损生态系统结构、提高全域生态系统保护能力、完善区域整体生态安全格局。

其次，自然资源治理应进一步聚焦人与自然的"生命共同体"理念，将山、水、林、田、湖、草和人类社会等多个生态、社会和经济系统相联通，进行整体保护、系统修复和综合治理。着力加强全域生态系统与经济、社会系统的互补协调，推进物质流与能量流的有序循环，持续强化生态系统的整体韧性，保障其应对长期或突变的自然或人为扰动时能够保持弹性和稳定。

再其次，面对城乡居民生活圈内近距离生态景观诉求，未来应强化城乡园林绿地系统建设，构建从城乡、区域到国家全域的生态景观空间土地利用系统，促进城乡建设空间与自然人文景观协调融合，打造蓝绿交织、清新美丽、生态友好的城乡生活空间。

最后，可参考英国科研专用区（SSSI）保护经验，鼓励政府、社区、民间组织共同开展"协议保护＋奖励资助＋多元补偿"的生态治理新模式，通过制定"管理协议"，建立特许保护赋权、社区自治、生态补偿多元化、第三方监督、信息交流与研讨协商等生态治理机制，促使社会各方力量合作维护生态空间（夏方舟等，2017）。

参 考 文 献

[1] 黄晓芳. 守好用好"饭碗田"[N]. 经济日报, 2020 - 06 - 25 (01).

[2] 刘书畅, 叶艳妹, 肖武. 基于随机前沿分析的中国城市土地利用效率时空分异研究 [J]. 中国土地科学, 2020, 34 (1): 61 - 69.

[3] 常修泽. 盘活闲置农宅, 应保障农民财产性收入 [N]. 新京报, 2019 - 09 - 27.

[4] 程鹏飞, 刘继平, 董春. 中国地理国情蓝皮书 (2017 版) [M]. 北京: 测绘出版社, 2018.

[5] 曹靖, 张文忠, 刘俊杰. 经济与生态双重视角下大都市边缘城镇开发边界划定——以广州市番禺区为例 [J]. 资源科学, 2020, 42 (2): 262 - 273.

[6] 谭术魁, 刘琦, 李雅楠. 中国土地利用空间均衡度时空特征分析 [J]. 中国土地科学, 2017, 31 (11): 40 - 46.

[7] 乔文怡, 黄贤金. 长三角城市群城镇用地扩展时空格局及驱动力解析 [J]. 经济地理, 2021, 41 (9): 162 - 173.

[8] 顾朝林, 曹根榕, 顾江, 等. 中国面向高质量发展的基础设施空间布局研究 [J]. 经济地理, 2020, 40 (5): 1 - 9.

[9] 王博, 冯淑怡, 曲福田. 新增建设用地指标交易: 体系构建和效率提升 [J]. 南京社会科学, 2020 (2): 27 - 35.

[10] 严金明, 赵哲, 夏方舟. 后疫情时代中国"自然资源安全之治"的战略思考 [J]. 中国土地科学, 2020, 34 (7): 1 - 8.

[11] 严金明, 迪力沙提·亚库甫, 夏方舟. 基于协同发展的省域狭义国土开发强度内涵界定与阈值测度 [J]. 农业工程学报, 2019, 35 (4): 255 - 264.

[12] 罗遥, 吴群. 城市低效工业用地研究进展——基于供给侧结构性改革的思考 [J]. 资源科学, 2018, 40 (6): 1119 - 1129.

[13] 卢新海, 陈丹玲, 匡兵. 区域一体化背景下城市土地利用效率指标体系设计及区域差异——以长江中游城市群为例 [J]. 中国人口·资源与环境, 2018, 28 (7): 102 - 110.

[14] 林坚, 叶子君. 绿色城市更新: 新时代城市发展的重要方向 [J]. 城市规划, 2019, 43 (11): 9 - 12.

[15] 罗鑫玥, 陈明星. 城镇化对气候变化影响的研究进展 [J]. 地球科学进展, 2019, 34 (9): 984 - 997.

[16] 叶裕民. 特大城市包容性城中村改造理论架构与机制创新——来自北京和广州的考察与思考 [J]. 城市规划, 2015, 39 (8): 9-23.

[17] 叶祖达, 刘京, 王静懿. 建立低碳城市规划实施手段: 从城市热岛效应模型分解控规指标 [J]. 城市规划学刊, 2010 (6): 39-45.

[18] 严金明, 张东昇, 夏方舟. 自然资源资产管理: 理论逻辑与改革导向 [J]. 中国土地科学, 2019, 33 (4): 1-8.

[19] 吕萍, 于淼, 于璐源. 适应乡村振兴战略的新型农村住房制度构建设想 [J]. 农业经济问题, 2020 (1): 17-27.

[20] 陶建格, 沈镭, 何利, 等. 自然资源资产辨析和负债、权益账户设置与界定研究——基于复式记账的自然资源资产负债表框架 [J]. 自然资源学报, 2018, 33 (10): 1686-1696.

[21] 严金明, 迪力沙提·亚库甫, 张东昇. 国土空间规划法的立法逻辑与立法框架 [J]. 资源科学, 2019, 41 (9): 1600-1609.

[22] 夏方舟, 张东昇, 严金明. 融合精准扶贫诉求的"多规合一"规划结构耦合模型研究: 以昆明市寻甸县为例 [J]. 中国土地科学, 2019, 33 (6): 18-27.

[23] 甄峰, 席广亮, 秦萧. 基于地理视角的智慧城市规划与建设的理论思考 [J]. 地理科学进展, 2015, 34 (4): 402-409.

[24] 杨帆, 宗立, 沈珏琳, 等. 科学理性与决策机制: "双评价"与国土空间规划的思考 [J]. 自然资源学报, 2020, 35 (10): 2311-2324.

[25] 朱佩娟, 王楠, 张勇, 等. 国土空间规划体系下乡村空间规划管控途径——以4个典型村为例 [J]. 经济地理, 2021, 41 (4): 201-211.

[26] 张晓玲, 吕晓. 国土空间用途管制的改革逻辑及其规划响应路径 [J]. 自然资源学报, 2020, 35 (6): 1261-1272.

[27] 严金明, 张雨榴, 夏方舟. 土地利用规划管理的供给侧结构性改革 [J]. 中国土地科学, 2017, 31 (7): 12-19, 59, 97.

[28] 邹兵. 由"增量扩张"转向"存量优化"——深圳市城市总体规划转型的动因与路径 [J]. 规划师, 2013, 29 (5): 5-10.

[29] 严金明, 张东昇, 迪力沙提·亚库甫. 国土空间规划的现代法治: 良法与善治 [J]. 中国土地科学, 2020, 34 (4): 1-9.

[30] 夏方舟, 吴頔, 严金明. 生态红线区管理: 英国科研专用区的历史脉络与经验借鉴 [J]. 地域研究与开发, 2017, 36 (1): 143-147, 180.

(执笔: 严金明、董立宽、郭栋林、赵 哲)

绿色低碳发展之路

国土是经济高质量发展和绿色低碳发展的空间载体，经济高质量发展是国土经济高质量发展的指引，绿色低碳发展是实现人与自然和谐共生的重要路径。国土经济绿色低碳发展，是国土经济高质量发展的重要维度，是推进生态文明建设的主要路径，是贯彻落实新发展理念、坚持和发展中国特色社会主义基本方略的重要内容，是二〇三五年基本实现美丽中国目标、21世纪中叶建成富强民主文明和谐美丽的社会主义现代化强国的重要支撑。本章将对国土经济绿色低碳发展的基本内涵、现状与问题、挑战与机遇、对策与建议等，进行概略讨论，力图为推进国土经济高质量发展提供参考。

一、国土经济绿色低碳发展的基本内涵

中国特色的国土经济绿色低碳发展，是对中国处理好经济社会发展与生态环境保护、应对气候变化关系的经验、规律和模式的凝练和总结，是习近平生态文明思想的重要理论、实践和制度创新。深刻阐明国土经济绿色低碳发展的内涵，对于处理好新时代人与自然关系，推进美丽中国建设具有重要的现实意义。

（一）绿色发展

绿色发展，既源于对人类传统发展理念、方式、路径的反思与变革，也源于人类对更美好未来的追求和探索，其内涵外延丰富，贯穿发展理念、方式、路径、举措，融科学性、指导性和可操作性于一体，是当今世界人与自然关系认识和实践的系统总结与高度凝练的结晶。绿色发展可从不同维度进行阐述：一是从文明形态看，绿色发展是生态文明的具体实现形式和主要推进路径。生态文明是

继工业文明之后的现代新型文明形态，是当代处理好人与自然关系的先进理念、文化、价值、知识、经验等精神财富和物质创造的总和，是实现人与自然和谐的新型文明形态。尊重自然、顺应自然、保护自然是生态文明建设的主要标志和基本要求，也是绿色发展的主要遵循，从这个维度讲，绿色发展是在生态文明思想指导下，通过发展绿色经济，建设绿色文化，创建绿色社会等方式。实现人与自然和谐共生的具体实现形式。二是从发展理念看，绿色发展是我国五大新发展理念之一，是对我国加快实现人与自然和谐共生的生动实践的高度提炼、升华并系统化、理论化的集大成者，是发展与保护关系的本质反映和外在表征。三是从发展方式看，绿色发展是资源环境成本内部化的发展，要求将资源环境计入发展成本，以最小的资源环境投入，获取最大的经济产出，从而从源头减轻资源环境影响、实现人与自然和谐共生的新发展方式。实现生产生活方式绿色转型是"十四五"时期经济社会发展的主要目标之一，是推动质量变革、效率变革、动力变革，实现更高质量、更有效率、更加公平、更可持续、更为安全的发展的重要支撑。综上所述，绿色发展是以人与自然和谐的方式提供优质生态产品和服务，增进人民福祉、推进人类文明进步的新型发展理念、方式和路径，是实现人类永续发展、更高质量发展的必要条件和必然选择。

绿色发展具有如下十大特征。一是人本化。坚持以人民为中心的发展思想，强调提供更多优质生态产品和服务满足人民日益增长的美好生活需求。要兼顾当代人与后代人的利益，满足当代人发展的同时，不危及后代人的发展能力。二是和谐化。强调尊重自然、顺应自然、保护自然，遵循自然规律推进和谐发展，形成绿色生产生活方式，走生产发展、生活富裕、生态良好的文明发展道路。三是持续化。要求依据资源环境承载能力优化经济布局、结构、规模、效率，实现资源可载、环境可容，资源保障系统和地球生命支持系统可持续。四是节约化。强调坚持节约优先、保护优先，坚持节约资源和保护环境的基本国策，生产、流通、分配、消费全过程节约集约利用资源环境，生态以自然恢复为主，尽可能减少人工干预。五是高效化。要求经济发展资源环境成本内部化、最小化，以最小的资源环境代价取得最大的系统产出。强调将稀缺资源环境投向最经济的领域、实现最经济的利用，降低经济转型升级成本和资源环境利用成本，实现低成本转型、低成本发展。六是高科技化。要求充分发挥新一轮科技革命和产业变革赋能作用，强调通过绿色技术大规模创新应用，重构经济过程，重塑新型绿色发展形态和模式。七是清洁化。要求生产、流通、分配、消费全生命周期无害化、无废或少废化，尽可能减少资源环境系统压力。八是安全化。要求经济社会系统、资源环境与生态系统发展风险可控，生态产品和服务绿色、安全、高效、无害，努力实现更为安全的发展。九是社会化。要求政府、企业和全体公众共同参与，广泛形成绿色生产生活方式，促进经济社会全面绿色转型，加快建成资源节约型、环境友好型社会。十是协同化。注重协调好发展与保护关系，要求经济、技术政策充分考虑对环境的影响，完善绿色发展相关统筹协调机制，管发展必须管环保、管生产必须管环保、管行业必须管环保，协同推进绿色发展。

综上所述，绿色发展是一个内涵丰富、动态演进、要求具体且具有较强针对性和可操作性的概念，是对我国建设人与自然和谐共生的现代化的经验教训系统总结和理论升华，是引导推进我国实现高质量发展，彰显中国特色社会主义道路、理论、制度、文化优势的重要内容。无论是发达国家，还是发展中国家，绿色发展都是其发展方式转型、发展理念重塑的重要方向。我国实现绿色发展，既是我国实现更高质量、更可持续发展的内在要求，也是推动构建人类命运共同体的责任担当和对全球可持续发展的重要贡献。

（二）低碳发展

低碳发展，是以低碳排放为标志，基于碳排放与污染排放的同源性，通过降低碳排放全面带动污染减排，系统减轻人类活动对自然系统影响的一种新型发展方式。低碳发展，是对低碳产业、低碳技术、低碳生活、低碳文化等一系列低碳特征的人类活动的综合和总称，是从高碳时代向低碳时代演化的一种新型发展模式。

低碳发展，将碳排放作为全局控制性指标，以减少对碳基燃料（化石燃料）的依赖、降低经济社会发展的碳排放为抓手，实现能源利用转型，减少温室气体排放，有效应对气候变化影响的同时，全面减轻经济社会对资源承载和环境质量的影响，实现人与自然和谐共生。从这个角度讲，低碳发展是对经济、社会、科技、资源、生态环境辩证统一关系的深刻认识，其内涵极其丰富。

从文明形态看，低碳发展同样是生态文明的实现形式和主要抓手。实现人与自然和谐共生，要求含碳能源的开发利用和碳排放水平不能超越既定应对和适应气候变化目标，因而必须适度规范人类"碳行为"，选择适宜的发展路径，优化发展布局、结构、规模、效率，使人类活动尽快实现"碳达峰"和"碳中和"，将人类对自然的干预控制在自然环境承载阈值之内。实现低碳发展是人类文明进步的必经阶梯，是增进人类福祉的必由之路，是全面推进生态文明建设的重要体现。从发展模式看，低碳发展要求以最低的含碳能源消耗和碳排放水平实现最高效能的经济产出，是由高碳能源向低碳能源过渡的新型发展模式。实现低能耗、低碳排放要求全面升级产业结构、能源结构，推进生产生活方式转型；同时，低能耗、低碳排放也与低污染紧耦合，因而低碳发展也是与绿色发展联动互促的一种新型发展模式。从推进路径看，低碳发展要求加快建立低碳产业体系、技术体系、市场体系、流通体系、消费体系、治理体系，协调好相关方利益关系，需要发挥政府、市场、社会公众各方力量，因而低碳发展也是一项促进经济社会系统全方位、整体性、立体性调整的系统工程。

（三）国土经济绿色低碳发展

从广义的视角看，绿色国土是以与自然和谐友好的方式永续开发利用国土的发展方式。低碳国土是以减少碳排放、有效应对和适应气候变化为目标，高效利用国土的一种发展方式。国土经济学是在国土开发、利用、保护、整治、改造全过程中全方位减轻资源环境压力和生态影响的一种经济发展模式。进入新时代，推进国土经济绿色低碳发展是加快建设现代经济体系、实现高质量发展的重点领域和重要支撑。综上所述，锚定美丽中国的战略安排，国土经济绿色低碳发展的内涵可概括为：以满足人民日益增长的美好生活需要为根本目的，以绿色新发展理念为指引，以资源节约型、环境友好型、生态保育型现代技术为驱动，以最小的资源、环境、生态代价，提供数量较多、质量较高、功能较强的生态产品和服务，推动更高质量、更有效率、更加公平、更可持续、更为安全的发展，实现人与自然和谐共生的现代新型发展方式。

推进国土经济绿色低碳发展，要求建立十大支撑体系。一是绿色低碳产业或绿色低碳生产体系。重点是对传统产业进行绿色化改造，大力发展循环经济，建设生态园区，推行清洁生产，发展绿色企业；重点培育和发展绿色低碳的战略性新兴产业，提高资源环境效率及优质生态产品和服务供给水平。二是绿色低碳技术体系。要求落实创新在绿色低碳发展全局中的核心地位，把科技作为国土绿色低碳发展的战略支撑，面向绿色低碳领域国计民生和国家安全重大需求，面向世界绿色低碳前沿，强化绿色低碳科技供给，通过科技赋能驱动绿色低碳高质量发展。三是绿色低碳能源体系。要求推进能源生产和消费革命，加强化石能源清洁高效节约集约利用，提高可再生能源、清洁能源比例，加强能源通道建设，完善能源产供储销体系，切实提高能源效率。四是绿色低碳基础设施体系。要求统筹推进智能绿色基础设施建设，优化重大基础设施布局，推进基础设施共建共享。五是绿色低碳流通或绿色物流体系。重点强调提高运输服务效率和水平，将产品和原材料在储运过程中的挥发、渗漏、变质、损耗等影响环境和人体健康的因素降低到最低水平。六是绿色低碳分配体系。强调通过再分配的形式，由政府和社会出面担负起具有正外部性的环境治理、生态建设成本。七是绿色低碳消费体系。倡导文明、节约、绿色、低碳消费理念，坚决制止浪费行为，推动形成与我国国情相适应的绿色低碳生活方式和消费模式。八是绿色低碳市场体系。强调深化资源环境价格改革，提高资源环境要素市场化配置水平，支持绿色低碳市场建设和商业模式创新，完善绿色低碳行业标准体系和市场准入制度。九是绿色低碳投融资体系。要求财政资金优先投向节水、节地、节能领域，优先考虑投向水、大气、土壤等环境治理，优先考虑保护自然和人工生态系统、提升生态系统的服务功能。强化金融发展绿色导向，在贷款利率、额度、偿还期限等方面向绿色发展项目倾斜。十是绿色低碳治理体系。要求发挥好政府作用，引导企业、行业、公众共同参与，推进绿色低碳治理体系和治理能力现代化。

二、国土经济绿色低碳发展的现状与问题

进入 21 世纪，尤其是党的十八大以来，我国国土经济绿色低碳发展整体水平有了明显提高，主要污染物排放总量减少目标超额完成，资源利用效率显著提升，生态环境明显改善。但绿色低碳转型和新旧动能转换较慢，区域流域无序、高强度、低效率开发导致生态红线、资源上线、环境底线承压严重，绿色低碳发展领域诸多问题亟待解决。

（一）主要进展

我国在绿色低碳发展领域取得了举世瞩目的重大进展。2000 年以来，全球新增绿化面积的 1/4 来自中国。主要污染物排放大幅削减，生态环境明显改善。我国已成为世界利用新能源和可再生能源第一大国，提前两年完成 2020 年气候行动目标，为全球应对气候变化做出重大贡献。2020 年 9 月 22 日，国家主席习近平在第七十五届联合国大会一般性辩论上宣布中国二氧化碳排放力争于 2030 年前达到峰值，努力争取 2060 年前实现碳中和，这一表态受到国际社会广泛好评[①]。上述绿色低碳发展重大进展，既缘于我国自上而下的顶层推动，也缘于自

---

① 习近平. 在第七十五届联合国大会一般性辩论上的讲话 ［EB/OL］. （2020 – 09 – 22）. http：//www. xinhuanet. com/world/2020 – 09/22/c_1126527652. htm.

下而上的全民行动。

1. 绿色低碳水平持续提高。

绿色低碳发展评估结果表明[①]，2000 年以来，我国国土经济绿色低碳发展水平除"十五"期间略有下降之外，总体持续稳定提高，"十三五"以来提高尤其明显。东部地区平均绿色低碳发展水平明显高于中西部和东北地区，中部地区略高于东北地区，西部地区最低；东部增速最快，东北地区次之，西部地区第三，中部最慢。具体而言：2001～2020 年，全国绿色低碳发展整体效率平均为 0.653（见表1），年均增长 9.530%；增速呈先下降后提高趋势，尤其"十三五"提高速度较快，"十五""十一五""十二五"和"十三五"平均整体效率分别为0.338、0.388、0.504 和 1.381，年均分别增长 -1.643%、6.381%、6.601% 和27.256%。2001～2020 年，东部、中部、西部和东北地区绿色低碳发展整体效率平均 为 0.885、0.427、0.371、0.390，年 均 分 别 增 长 11.173%、4.459%、5.270%、7.475%。其中，东部地区"十五""十一五""十二五"和"十三五"平均整体效率分别为0.403、0.473、0.610 和 2.054，年均分别增长 -1.849%、7.399%、6.248%和35.473%；中部地区"十五""十一五""十二五"和"十三五"平均整体效率分别为 0.292、0.319、0.441 和 0.655，年均分别增长-2.869%、5.313%、8.476%和5.628%；西部地区"十五""十一五""十二五"和"十三五"平均整体效率分别为 0.253、0.267、0.344 和 0.621，年均分别增长 -3.028%、5.400%、7.830% 和 7.866%；东北地区"十五""十一五""十二五"和"十三五"平均整体效率分别为 0.210、0.260、0.388 和 0.701，年均分别增长 3.940%、5.075%、3.502%和 6.121%。

2000 年以来，我国国土经济绿色低碳发展技术效率与整体效率走向基本一致，"十五"期间全国绿色低碳发展技术效率水平略有下降，之后快速提高，

---

① 为了解国土绿色低碳时空格局和动态变化水平，本章运用数据包络分析方法（DEA），采用面板效率模型，以区域用地、用水、用能总量和 COD、SO_2 排放量为输入指标，以 GDP 为输出指标，评估各省（自治区、直辖市）绿色低碳发展的整体效率、技术效率和规模效率。整体效率越高，绿色低碳发展水平就越高；既定资源环境等要素投入水平下，技术效率越高，经济系统产出越高，规模效率越高，经济系统产出越高。数据来源于《中国统计年鉴》（2001－2020）、《中国环境统计年鉴》（2006－2019）、《中国环境统计概要》（2004）、《中国环境统计》（2005）、《中国能源统计年鉴》（2000－2002、2004－2019）以及评估年份各地统计年鉴、统计公报、环境质量公报、废水环境统计年报、废气环境统计年报等，基准年为2015 年。为反映整体性、趋势性变化，数据统一更新至 2020 年。因 2018 年以来资源、能源、环境类统计口径等变化较大且相当部分数据尚未出台。对于缺失数据，采用上年数据替代，其中，2019～2020 年部分 SO_2 排放量用各地二氧化硫年平均浓度值变化比例折算。如此处理，效率评估结果可能偏差较大，但整体变化趋势仍比较清晰。

"十三五"期间提高最快，说明绿色低碳技术投入对经济增长的贡献正在逐步显现。东部地区平均绿色低碳发展技术效率明显高于中西部和东北地区，中部地区略高于西部地区，东北地区最低；东部地区增速最快，东北次之，中部第三，西部地区最慢。具体而言：2001～2020年，全国绿色低碳发展技术效率平均为1.025（见表1），年均增长9.563%；增速呈先下降后提高趋势，"十五""十一五""十二五"和"十三五"平均技术效率分别为0.570、0.571、0.645、2.315，年均分别增长－4.434%、5.196%、6.910%、33.996%。2001～2020年，东部、中部、西部和东北地区绿色低碳发展技术效率平均为1.434、0.603、0.581和0.508，年均分别增长11.694%、5.502%、1.498%和5.706%。

全国绿色低碳发展规模效率先提高后下降，总体规模效率递减，说明资源环境投入规模效益正在不断下降。"十五"和"十一五"期间全国绿色低碳发展规模效率水平总体上升，但增速下降；2012年后总体进入规模效率递减阶段，"十三五"以来递减速度加快。东北地区平均绿色低碳发展规模效率略高于中部地区，中部地区高于东部地区，西部地区最低；中部地区规模效率下降最快，东部地区次之，东北地区规模效率第三，西部地区规模效率仍在增长，但增速大幅放缓。具体而言：2001～2020年，全国绿色低碳发展规模效率平均为0.668（见表1），年均增长－0.030%；增速呈先提高后下降趋势，"十五""十一五""十二五"和"十三五"平均规模效率分别为0.596、0.679、0.783、0.614，年均分别增长2.921%、1.126%、－0.289%、－5.030%，规模效率递减速度明显加快。2001～2020年，东部、中部、西部和东北地区绿色低碳发展规模效率平均为0.662、0.752、0.634和0.758，年均分别增长－0.467%、－0.988%、3.717%和1.673%。

表1 全国及东中西部和东北地区绿色低碳发展效率评估结果

（2001～2020年）

地区	2001～2005年	2006～2010年	2011～2015年	2016～2020年	2001～2020年
平均整体效率					
全国	0.338	0.388	0.504	1.381	0.653
东部	0.403	0.473	0.610	2.054	0.885
中部	0.292	0.319	0.441	0.655	0.427
西部	0.253	0.267	0.344	0.621	0.371
东北	0.210	0.260	0.388	0.701	0.390

续表

地区	2001～2005 年	2006～2010 年	2011～2015 年	2016～2020 年	2001～2020 年
平均技术效率					
全国	0.570	0.571	0.645	2.315	1.025
东部	0.641	0.690	0.823	3.582	1.434
中部	0.431	0.388	0.494	1.099	0.603
西部	0.608	0.519	0.430	0.767	0.581
东北	0.355	0.341	0.429	0.907	0.508
平均规模效率					
全国	0.596	0.679	0.783	0.614	0.668
东部	0.630	0.687	0.743	0.590	0.662
中部	0.679	0.821	0.894	0.613	0.752
西部	0.418	0.513	0.797	0.809	0.634
东北	0.592	0.762	0.907	0.774	0.758

2. 区域流域加快绿色转型。

京津冀推进绿色低碳城市建设。2020 年，基本完成京津冀及周边地区生活和冬季取暖散煤替代。北京细颗粒物（PM2.5）年平均浓度值首次进入"30 +"，8 个区率先达到国家二级标准，占市域面积约 80%；地表水国控断面劣 V 类水体全面消除，万元地区生产总值二氧化碳排放保持全国最优水平[①]。雄安新区规划建设绿色低碳之城。以水定城、以水定人，建设海绵城市。推进绿色电力供应系统和清洁环保供热系统建设，严格控制碳排放。推动绿色建筑设计、施工和运行。构建先进的垃圾处理系统，促进垃圾资源化利用。作为北京 2022 年冬奥会协办城市的张家口，以高标准规划建设张家口首都水源涵养功能区和生态环境支撑区、高质量构建河北"一翼"、高水平交出冬奥会筹办和本地发展两份优异答卷为统领，加快构建首都"伞"型生态环境支撑格局，建立产业准入负面清单，重点发展可再生能源、冰雪运动、大数据、文化旅游康养、生态农业等产业，推进产城融合绿色发展，争取在绿色低碳发展方面树立全国标杆。

长江经济带生态优先、绿色发展。2016 年 1 月 5 日和 2018 年 4 月 26 日，习

①　北京市生态环境局.2020 年北京市生态环境状况公报［EB/OL］.（2021 - 05 - 13）. http：// sthjj. beijing. gov. cn/bjhrb/resource/cms/article/1718882/10985106/20210512145156686015. pdf.

近平总书记两次主持召开长江经济带发展座谈会①，强调必须从中华民族长远利益考虑，共抓大保护、不搞大开发，努力把长江经济带建设成为生态更优美、交通更顺畅、经济更协调、市场更统一、机制更科学的黄金经济带，探索出一条生态优先、绿色发展新路子。沿江省市加快推进促进绿色转型发展，取得了积极进展。至 2020 年，长江流域国控断面全部消除劣 V 类，长江干流历史性实现全优水体，长江经济带 11 省（市）279 家"二磷"企业（矿、库）均完成问题整治②。

黄河流域生态保护和高质量发展。2019 年 9 月 18 日，习近平总书记主持召开黄河流域生态保护和高质量发展座谈会③，强调"坚持生态优先、绿色发展，以水而定、量水而行""共同抓好大保护，协同推进大治理"，指出"抓紧开展顶层设计，加强重大问题研究"。2021 年 10 月，中共中央、国务院印发《黄河流域生态保护和高质量发展规划纲要》。按照中央统一部署，沿黄各省加快推进省级规划编制工作，统筹推进黄河流域生态保护和高质量发展。山东谋划了黄河口国家公园、"十强"产业智能提升等重大事项④，提出引黄灌区农业节水工程、粮食绿色高质高效创建工程等 500 多项重大工程和重大项目，为山东黄河流域生态保护和高质量发展提供核心抓手和强力支撑。作为我国目前唯一的新旧动能转换综合试验区，山东全力推进新旧动能转换，2018 年以来，山东化工园区从近 200 家压减到 84 家。同时，推进"现代优势产业集群 + 人工智能""领航型"企业培育计划，大力培育壮大新动能、改造提升传统动能，经济正在变新、变轻、变绿。河南打造郑州大都市区黄河流域生态保护和高质量发展核心示范区⑤，围绕生态保护、高质量发展等重点领域，先期启动八大标志性项目，带动黄河流域生态保护和高质量发展。

---

① 习近平. 在深入推动长江经济带发展座谈会上的讲话 ［EB/OL］. (2018 - 06 - 13). http：//www. xinhuanet. com/2018 - 06/13/c_1122981323. htm.

② 生态环境部. 2020 中国生态环境状况公报 ［EB/OL］. (2021 - 05 - 26). https：//www. mee. gov. cn/hjzl/sthjzk/zghjzkgb/202105/P020210526572756184785. pdf.

③ 习近平在河南主持召开黄河流域生态保护和高质量发展座谈会时强调 共同抓好大保护协同推进大治理 让黄河成为造福人民的幸福河 韩正出席并讲话 ［EB/OL］. (2019 - 09 - 19). http：//www. xinhua-net. com/2019 - 09/19/c_1125014627. htm.

④ 山东聚焦黄河流域生态保护 扬起高质量发展"龙头" ［EB/OL］. (2020 - 09 - 14). https：//baijia-hao. baidu. com/s?id = 1677775258473962667&wfr = spider&for = pc.

⑤ 栾姗. 《2020 年河南省黄河流域生态保护和高质量发展工作要点》出炉 全流域率先树立标杆地位 ［EB/OL］. (2020 - 03 - 02). https：//baijiahao. baidu. com/s?id = 1660013763705064977&wfr = spider&for = pc.

3. 重点领域实践卓有成效。

制度体系不断完善。如《中共中央 国务院关于完整准确全面贯彻新发展理念做好碳达峰碳中和工作的意见》《2030 年前碳达峰行动方案》为我国推进碳达峰碳中和工作提供了目标指引和行动指南。《中共中央 国务院关于深入打好污染防治攻坚战的意见》《国务院关于加快建立健全绿色低碳循环发展经济体系的指导意见》明确了绿色低碳发展和减污降碳协同增效的总体要求和方向路径。《黄河流域生态保护和高质量发展规划纲要》批复设立三江源、大熊猫、东北虎豹、海南热带雨林、武夷山 5 个国家公园,为区域、流域绿色低碳发展和生态保护提供了宏观指导和推进依据。《地下水管理条例》《中华人民共和国土地管理法实施条例》《排污许可管理条例》为资源环境治理提供了法规保障和实施细则。一系列绿色低碳发展意见、条例、纲要密集出台,我国绿色低碳发展制度更加成熟更加定型。

体制机制进一步理顺。为推进生态文明体制改革,从源头上推动绿色低碳领域国家治理体系和治理能力现代化,近年来我国生态环境领域体制机制改革步伐不断加快,力度不断加大。2020 年 3 月,中共中央办公厅、国务院办公厅印发《关于构建现代环境治理体系的指导意见》,推动构建党委领导、政府主导、企业主体、社会组织和公众共同参与的现代环境治理体系,为推动生态环境根本好转、建设生态文明和美丽中国提供了有力制度保障。2020 年 5 月,国务院办公厅印发《生态环境领域中央与地方财政事权和支出责任划分改革方案》,形成了稳定的各级政府事权、支出责任和财力相适应的制度。

试点示范加快推进。自 2017 年以来,生态环境部命名的四批国家生态文明建设示范市县已达 262 个[①],"绿水青山就是金山银山"实践创新基地中已有 9 个地市、35 个县区、2 个乡镇、2 个村以及林场等其他主体 4 个。2020 年 11 月,国家发展改革委印发《国家生态文明试验区改革举措和经验做法推广清单》,推广 90 项国家生态文明试验区改革举措和经验做法,包括自然资源资产产权、国土空间开发保护、环境治理体系、生活垃圾分类与治理、水资源水环境综合整

---

① 环境保护部. 关于命名第一批国家生态文明建设示范市县的公告 [EB/OL]. (2017 - 09 - 18). https://www.mee.gov.cn/gkml/hbb/bgg/201709/t20170925_422226.htm;关于命名第二批国家生态文明建设示范市县的公告 [EB/OL]. (2018 - 12 - 13). https://www.mee.gov.cn/xxgk2018/xxgk/xxgk01/201812/t20181213_684713.html;关于命名第三批国家生态文明建设示范市县的公告 [EB/OL]. (2019 - 11 - 14). https://www.mee.gov.cn/xxgk2018/xxgk/xxgk01/201911/t20191114_742442.html;关于命名第四批国家生态文明建设示范市县的公告 [EB/OL]. (2020 - 10 - 10). https://www.mee.gov.cn/xxgk2018/xxgk/xxgk01/202010/t20201012_802765.html.

治、农村人居环境整治、生态保护与修复、绿色循环低碳发展、绿色金融、生态补偿、生态扶贫、生态司法、生态文明立法与监督、生态文明考核与审计等14个方面①，为各地区、各有关部门生态文明试验区建设提供了借鉴参考。先后在10个省（自治区、直辖市）和77个城市开展低碳试点工作，形成了一批各具特色的低碳发展模式；在北京、天津、上海、重庆、广东、湖北、深圳开展碳排放权交易试点工作，为全国碳市场建设积累了宝贵经验②。

（二）主要问题

尽管我国国土经济绿色低碳发展取得了重要而积极的进展，但生态环境结构性、布局性、趋势性压力总体仍较大，绿色低碳的能源结构、产业结构、技术体系、基础设施体系亟待完善，推进国土经济绿色低碳发展面临的问题和困难仍较突出。

1. 区域流域无序开发挤压生态保护红线。

以长江经济带为例。长江经济带发展事关我国发展战略全局，近年全流域生态系统退化严重，生态安全、经济安全和人居安全形势严峻，绿色低碳发展仍面临重大挑战。一是城市建设无序扩张大量挤占生态空间。据不完全统计③，长江中下游城市群规划建设新城69个，平均每个城市2.6个，主要分布在沿江沿湖区域；规划省级以上开发区192个，总面积达8869.4平方千米；长江两岸10千米范围内建设用地总量占全部沿江城市建设用地的35.6%。开发区和城市新区沿江大规模低效率无序蔓延，长江岸线资源被过度利用，湿地加速萎缩，沿江沼泽正加快消失。二是环境风险隐患挑战人居环境安全。长江经济带内相当部分环境风险企业临近饮用水源地，干线港口危险化学品运输量居高不下，化学品泄漏和废水事故性排放等环境风险概率显著增加。

2. 资源利用效率低强度高冲击承载上线。

长江全流域开发已总体上接近或超出资源环境承载上限，沿江传统产业发展"路径依赖"较强，产业重型化，基础原材料和能源重化工占比高。重化工和高

① 国家发展改革委关于印发《国家生态文明试验区改革举措和经验做法推广清单》的通知［EB/OL］.（2020 - 11 - 25）. http：//www. gov. cn/zhengce/zhengceku/2020 - 11/29/content_5565697. htm.

② 国务院新闻办公室. 中国应对气候变化的政策与行动白皮书［EB/OL］.（2021 - 10 - 27）. http：//www. xinhuanet. com/2021 - 10/27/c_1128001009. htm.

③ 李天威，王兴杰，任景明，等. 加快推进长江经济带绿色转型发展［N］. 中国环境报，2016 - 06 - 16.

耗水产业沿江高度密集布局，长江经济带大部分区域能耗水耗是全国平均水平 1 倍以上①，部分区域资源型缺水隐患突出。黄河开发利用强度高，流域水资源超载。黄河流域水资源人均占有量仅为全国平均水平的 27%，水资源开发利用率高达 80%，远超一般流域 40% 生态警戒线②。下游生态流量偏低、一些地方河口湿地萎缩。

3. 污染排放居高不下挑战环境质量底线。

长江大部分区域污染排放强度是全国平均水平 1 倍以上，污染物排放基数大，废水、化学需氧量、氨氮排放量分别占全国的 43%、37%、43%③，长三角地均污染物排放强度是全国平均水平 4 倍以上④。近年污染产业向中上游转移风险隐患加剧。区域性、累积性、复合型环境问题愈加突出，环境风险隐患凸显，直接影响沿江重大生产力布局。

4. 绿色低碳转型和新旧动能转换难度大。

投资拉动和要素投入型增长的"路径依赖"短期内难以根本改变，新旧动能转换任重道远。2000～2020 年，我国全社会固定资产投资由 3.29 万亿元增长到 52.73 万亿元，能源消费总量由 12.8 亿吨标准煤增长到 49.8 亿吨标准煤⑤，资本和能源投入增长过快"挤出"技术，降低了经济质量，加大了资源环境压力。2020 年，我国化学纤维、原煤、粗钢、钢材、水泥、硫酸、烧碱产量分别是 2000 年的 8.8 倍、3.9 倍、8.3 倍、10.1 倍、4.0 倍、3.8 倍、5.5 倍⑥，持续弱化的资源环境基础不堪重负，重型化投资结构固化重型化产业结构，导致部分产业产能过剩的同时，累积性环境影响居高不下。受制于技术经济水平和产业结构等诸多因素，资源环境效率提高的成本和难度不断增加，资源环境投入与经济增长难以快速"脱钩"，资源环境约束仍旧趋紧。

①④ 李天威，王兴杰，任景明，等. 加快推进长江经济带绿色转型发展 [N]. 中国环境报，2016 - 06 - 16.

② 习近平. 在黄河流域生态保护和高质量发展座谈会上的讲话 [EB/OL]. (2019 - 10 - 15). http://www.qstheory.cn/dukan/qs/2019 - 10/15/c_1125102357.htm.

③ 习近平. 在深入推动长江经济带发展座谈会上的讲话 [EB/OL]. (2018 - 06 - 13). http://www.xinhuanet.com/2018 -06/13/c_1122981323.htm.

⑤ 2000 年全社会固定资产投资和能源消费总量数据来源于《中国统计年鉴 2001》，http://www.stats.gov.cn/tjsj/ndsj/2001c/f0601c.htm；http://www.stats.gov.cn/tjsj/ndsj/2001c/g0702c.htm；2020 年数据来源于《2020 年国民经济和社会发展统计公报》，http://www.stats.gov.cn/tjsj/zxfb/202102/t20210227_1814154.html.

⑥ 2000 年数据来源于《中国统计年鉴 2001》，http://www.stats.gov.cn/tjsj/ndsj/2001c/m1322c.htm；2020 年数据来源于《2020 年国民经济和社会发展统计公报》，http://www.stats.gov.cn/tjsj/zxfb/202102/t20210227_1814154.html.

三、国土经济绿色低碳发展面临的挑战与机遇

国际环境复杂多变，我国绿色低碳发展外部挑战愈加严峻，国内消费升级和转型升级巨额投入从供需两面加大绿色低碳发展难度，我国绿色低碳发展面临的挑战前所未有。同时，在党中央坚强领导和顶层推动下，在技术变革的强力驱动下，依托国内巨大市场，我国绿色低碳发展也正面临宝贵的战略机遇。

（一）主要挑战

1. 绿色低碳发展面临的国际环境愈加复杂多变。

当今世界正经历百年未有之大变局，新冠肺炎疫情全球大流行使这个大变局加速演进，国际经济、科技、文化、安全、政治等格局都在发生深刻调整，世界进入动荡变革期。美国在全面遏制、打压我国发展的同时，在气候变化和生态环境保护等问题上对我国攻击不断，我国绿色低碳发展取得的巨大成绩被不断"抹黑"。同时，我国绿色低碳产品出口贸易正面临越来越严重的贸易壁垒。当前，发达国家主导的绿色贸易壁垒在经济全球化遭遇逆流，单边主义、保护主义上升，国际贸易和投资大幅萎缩的背景下有增无减。越来越多的发达国家将绿色贸易壁垒作为保护本国贸易、实施贸易歧视的重要工具，一方面通过增加发展中国家进口产品的成本、降低产品竞争力，保障自身在国际贸易中的竞争优势；另一方面，利用发展中国家绿色贸易漏洞，以邻为壑，将高消耗高污染产业转移到发展中国家，以牺牲他国绿色、拒不承担减排责任来维护自我利益。全球绿色低碳发展的不稳定不确定性明显增加，我国绿色低碳发展正面临更为复杂多变的外部环境。

2. 对标国际的消费追求与绿色低碳发展矛盾突出。

中国特色社会主义进入新时代，我国社会主要矛盾已转化为人民日益增长的美好生活需要和不平衡不充分的发展之间的矛盾。人民对美好生活的追求日益提高，对物质文化生活和生态环境等方面的要求日益增长，我国居民消费需求未来将大幅增长。当前，中国消费总量为美国的 69%，相当于美国 1999 年的水平；人均年消费总量为美国的 16%，相当于美国 1933 年左右的水平[①]。能源消费和

---

① 姜雪. 中美居民消费结构的比较与启示 [J]. 宏观经济管理，2019（7）：20-26.

碳排放领域，2020 年，美国一次能源人均消费量是我国的 2.6 倍，人均二氧化碳排放量是我国的 1.9 倍①。如果我国对标美国的消费总量、人均能源消费量和碳排放量，我国本已承压巨大的资源环境系统必将不堪重负。由俭入奢易、由奢入俭难，在我国消费不断升级的情况下，引导人民回归"简即美"的生活，形成绿色生活方式，任重道远。

3. 能源转型巨额投入使得绿色低碳发展挑战巨大。

2020 年，我国煤炭消费量占能源消费总量的 56.8%②。"富煤、贫油、少气"的能源结构，决定了当前和未来一段时间我国仍将严重依赖环境影响较大的煤炭能源。实现低碳发展需要巨额的脱碳投入，加快形成绿色生产和生活方式迫在眉睫，但非一日之功。无论是高碳能源脱碳还是绿色生产生活方式养成，都决定了实现绿色低碳发展需要久久为功、长期坚持。

（二）主要机遇

1. 顶层推动擘画美丽中国蓝图。

党的十九大报告提出，到二〇三五年，生态环境根本好转，美丽中国目标基本实现；到本世纪中叶，把我国建成富强民主文明和谐美丽的社会主义现代化强国。报告将推进绿色发展作为我国生态文明建设的重点内容，将"坚持新发展理念"和"坚持人与自然和谐共生"作为新时代坚持和发展中国特色社会主义的基本方略之一，绿色发展理念成为各界共识和普遍的价值追求。党的十九届五中全会要求"十四五"坚定不移贯彻创新、协调、绿色、开放、共享的新发展理念，绿色发展的战略定位相对"十三五"有了明显提高。《中共中央关于制定国民经济和社会发展第十四个五年规划和二〇三五年远景目标的建议》提出到二〇三五年碳排放达峰后稳中有降，以"推动绿色发展，促进人与自然和谐共生"为统领，将加快推动绿色低碳发展、持续改善环境质量、提升生态系统质量和稳定性、全面提高资源利用效率四大领域并列，绿色发展作为发展理念，成为统领发展方式转型、资源节约集约利用、生态环境质量改善的总纲。绿色发展顶

---

① 一次能源人均消费量和二氧化碳排放总量数据来源于 2021 版《bp 世界能源统计年鉴》，https：//www. bp. com/zh_cn/china/home/news/reports/statistical－review－2021. html；2020 年人口数据来源于世界银行，https：//data. worldbank. org/indicator/SP. POP. TOTL?end＝2020&most_recent_value_desc＝true&start＝2020&view＝bar.

② 2020 年国民经济和社会发展统计公报［EB/OL］.（2021－02－28）. http：//www. stats. gov. cn/tjsj/zxfb/202102/t20210227_1814154. html.

层推动和我国经济社会全方位、立体化、整体性变革，为绿色低碳发展带来了难得的战略机遇、提供了广阔的发展空间、创造了良好的外部环境。

2. 科技变革引领绿色低碳升级。

新一轮科技革命和产业变革深入发展，与传统产业深度融合，为传统产业绿色转型升级提供新动力、创造新空间的同时，持续催生绿色低碳新技术、新产业、新业态、新模式，前所未有地推动生产生活方式发生颠覆性变革，为新一轮绿色低碳产业发展提供了有力的技术支持。部分前沿技术、颠覆性技术正处在实现重大突破的历史关口，一旦实现系统性突破，其具有的使现有规则和优势"归零"的强大力量，将使传统生产生活模式产生颠覆性改变，从而为绿色低碳升级创造重要机遇。同时，智能绿色新基建和"蓝天、碧水、净土"保卫战、环境准入负面清单管理等环境治理新思路、新理念，为绿色低碳技术发展提供了广阔的应用空间，也进一步带动了相关产业的升级。

3. 绿色低碳发展市场潜力巨大。

立足新发展阶段，完整、准确、全面贯彻新发展理念，构建新发展格局，推动高质量发展[①]，节能环保、绿色低碳等战略性新兴产业蓬勃发展，国内绿色低碳市场潜力将持续释放。虽受国际环境变化不利影响，但整体而言环境市场空间依旧在扩容，产业投资需求也在持续扩大，绿色低碳产业发展大有可为。

4. 绿色低碳发展可望成为国际合作的重中之重。

在国际风云变幻、波诡云谲的当今，国际经济贸易关系错综复杂、摩擦龃龉不断。在此背景下，受少数大国的推动，我国与西方大国的经贸关系呈现紧张态势，经济领域、甚至科技领域的国际合作不断受阻。与此形成鲜明对比的是，全球变暖背景下的碳减排，鉴于其长期性、全球性特征，必然离不开人口第一大国、经济第二大国、碳排放第一大国的合作。因此，绿色低碳发展可望成为我国与西方大国未来合作的优先领域和重中之重。这就为我国国土经济的绿色低碳发展提供了难得的机遇和广阔的前景。

四、国土经济绿色低碳发展的对策建议

坚定不移贯彻新发展理念，坚定不移走生态优先、绿色低碳的高质量发展道

---

① 习近平. 在庆祝中国共产党成立 100 周年大会上的讲话［EB/OL］.（2021 – 07 – 15）. http：//www. qstheory. cn/dukan/qs/2021 – 07/15/c_1127656422. htm.

路，以经济社会发展全面绿色转型为引领，以能源绿色低碳发展为关键，加快构建绿色低碳导向的现代产业体系、资源能源利用体系、国土经济治理体系，优化国土经济空间格局，加快推进碳达峰、碳中和，加快改善生态环境质量，推动我国绿色低碳发展迈上新台阶。

（一）加快构建绿色低碳导向的现代产业体系

1. 加快传统产业绿色低碳改造。

严格限制"两高一资"产能扩张，加快淘汰或置换过剩行业落后产能，依法依规淘汰落后生产工艺技术。加快钢铁、石化、化工、有色、建材、纺织等传统制造业绿色低碳更新改造，提升清洁生产标准和水平。深入实施绿色低碳制造工程，推行绿色低碳设计，支持企业运用绿色低碳新技术、新工艺、新材料、新模式，全面提升绿色产品、绿色工厂、绿色园区和绿色供应链发展质量，强化产品全生命周期绿色低碳管理、生产制造全过程控制和生产者责任延伸。推进产业绿色低碳协同链接，促进企业、园区、行业间链接共生、原料互供、资源共享，拓展不同产业固废协同、能源转换、废弃物再资源化等功能，创新工业行业间及与社会间的生态链接模式，推进产业园区和产业集群循环化改造。积极创建生态工业示范园区、循环化改造示范试点园区、国家低碳工业园区，积极探索绿色低碳转型新路径。规范发展再制造产业，深入推进高端再制造、智能再制造和在役再制造。推动传统农业向生态循环农业转型，加强绿色、有机农产品认证和管理。

2. 壮大绿色低碳战略性新产业。

修订绿色低碳产业指导目录，加强绿色低碳产业系统布局和前沿部署，加快壮大清洁能源、清洁生产、节能环保、基础设施绿色升级、绿色服务等新兴产业。发展绿色低碳新技术、新产品、新业态、新模式，实施绿色低碳重大项目和技术应用示范工程，促进产业向绿色化、低碳化、智能化、高端化发展。推广合同能源管理、合同节水管理、环境污染第三方治理、环境托管服务等服务模式，建立健全绿色产业认定规则体系，完善绿色低碳标准、专利、知识产权体系。做大做强绿色低碳龙头企业，培育一批全球领军企业、专精特新企业和"单项冠军"企业。

3. 推进绿色低碳关键技术创新。

加快构建企业为主体、市场为导向、产学研深度融合的绿色低碳技术创新体系。加强绿色低碳关键核心技术攻关和前沿技术研究部署，加强基础共性技术、现代工程技术，尤其是减污降碳技术产业化应用。加强绿色低碳技术国家技术创新中心等创新基地平台建设，完善绿色低碳技术评估、交易体系和科技创新服务平台。发布绿色低碳技术推广目录，加快相关领域标准、专利、知识产权布局，强化绿色低碳领域首台（套）重大技术装备应用。

4. 完善绿色低碳循环的流通体系。

鼓励企业构建绿色低碳供应链，强化产品全周期绿色低碳管理，开展绿色低碳供应链试点。积极调整运输结构，推进多式联运。加快培育绿色低碳流通主体，加强节能环保运输装备应用。提升物流运输数字化水平，加快发展智慧仓储、智慧运输，建设集约高效运输组织体系。推进垃圾分类回收与再生资源回收"两网融合"，引导生产企业建立逆向物流回收体系，推广线上线下融合、流向可控的资源回收模式，构建多层次资源高效循环利用体系。推进绿色低碳交通试点示范和专项行动，加快形成绿色低碳交通运输方式。

（二）强化绿色低碳导向的资源能源利用体系

1. 提高资源要素配置效率。

加快完善资源、能源等要素市场化配置体制机制，深化资源性产品等要素价格形成机制改革，完善差别化资源环境价格政策，通过价格和政策引导，提高资源能源配置效率。在确保全面完成资源环境约束性指标的前提下，将水、土地、能源等关键生产要素高效配置到重点行业、优质企业，统筹提高资源利用效率和经济产出率。开展重点行业和重点产品资源能源效率对标提升行动，完善重点行业、规模企业的资源环境成本监测、统计、核算与评价制度体系，为资源环境要素市场化配置提供基础和支撑。

2. 推进能源生产消费革命。

把节约能源资源放在首位，实行全面节约战略，深入推进能量系统优化、节能技术改造等重点工程，深化工业、建筑、交通等领域节能，提升5G、大数据中心等新兴领域能效。完善能源消费总量和强度双控制度，构建清洁低碳安全高效利用的能源体系。推动煤炭生产向资源富集地区集中，合理控制煤电建设规模和发展节奏，强化煤炭清洁生产和分级分质梯级利用，推进以电代煤。实施可再生能源替代行动，提高清洁能源消费比例，坚持集中式和分布式并举，加快发展非化石能源，建设一批多能互补的清洁能源基地。加快电网基础设施智能化改造和智能微电网建设，提高电力系统互补互济和智能调节能力，加强源网荷储衔接，提升清洁能源消纳和存储能力。推进固定资产投资项目节能审查、节能监察、重点用能单位管理制度改革，加快能耗限额、产品设备能效强制性国家标准制修订，探索实施可再生能源强制配额政策。推进二氧化碳捕集、利用和封存试验示范，实施近零碳排放区示范工程，支持有条件的地方碳排放率先达峰。

3. 节约集约利用水土资源。

节约集约利用水资源。落实最严格的水资源管理制度，严格水资源开发利用控制、用水效率控制、水功能区限制纳污"三条红线"管理，实行用水总量和效率"双控行动"，强化水资源刚性约束。坚持以水定城、以水定地、以水定人、以水定产，合理规划人口、城市和产业发展，强化农业节水增效、工业节水减排和城镇节水降损，坚决抑制不合理用水需求。全面推进海绵城市建设。实施国家节水行动和全社会节水行动。大力推进涵水蓄水、多源增水、高效节水、再生水利用等系列水源涵养工程，持续提升水源涵养功能。

节约集约利用土地资源。严格执行最严格的耕地保护制度、最严格的节约用地制度。建立"人地挂钩""增存挂钩"机制，严控新增建设用地，有效管控新城新区和开发区无序扩张。加快建设城乡统一的建设用地市场，扩大国有土地有偿使用范围，建立同权同价、流转顺畅、收益共享的农村集体经营性建设用地入市制度，鼓励探索土地利用全生命周期管理制度。在建设用地规模不突破、耕地质量有提升、生态环境有改善的前提下，开展农村土地综合整治和土地综合利用改革，重点推进低产基本农田利用改革。探索增加混合产业用地供给，完善土地复合利用、立体开发支持政策。完善城镇建设用地价格形成机制、存量土地盘活利用政策和相关税费制度，强化建设用地开发强度、投资强度、产出强度、人均用地指标整体控制。健全"标准地"制度，全面推行"亩均论英雄"改革，健全亩产综合绩效评价体系。

（三）促进绿色低碳导向的生活方式转型升级

1. 大力发展绿色低碳建筑。

结合城镇老旧小区改造推动既有建筑节能改造，提高绿色建筑标准和比重。实施社区、政府机构、学校建筑系统节能工程，实现公共机构系统节能全覆盖。实施建筑超低能耗示范项目，建立绿色低碳建筑统一标识制度。

2. 提升绿色低碳消费水平。

扩大政府绿色低碳产品采购范围，采取补贴、积分奖励等方式引导企业和居民采购绿色低碳产品，鼓励电商平台设立绿色低碳产品销售专区。倡导简约适度、绿色低碳生活方式，因地制宜推进生活垃圾分类和减量化、资源化，深入开展节约型机关、绿色家庭、绿色学校、绿色社区创建行动，营造绿色低碳生活新时尚。提升交通系统智能化水平，加快慢行交通系统建设，倡导绿色出行。加强绿色低碳产品标准、认证、标识体系建设和管理。

3. 强化公众参与和信息公开。

建立健全全社会共同参与制度。加大宣传力度，增强公众对绿色低碳发展重要性的认识，提高全社会参与绿色低碳发展的积极性、主动性、创造性，营造有利于绿色低碳发展的良好氛围。引导各类群团组织积极动员并参与环境治理，促进行业绿色低碳自律，大力发挥环保志愿者作用。把绿色低碳发展要求纳入国民教育体系和党政领导干部培训体系，提高公民环境素养，引导公民自觉履行环境保护责任，积极践行绿色生活方式，倡导绿色消费。

强化环境信息公开。完善公众环境监督和举报反馈机制，畅通环境监督渠道。加强舆论监督，鼓励新闻媒体曝光各类破坏生态环境问题、突发环境事件、环境违法行为，引导环保组织依法依规开展生态环境公益诉讼等活动。

（四）优化绿色低碳导向的国土经济空间格局

1. 强化绿色低碳分区导向。

发挥主体功能区作为国土空间开发保护基础制度的作用，在主体功能区细分中充分考虑绿色低碳空间结构变化需求，将绿色低碳指标融入差异化政策体系。强化国土空间规划与绿色低碳发展要求和生态环境保护等各专项规划的衔接，推进"多规合一"，推进绿色低碳发展要求在国土空间管控中落地落细落实。

2. 深化国土空间用途管制。

完善国土空间用途管控制度和自然保护地、生态保护红线监管制度。严守生态保护红线、永久基本农田、城镇开发边界。严格"生存线""生态线""保障线"的"三线"管控。健全国家公园保护制度，构建以国家公园为主体的自然保护地体系。

3. 推进绿色低碳国土开发。

根据区域资源环境承载能力、国土开发强度及在国土开发格局中的功能定位，合理配置建设用地指标，实行国土开发强度差别化调控。推进建设用地多功能开发、地上地下立体综合开发。推动在建设用地地上、地表和地下分别设立使用权，探索按照海域的水面、水体、海床、底土分别设立使用权，促进空间合理开发利用。

（五）完善绿色低碳导向的国土经济治理体系

1. 完善绿色低碳宏观调控机制。

加快建立与国土经济高质量发展要求相适应、体现绿色新发展理念的绿色低碳调控目标体系、政策体系、决策支持体系、监督考评体系和保障体系，把碳达峰碳中和纳入生态文明建设整体布局。完善有利于绿色低碳发展的财税、价格、金融、土地、政府采购等相关政策。优化环境保护、节能减排约束性指标管理，提高区域、流域、园区绿色低碳发展绩效考核权重。强化绿色低碳政策评估，综合运用第三方评估、社会监督评价等多种方式，科学评估实施效果，确保各项举措落到实处。

2. 深入推进减污降碳协同治理。

源头改善环境质量。完善生态保护红线、环境质量底线、资源利用上线和环境准入负面清单等生态环境分区管控体系，加快推进分区管控成果在产业布局和结构调整、重大项目选址中的应用，提高"两高"项目环境准入及管控要求。健全环境治理体系，完善排污许可制度，出台"区域能评环评＋区块能耗＋环境标准"改革实施意见，强化多污染物协同控制和区域流域协同治理，深入打好污染防治攻坚战。完善由城市向建制镇和乡村延伸覆盖的环境和低碳基础设施网络，全面提升一体化处理处置和智能化监测监管水平。

多策并举推进碳达峰。制定2030年前碳排放达峰行动方案，实施以碳强度控制为主、碳排放总量控制为辅的制度，将碳排放影响评价纳入环境影响评价体系，加强细颗粒物、臭氧、温室气体协同控制。加快绿色低碳技术及装备研发和规模化产业化应用，着力提升生态系统碳汇能力和碳汇增量。深入低碳城市、零碳示范园区和低碳社区试点示范，支持有条件的地方、行业、企业率先实现碳达峰。建设性参与和引领应对气候变化国际合作，积极推进国际规则标准制定。

3. 加强绿色低碳财税金融支持。

强化财税金融支持。建立常态、稳定的绿色低碳财政投入机制，加大支持力度。继续加大中央财政对重点生态功能区转移支付力度。鼓励开发性和政策性金融机构增加绿色低碳中长期专项贷款。探索发行政府专项债券，加大政府购买服务力度。贯彻落实政府采购支持生态产品和服务等政策措施。落实节能环保相关所得税优惠政策。构建绿色低碳领域政府资产证券化、政府投资基金、政府投资公司等多元化的投融资体制和资本运作机制。建立健全政府产业基金等全产业链金融支撑体系，撬动并引导社会资本参与重大绿色低碳产业项目管理运作。

　　支持绿色金融创新。支持具备条件的节能环保企业上市和发行企业债券、中期票据、短期融资券等债券产品。探索绿色金融体制机制，完善绿色信贷体系，大力发展能效贷款、排污权抵押贷款、碳排放权抵押贷款，积极支持基础设施、民生工程等重点领域的节能减排项目贷款和服务。完善气候投融资机制。支持企业发行绿色债券。创新绿色信贷，支持企业"去产能"。将金融产业培育成"绿色经济"的重要增长点，深化绿色金融创新试点，继续深化普惠金融发展。设立生态环境治理基金。推行环境污染强制责任保险制度，发展生态环境类金融衍生品。鼓励发展重大绿色低碳装备融资租赁。健全市场化、多元化生态补偿机制，推进排污权、用能权、用水权、碳排放权市场化交易。

参 考 文 献

　　[1] 谷树忠. 关于国土经济学学科建设的若干意见和建议 [J]. 今日国土，2009（12）：25－26.

　　[2] 谷树忠. 国土经济学学科建设与发展报告 [J]. 今日国土，2011（12）：35－36.

　　[3] 谷树忠. 走出生态文明建设认识误区 [J]. 理论导报，2015（8）：43－45.

　　[4] 谷树忠，王兴杰. 绿色发展的源起与内涵 [N]. 中国经济时报，2016－05－20.

　　[5] 谷树忠. 坚定保持绿色转型发展定力 [J]. 北京观察，2020（7）：59.

　　[6] 李天威，王兴杰，任景明，等. 加快推进长江经济带绿色转型发展 [N]. 中国环境报，2016－06－16.

　　[7] 李元实，郭倩倩，王占朝. "三线一单"生态环境分区管控体系建设回顾与展望 [J]. 环境影响评价，2020，42（5）：1－4.

　　[8] 姜雪. 中美居民消费结构的比较与启示 [J]. 宏观经济管理，2019（7）：20－26.

（执笔：谷树忠、王兴杰）

国土经济空间优化

　　2020年10月，《中共中央关于制定国民经济和社会发展第十四个五年规划和二〇三五年远景目标的建议》确立了"国土空间开发保护格局得到优化"的重要目标，强调"优化国土空间布局，推进区域协调发展和新型城镇化""构建高质量发展的国土空间布局和支撑体系"。优化国土空间格局前所未有地提升到国家发展的全局高度，成为高质量发展的重要支撑。

一、国土经济空间优化的内涵和外延

　　我国对国土空间优化的认识经历了逐步深化的过程。2010年出台的《全国主体功能区规划》，针对空间开发无序、区域发展失衡以及盲目推进工业化和城市化等问题，提出"逐步形成人口、经济、资源环境相协调的国土空间开发格局"，推动形成优化开发、重点开发、限制开发和禁止开发4类主体功能区域，在此基础上要求构建"两横三纵"为主体的城市化战略格局、"七区二十三带"为主体的农业战略格局、"两屏三带"为主体的生态安全战略格局。2017年发布的《全国国土规划纲要（2016－2030年）》，着眼推进生态文明建设需要，提出全面推进国土集聚开发、分类保护和综合整治，包括构建多中心网络型开发格局、打造"五类三级"国土全域保护格局、形成"四区一带"国土综合整治格局。"十四五"规划建议在总结区域协调发展战略、主体功能区战略和可持续发展战略实施经验的基础上进一步提出，"构建国土空间开发保护新格局。立足资源环境承载能力，发挥各地比较优势，逐步形成城市化地区、农产品主产区、生态功能区三大空间格局，优化重大基础设施、重大生产力和公共资源布局。支持城市化地区高效集聚经济和人口、保护基本农田和生态空间，支持农产品主产区增强农业生产能力，支持生态功能区把发展重点放到保护生态环境、提供生态产品上，支持生态功能区的人口逐步有序转移，形成主体功能明显、优势互补、高质量发展的国土空间开发保护新格局。"至此，国土空间优化的任务已经明确，其主要内容包括开发格局和保护格局两大方面，地域空间包括城市化地区、农产品主产区、生态功能区三大空间以及其他空间布局，总体目标是"主体功能明显、优势互补、高质量发展"。

国土空间是指国家管制下的地域空间，从形态上，可以划分为陆地与海洋空间、不同区域空间、城镇与农村空间、一二三产业空间等；从功能上，可以划分为生产空间、生活空间、生态空间，或划分为城市空间、农业空间、生态空间及其他空间。不同形态或功能的国土空间以一定的占比、组合和分布，构成国土空间结构；不同的国土空间结构，发挥各不相同的功能。从本质看，国土空间优化就是在尊重客观规律的前提下，合理调整国土空间结构、重塑国土空间形态，以增强资源环境承载力、提升国土空间功能的过程。从外延看，国土空间优化既包括陆海、区域、城乡、产业等形态空间的统筹和协调，也包括生产、生活、生态或城镇、农业、生态等功能空间的划分和协同。

国土空间的生产、生活和生态功能也可以理解为国土空间的经济、社会和环境功能，其中经济功能是国家发展的基础功能。从这个意义上说，国土经济空间优化是着重围绕经济空间所进行的结构优化和功能提升，但这一过程是与国土社会空间、环境空间的优化提升紧密结合的。

二、国土经济空间优化的现状和成效

特殊的地理国情形成了我国国土空间的总体格局，时空压缩的发展加剧了国土经济空间的集聚和分化，同时持续推进区域协调发展、城乡统筹发展等战略的实施，有效推动了国土经济空间优化。

（一）独特的地理国情造就了我国国土经济空间显著的地域分异

在我国960万平方千米陆地和300万平方千米海洋的辽阔国土上，由鸭绿江口到北仑河口的1.8万千米大陆海岸线、"秦岭—淮河"的南北地理分界线和"胡焕庸线"，共同构成了我国国土空间的地理大格局，也奠定了区域人口和经济空间分异的自然基础。

人是生产力中最活跃最根本的因素，人口的集疏态势最能反映空间开发状况。我国人口东南部稠密、西北部稀疏的分布格局历史上长期存在，这一总体格局自新中国成立以来没有显著改变，且人口集聚态势进一步强化。以"胡焕庸线"划分，东南部国土面积约占全国的40%，西北部约占全国的60%。在1953～2017年，中国东南半壁人口占比从91.53%降至88.88%，仅下降2.65个百分点，西北半壁人口占比从8.47%升至11.12%，西疏东密的地理大势依然延续（尹德挺，2019）。由于人口所占比重相差悬殊，在人口总量大幅增长的情况下，两侧人口的区域集聚模式主体形态未发生明显改变。"胡焕庸线"以西的西部地区基本维持"低—低"集聚模式，而"胡焕庸线"沿线及以东地区则主要以"高—高"集聚和"低—高"集聚的形式存在（尹德挺，2019）。长期稳定的集聚形态既是我国城镇化快速发展的必然结果，也反映了我国国土空间格局变迁的历史过程。据全国国土规划纲要编制组预测，2020年以后中国人口的空间分布依然向东部和中部地区集聚，沿海、沿江、沿线地区集聚效应显著，长三角、珠三角、京津冀等地保持人口高度集聚态势。

（二）改革开放以来我国国土经济空间优化持续推进

改革开放以来，针对人口、产业不断向东部沿海和大城市集聚的态势，国家制定了区域发展总体战略和主体功能区战略，出台实施了一系列区域规划与政策，努力扭转国土经济空间持续分化和失衡加剧的局面，取得了一定进展。在东部、中部、西部"三大地带"发展布局的基础上，相继提出西部大开发、东北等老工业基地振兴、中部地区崛起、东部地区优化发展"四大板块"战略，不断加大对革命老区、民族地区、边疆地区和贫困地区支持力度，出台措施推进城乡融合发展和陆海统筹发展，编制实施主体功能区规划和国土规划。区域、城乡发展协调性有所提高。从人口、工业和城市人口的区域占比来看，新中国成立之初，显著集中于东部沿海地区；到改革开放之初，内地有所上升；世纪之交，在加入世贸组织等带动下，工业和城市人口重新向东部集中；其后，在人口城镇化进程加快和区域协调发展力度加大的形势下，人口向东部集中，工业则具有向内地分散的趋势（见表1）。城乡居民收入比在20世纪80年代中期一度缩小到1.86∶1，之后逐年扩大，到2020年达到2.56∶1[①]，"十二五"期间有所缩小。海洋经济持续增长，2020年全国海

---

① 根据《中华人民共和国2020年国民经济和社会发展统计公报》整理计算。

洋生产总值达到 80010 亿元，占沿海地区生产总值的比重为 14.9%①。

表 1　　　　　　　新中国成立以来人口、工业和城市分布变化

阶段	地区	占全国比重[1]（%）			特征
		人口	工业	城市	
新中国成立之初	东部	43.0	70.2	50.7	工业和城市显著集中于东部沿海地区
	中部	33.1	18.1	39.7	
	西部	24.0	11.7	9.6	
改革开放之初	东部	42.2	60.6	38.7	内地工业和城市得到较快发展
	中部	34.8	25.4	38.7	
	西部	23.0	13.9	22.7	
世纪之交	东部	42.5	70.1	45.0	工业和城市发展再次向东部地区集中
	中部	32.9	19.3	34.0	
	西部	24.5	10.5	21.0	
"十二五"阶段	东部	44.7	69.1	43.3	人口向东部集中，工业具有向内地分散的趋势
	中部	31.7	19.4	34.5	
	西部	23.5	11.5	22.1	
"十三五"阶段	东部	40.1	—	31.5	东部地区仍然是人口的主要集聚区和城镇化发展的重心
	中部	25.8	—	25.7	
	西部	27.1	—	29.5	
	东北	7.0	—	13.3	

注：[1] 人口分别为 1949 年、1980 年、2000 年、2010 年和 2020 年数据；工业为工业总产值占全国比重，分别为 1949 年、1979 年、1999 年和 2009 年数据，缺少 2020 年各省（自治区）工业相关数据；城市为城市数量占全国比重，分别为 1949 年、1985 年、1999 年、2009 年和 2020 年数据。

资料来源：肖金成、欧阳慧，等. 优化国土空间开发格局研究 [M]. 北京：中国计划出版社，2015.

（三）党的十八大以来我国国土经济空间优化有力推动了高质量发展

党的十八大标志着中国特色社会主义进入新时代，我国经济发展进入新常态，社会主要矛盾转化为人民日益增长的美好生活需要和不平衡不充分的发展之

① 海洋经济数据来自《2020 年中国海洋经济统计公报》。

间的矛盾。随着我国经济由高速增长阶段转向高质量发展阶段，贯彻创新、协调、绿色、开放、共享的新发展理念，特别是大力推进生态文明建设，对国土空间治理提出了新的更高要求，优化国土经济空间被摆到党和国家工作的重要日程。突出体现在：一是实施区域协调发展战略。建立更加有效的区域协调发展新机制，在深入实施西部开发、东北振兴、中部崛起、东部率先区域发展总体战略的同时，谋划实施京津冀协同发展、长江经济带发展、粤港澳大湾区建设、长三角一体化发展、黄河流域生态保护和高质量发展五大国家层面区域重大战略。二是实施健康城市化战略。把推进以人为核心的城镇化，使城市更健康、更安全、更宜居，成为人民群众高品质生活的空间，作为新时期城市化战略的基本方针；以城市群为主体构建大中小城市和小城镇协调发展的城镇格局，增强中心城市和城市群等经济发展优势区域的经济和人口承载能力，积极打造宜居城市、韧性城市、智能城市，因地制宜推进城市空间布局形态多元化。三是实施乡村振兴战略。坚持农业农村优先发展，按照产业兴旺、生态宜居、乡风文明、治理有效、生活富裕的总要求，建立健全城乡融合发展体制机制和政策体系，加快推进农业农村现代化。四是实施可持续发展战略。加快构建国土空间开发保护制度，推进"多规合一"，划定生态保护红线、永久基本农田、城镇开发边界三条控制线，完善主体功能区配套政策。加大生态系统保护力度，建设生态安全屏障体系，构建生态廊道和生物多样性保护网络，建立市场化、多元化生态补偿机制。上述战略和政策的实施，有效促进了国土空间开发保护格局的优化。

经济发展是解决我国一切问题的基础和关键，国土空间则是经济发展的物质基础。经济发展的方式和水平在根本上决定国土空间开发的方式和水平，但后者对前者也有很强的反作用，传统重增量、重规模的扩张式空间开发，在相当程度上助推了高投入、高排放的粗放式经济增长，既降低了国土开发品质，也影响到经济发展质量。党的十八大以来大力转变国土空间开发方式，坚持在保护中开发、在开发中保护，着力优化国土空间开发保护格局，有力推动了高质量发展。

城市是国民经济的主体，目前我国城镇地区生产总值、固定资产投资占全国比重接近90%，消费品零售总额占全国比重超过85%，城市经济的高质量发展具有全局性重大影响。[①] 中国科学院大学环境经济研究中心团队基于经济（E）、社会（S）、环境（E）与风险（R）的均衡，从宏观经济发展、区域开放程度、城市绿色发展、宜商环境状况、企业运行活力、城市创新能力、经济运行风险（企业层）7个方面构建了城市高质量发展评估体系（见图1），采用宏观经济数

---

① 王蒙徽. 实施城市更新行动［N］. 人民日报, 2020 - 12 - 29.

据和全国 6000 万家企业节点的经济数据库，对 286 个县级以上建制市城市高质量发展程度进行了评估。结果显示，2016～2020 年，我国城市发展质量总体明显提升，总指数由 30.77 提高至 36.77。在衡量城市高质量发展的 7 大方面中（见图 2），除"把控城市运行风险"出现大幅波动之外，其他方面均有明显改善。其中，2016～2020 年，"宏观经济发展"指数由 14.90 提高至 23.90，"提高地区开放质量"指数由 14.64 提高至 18.78，"优化城市宜商环境"指数由 18.01 提高至 25.10，"促进城市运行活力"指数由 31.40 提高至 34.32，"推动城市绿色发展"指数由 43.70 提高至 54.72，"提升城市创新能力"指数由 6.60 提高至 14.60。"把控城市运行风险"虽由 86.16 微降至 86.15，但指数仍处于较高水平。以上情况表明，"十三五"期间推动城市经济高质量发展取得了显著成效。

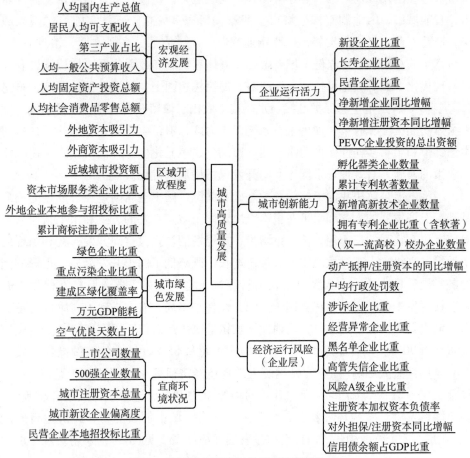

图 1　我国城市高质量发展评价指数体系

资料来源：中国科学院大学环境经济研究中心. 中国城市高质量发展评价报告［R］. 2020.

中国城市高质量发展指数（2016~2020年）

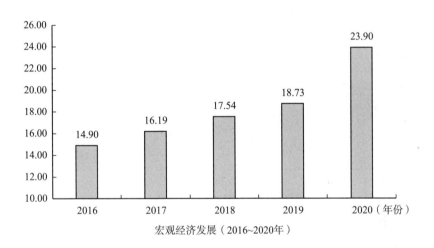

宏观经济发展（2016~2020年）

提高地区开放质量（2016~2020年）

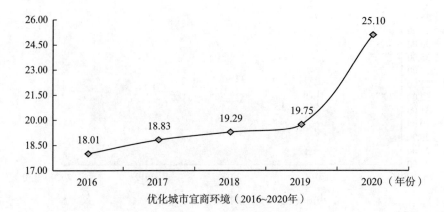

优化城市宜商环境（2016~2020年）

促进城市运行活力（2016~2020年）

推动城市绿色发展（2016~2020年）

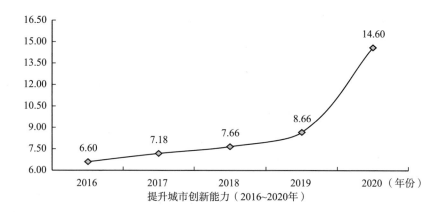

提升城市创新能力（2016~2020年）

把控城市运行风险（2016~2020年）

图2 "十三五"期间中国城市高质量发展指数

资料来源：中国科学院大学环境经济研究中心．中国城市高质量发展评价报告［R］．2020．

三、国土经济空间优化面临的形势和挑战

经过改革开放以来的持续努力，我国国土经济空间优化取得显著进展，区域空间结构和格局日趋明晰，主体功能区建设有序推进，初步遏制了国土无序开发、生态系统退化、资源环境破坏的局面。同时也要看到，我国国土空间格局不够合理的问题由来已久，不可能毕其功于一役，随着国内外发展环境复杂变化和市场竞争加剧，国土经济空间优化还面临一系列严峻挑战。

（一）区域空间开发失衡

我国国土空间开发不够平衡有其客观的自然地理背景，但改革开放后一段时间实行的"向东倾斜的不平衡发展"政策，在某种程度上也加剧了区域发展的不平衡现象。这一态势至今仍未能扭转，其主要标志是人口持续向东中部地区集聚。2010~2019年，东部和中部地区人口占全国比重由64.75%进一步提升至65.11%（见图3）。南方和北方人口及其收入的变动反映了区域空间结构的新特点。2010~2019年，南北方人口差距已由21135万人增加到23525万人，人口差距扩大了2390万人；2013~2019年，南北方人均收入差距则从723元扩大到2501元，平均收入差距扩大1778元。① 从反映未来发展潜力的综合经济竞争力来看，"东强西弱""南强北弱"的状态将进一步加重（见表2）。区域发展失衡除带来不可忽视的社会问题外，还造成产业集聚区域与资源富集区域空间错位，引发一系列经济问题，特别是各种生产要素的大规模长距离调运，不仅降低了国土空间利用效率，也增加了空间组织风险。

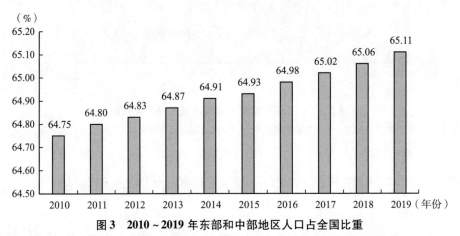

图3　2010~2019年东部和中部地区人口占全国比重

资料来源：倪鹏飞，等. 中国城市竞争力报告 NO. 18 ［M］. 北京：中国社会科学出版社，2020.

---

① 倪鹏飞，等. 中国城市竞争力报告 NO. 18 ［M］. 北京：中国社会科学出版社，2020.

表 2　　　　　　　　　　　不同区域城市综合经济竞争力指数

区域	样本量	综合经济竞争力		经济密度竞争力		经济增量竞争力	
		均值	变异系数	均值	变异系数	均值	变异系数
全国	291	0.305	0.572	0.312	0.518	0.169	0.823
东部	93	0.443	0.423	0.443	0.379	0.248	0.706
中部	80	0.293	0.374	0.297	0.343	0.169	0.526
东北	34	0.173	0.600	0.203	0.585	0.062	0.664
西部	84	0.218	0.571	0.226	0.505	0.124	0.863
南方	161	0.353	0.519	0.353	0.476	0.203	0.734
北方	130	0.246	0.583	0.261	0.528	0.126	0.886

资料来源：倪鹏飞，等. 中国城市竞争力报告 NO. 18［M］. 北京：中国社会科学出版社，2020.

（二）城市化分化加剧

从区域、城市群、都市圈不同层面考察，在城市化程度差异不断扩大的同时，伴随着人均收入的明显分化。2010～2018 年，区域中心城市常住人口增加了 10.26%，而非中心城市常住人口仅增加了 3.00%；城市群人口增加了 5.18%，非城市群人口增加了 3.31%，城市群和非城市群人口差距从 52979 万人扩大到 56428 万人；都市圈人口增加了 5.92%，非都市圈人口增加了 2.54%，都市圈和非都市圈人口差距从 27901 万人扩大到 31192 万人。与此同时，2010～2019 年，中心城市与非中心城市城镇人均收入差距从 5865 元扩大到 13177 元；2010～2018 年，城市群和非城市群的城镇人均可支配收入差距从 2013 元扩大到 3057 元；2010～2019 年，都市圈和非都市圈的城镇人均可支配收入差距从 3460 元扩大到 7389 元。区域城市化分化加剧将导致资源空间错配进一步加深，包括转移人口与住房分布的空间错配、转移人口与基本公共产品的错配、转移人口与土地资源的空间错配、集体建设用地与优质公共服务的错配等（倪鹏飞等，2020）。

（三）城乡差距仍然偏大

2009 年我国城乡居民收入之比达到 3.33∶1 后逐年有所下降，但到 2019 年仍达 2.64∶1（见图 4）。除居民收入差距外，城乡基础设施、公共服务和社会民生水平的差距更加明显。总体上看，城乡差距仍然偏大。我国农业已由高速增长阶段转向中速增长阶段，全国第一产业增加值年均增长速度，1979～2012年为4.5%，2013～2019年为3.6%。农业产业增加值增速减缓在一定程度上也影响到农村居民收入增长。从未来看，由于恩格尔系数下降必然导致全社会对农产品消费需求的增速相对下降，投入边际报酬递减和边际产能退出必然导致农业产能提高速度趋于下降，进口替代增加必然导致国产农产品市场空间趋于收窄，在这三种力量的作用下，我国农业生产成本将持续上升，农业比较劣势将进一步凸显，农产品竞争力将进一步削弱，加大农民增收困难（叶兴庆，2020）。

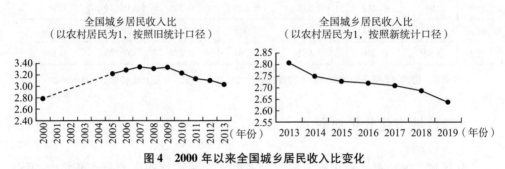

图4　2000年以来全国城乡居民收入比变化

资料来源：根据2000～2019年《中华人民共和国国民经济和社会发展统计公报》整理计算。

（四）产业空间过度集中

改革开放40多年来，我国工业化快速发展，强烈地改变了各地区的经济结构、产业布局和资源供需关系，尤其是向沿海、沿江和沿交通干线地区集中，导致产业空间过密和过疏现象并存。许多地区盲目设立新城新区和各类开发园区，竞相采取优惠政策，无序竞争、恶性竞争突出。截至2016年5月，全国县以上新城新区超过3500个，其中国家级新区17个，各类国家级经济技术开发区、高新技术产业开发区、综合保税区、边境合作区、出口加工区、旅游度假区等约500个，各类省级产业园区1600多个，较大规模的市产业园1000个；县以下的各类产业园上万计（中国城市和小城镇改革发展中心，2016）。产业链集群化发展在推动城市群和都市圈崛起的同时，也加剧了产业空间的过度集中。2018年，我国18个主要都市圈的第二产业增加值为242518亿元，占全国的66.26%（见表3），而这18个都市圈的总面积仅占全国土地总面积的13.30%。未来随着产业链集群进一步向城市群和都市圈转移，这一比例还将进一步上升，从而进一步加剧产业空间的集中，制约区域性分工和协作，阻碍全国统一市场的形成和发展，加重资源浪费和环境污染。

表3　　　　　　　2018 年主要都市圈土地面积、第二产业 GDP 及其比重

都市圈	土地面积		第二产业增加值	
	数量 （平方千米）	所占比重比（%）	数量 （亿元）	所占比重（%）
长三角都市连绵区	169829	1.77	69859	19.09
珠三角都市连绵区	54951	0.57	33396	9.12
首都都市圈	146657	1.53	20785	5.68
青岛都市圈	52434	0.55	14103	3.85
郑州都市圈	66349	0.69	13766	3.76
成都都市圈	96236	1.00	12433	3.40
济南都市圈	52973	0.55	11996	3.28
武汉都市圈	50974	0.53	10252	2.80
长沙都市圈	55309	0.58	8945	2.44
厦门都市圈	25268	0.26	8753	2.39
合肥都市圈	64847	0.68	7695	2.10
西安都市圈	74720	0.78	7038	1.92
长春都市圈	67827	0.71	4841	1.32
沈阳都市圈	59571	0.62	4686	1.28
石家庄都市圈	38874	0.40	4147	1.13
太原都市圈	69823	0.73	3476	0.95
南宁都市圈	82014	0.85	3286	0.90
贵阳都市圈	48072	0.50	3061	0.84
合计	1276728	13.30	242518	66.26

资料来源：根据《中国城市统计年鉴 2019》整理得到。

（五）"三生"空间矛盾加剧

我国国土空间广大，但约 60% 的国土空间为高原、荒漠和山地，适宜耕种和工业城镇建设的土地仅有 180 多万平方千米。随着建设空间不断扩大，农业和生态空间受到挤压，生产、生活和生态空间矛盾加剧。自然生态空间持续萎缩，根据土地利用现状调查，1996～2009 年，草原退化、耕地开垦、建设占用等因素导致草地减少 1067 万公顷，具有生态涵养功能的滩涂、沼泽减少 10.7%，冰川

与积雪减少 7.5%。建设用地空间大量增加①。1978～2016 年，全国城镇建设用地增长了 7.88 倍②。目前全国建设用地开发强度只有 4.1%，但如考虑到超过 8 成的陆域国土为不宜开发建设的高原、荒漠、山地和丘陵，实际开发强度明显偏高。例如北京市，以全市土地计，建设用地开发强度为 21.3%；③ 若以平原地区计，则建设用地开发强度达到 57%④。城市群建设用地规模扩张普遍较快。据遥感监测，1990～2012 年，全国 20 个城市群建设用地规模由 15399.69 平方千米扩展至 79007.65 平方千米，扩大了 63607.96 平方千米，增长了 4.13 倍；长三角、山东半岛、珠三角、京津冀、长江中游城市群分别扩大了 12032.4 平方千米、8197.6 平方千米、6875.4 平方千米、6774.2 平方千米、4557.5 平方千米，2012 年城市建设用地规模分别为 1990 年的 10.4 倍、7.3 倍、10.6 倍、3.6 倍、4.3 倍。城镇内部生产、生活、生态用地结构失衡。目前珠三角、长三角等地制造业比较发达的城市，工业用地占比普遍超过 40%，有的甚至超过 50%，而纽约为 7.48%、香港为 5.96%、伦敦为 2.70%、新加坡为 2.40%。2016 年底，全国 943.1 万公顷城镇用地中，住宅用地占 33.5%、工矿仓储用地占 28.4%、公共管理与公共服务用地占 12.5%、交通运输用地占 11.7%、商服用地占 7.4%（董祚继等，2017）。工业用地、公共管理用地占比明显偏高，城市绿地、交通用地占比偏低。城镇空间过度扩张、结构失衡，不仅挤占农业和生态空间，影响可持续发展，也潜伏着巨大风险。国内外实践表明，大城市和城市群导致自然灾害风险更易发生，人口聚集和流动更易引发安全和公共危机，农业人口职业转换面临更多失业风险，房地产过度发展面临价格泡沫破灭风险（倪鹏飞等，2020）。

（六）陆海开发缺乏统筹

陆地与海洋开发尚未建立有效的联动机制，陆海开发协调不够、开发方式粗放问题突出。陆海空间功能布局、基础设施建设、资源配置等协调不够，土地和海域使用政策衔接不畅；沿海大部分地区产业布局同构化严重，高密度、低效率

---

① 国土部.因建设占用等因素致草地减少 1066.7 万公顷［EB/OL］.（2013－12－30）.http：//finance.sina.com.cn/roll/20131230/104317793964.shtml.

② 三管齐下构建国土开发保护新格局［EB/OL］.（2021－03－24）.http：//www.xinhuanet.com/globe/2021－03/24/c_139827229.htm.

③ 董祚继，吴次方，叶艳妹，等."多规合一"的理论与实践［M］.杭州：浙江大学出版社，2017.

④ 评论：无地可用是伪问题 使用效率才是关键［EB/OL］.（2015－02－06）.http：//chinanews.com.cn/house/2015/02－06/7041291.shtml.

现象比较普遍，占用海洋资源建设的许多产业新城、产业园区处于荒弃或低效运行状态；港区集运、临港产业园区和城市居民生活区布局混杂交织，影响城市环境和居民生活质量，也带来潜在的安全风险（王宏，2019）。海洋资源开发利用不平衡，海岸带和近岸海域过度开发造成自然岸线减少，空间资源趋紧，生物资源日趋减少，而深远海资源开发明显不足，专属经济区和大陆架区域的资源开发还有待扩展。近年来围填海规模较大，2002～2014 年，我国围填海造地达 1339 平方千米，对海洋生态环境造成不利影响。① 随着沿海地区经济社会的快速发展，用海规模扩大和用海强度不断提高，生产、生活、生态用海需求日趋多样化，保障海洋空间安全面临诸多问题和严峻挑战。

四、国土经济空间优化的对策建议

（一）统筹国土空间开发与保护

结合各级国土空间规划编制实施，着力构建城市化地区、农产品主产区、生态功能区三大空间格局，优化重大基础设施、重大生产力和公共资源布局。重点是落实《中共中央关于制定国民经济和社会发展第十四个五年规划和二〇三五年远景目标的建议》提出的"三个支持"政策：一是"支持城市化地区高效集聚经济和人口、保护基本农田和生态空间"。城市化地区是推进新型城镇化的主战场，关系到现代化产业体系建设和国家竞争力提升，对经济高质量发展具有决定性影响，其主体功能是提供工业品和服务产品，同时城市郊区和腹地也提供农产品和生态产品。二是"支持农产品主产区增强农业生产能力"。解决好 14 亿人吃饭问题、维护国家粮食安全、大力发展现代农业，始终是国家经济社会发展的基础和前提，农产品主产区的主体功能是提供农产品，要落实最严格的耕地保护制度，限制大规模高强度的工业化城市化开发。三是"支持生态功能区把发展重点放到保护生态环境、提供生态产品上"。生态功能区是国家可持续发展的空间保障，也是高质量发展的重要基础，要把保护修复自然生态系统、提供生态产品作为生态功能区首要任务，因地制宜发展生态产业，禁止大规模高强度的工业化城市化开发。要通过上述努力，"形成主体功能明显、优势互补、高质量发展的国

---

① 王宏.着力推进海洋经济高质量发展 [N]. 学习时报，2019 – 11 – 22.

土空间开发保护新格局"。

（二）统筹集聚开发与均衡发展

市场经济条件下受规模效应、技术进步、资源禀赋等因素的影响，不均衡发展、区域差异扩大有其客观必然性；同时也不宜将非均衡发展绝对化，空间一体化发展、实现共同富裕才是最终目标。现阶段国土空间开发应当坚持集聚开发与均衡发展相协调的原则。集聚开发，就是继续鼓励有条件地区率先发展，引导人口、产业有序集聚，发挥要素集聚效益，增强国土综合竞争力；均衡发展，就是兼顾效率与公平，统筹配置公共资源，促进基本公共服务均等化，支持特殊类型地区加快发展，走向共同富裕。要深入实施西部开发、东北振兴、中部崛起、东部率先区域发展总体战略，着力实施京津冀协同发展、长江经济带发展、粤港澳大湾区建设、长三角一体化发展、黄河流域生态保护和高质量发展等区域重大战略，切实增强中心城市和城市群等经济发展优势区域的经济和人口承载能力，大力支持革命老区、民族地区、边疆地区、贫困地区、生态退化地区、资源枯竭型地区、老工业基地等特殊类型困难地区加快发展，形成优势互补高质量发展的区域经济布局。

（三）统筹空间一体化发展

结合国土空间规划、用途管制和生态修复，通过深度开发、优化结构、提升品质，促进科技一体化发展，不断提高国土空间产出效益、综合功能和承载能力。要积极营造空间，坚持增量开发与存量开发并重、空间保护与空间修复并举、地上开发与地下开发兼顾，不断做大"空间蛋糕"；大力优化空间，全面优化生产生活生态空间、城镇农业生态空间、一二三产业空间，切实分好"空间蛋糕"；注重共享空间，有序推动区域一体化发展、城乡一体化发展、空间多功能混合利用，保障共享"空间蛋糕"，夯实高质量发展的国土空间布局和支撑体系。

（四）统筹城镇化发展与乡村振兴

城镇是生产力布局的主平台，乡村是国土空间的主形态。城镇化更多关注中心城市、城市群的发展和城市竞争力的提升，乡村振兴更多关注农村三产融合发展、美丽乡村建设和乡村治理；城镇化推动要素向城镇集中、更好发挥集聚作用，乡村振兴希望要素流向乡村、留在乡村。要正确处理二者的对立统一关系，坚持新型城镇化与乡村振兴同步推进、相互提升，加快形成工农互促、城乡互补、融合发展、共同繁荣的新型工农城乡关系。要坚持以城市群为主体形态、推动大中小城市和小城镇协调发展的城镇化空间布局战略，着力打造一批具有区域、国家乃至国际影响力的城市群，既支撑起全国经济持续稳定增长、提升国际竞争力，又有效抑制城镇无序蔓延、减少"大城市病"发生，推动城镇高质量可持续发展。要结合乡村多样化、乡土化、分散化特点，着力打造集疏有序的乡村空间格局，形成集约高效的生产空间、宜居适度的生活空间、山清水秀的生态空间，助力乡村振兴。

（五）统筹新城开发与城市更新

适应高质量发展要求，城市空间发展必须由增量开发为主向存量利用为主转变、由规模扩张为主向结构优化为主转变，核心是处理好新城开发与城市更新的关系。产业和人口向优势区域集中是客观经济规律，但城市单体规模不能无限扩张，要根据实际合理控制人口密度，着力建设一批产城融合、职住平衡、生态宜居、交通便利的郊区新城，推动多中心、郊区化发展。从高速增长转向高质量发展，对于城市来说，就是从注重新区开发转向注重城市更新。要创新制度，解决好规划调整、土地供应、利益分配和历史遗留问题处理等问题，处理好城市活化和文脉传承、功能再造和功能疏解、景观重塑和风貌保护、生产生活生态空间等关系，创造出丰富多彩、更具活力的城市空间，为城市高质量发展创造条件。

（六）统筹陆海资源开发利用

海洋经济是国民经济的重要支撑，海洋空间是国家发展的战略空间。要坚持陆海统筹原则，协调海岸带地区经济空间布局和资源配置，促进海洋经济与海岸带经济一体化发展。要统筹水资源供给和海水淡化，通过综合开展海水淡化技术研发、配套新能源开发和副产品资源化利用，切实降低海水淡化成本，提高综合利用效益，将海水淡化纳入国家和地区的水资源供给体系；统筹近海和深海开发，着力保护近海资源环境，发展深海养殖，切实缓解水产品供需矛盾，保障国家食物安全；统筹陆域与海洋能源勘探开发，坚持"储近用远"，促进海洋经济可持续高质量发展，维护国家海洋权益。

参 考 文 献

［1］尹德挺，袁尚．新中国 70 年来人口分布变迁研究——基于"胡焕庸线"的空间定量分析［J］.中国人口科学，2019（5）：15－28，126.

［2］肖金成，欧阳慧，等．优化国土空间开发格局研究［M］.北京：中国计划出版社，2015.

［3］中国科学院大学环境经济研究中心．中国城市高质量发展评价报告［R］.2020.

［4］倪鹏飞，等．中国城市竞争力报告 NO.18［M］.北京：中国社会科学出版社，2020.

［5］董祚继，等．"多规合一"的理论和实践［M］.杭州：浙江大学出版社，2017.

［6］王宏．着力推进海洋经济高质量发展［N］.学习时报，2019－11－22（001）.

（执笔：董祚继、孟海燕）

第三篇

案例选载

鹤壁：国土空间规划先行者

近年来，鹤壁市委市政府深入贯彻党的十八大、十九大精神和习近平生态文明思想，贯彻落实创新、协调、绿色、开放、共享的发展理念，按照中共中央、国务院、中共河南省委、河南省人民政府关于建立国土空间规划体系的要求，在中国国土经济学会帮助指导下，积极探索国土空间优化发展之路，持续推进"多规合一"的空间规划改革工作，创新开展空间规划与用途管制试点、审批改革试点、信息平台监管系统"三位一体"融合推进，取得了一定成效，为鹤壁高质量发展布好局、铺好路。创造了国土空间规划"鹤壁模式"，得到自然资源部和省委省政府的高度关注和认可。2019年7月，自然资源部陆昊部长到鹤壁调研国土空间规划工作，2019年9月在河南省自然资源厅调研工作时均对鹤壁空间规划给予肯定和表扬，吉林、新疆、福建等多个省（自治区、直辖市）到鹤壁学习交流国土空间规划编制经验。

一、探　索　历　程

鹤壁位于河南省北部，因相传"仙鹤栖于南山峭壁"而得名，1957年因"煤"建市，资源禀赋良好，是中原城市群核心发展区14个城市之一，境内京广高铁、京广铁路、107国道和京港澳高速纵贯南北。穿城而过的淇河是诗歌文化的重要源头，《诗经》中有39篇描绘了淇河两岸的自然风光和风土人情，水质连年保持河南省60条城市河流首位。自然生态良好，宜居宜业宜游，是中国人居环境范例奖城市、国家森林城市、国家卫生城市、国家园林城市。鹤壁市国土空间优化发展经历了自发探索、国家试点和实施性国土空间规划编制三个阶段。

（一）自发探索阶段

为解决产业发展不均衡、城镇发展无序扩张、多规重叠交叉等问题，实现资源型城市转型发展，鹤壁市委市政府积极寻求高端智库帮助支持。2014 年 10 月，鹤壁市与中国国土经济学会合作建立了全国首家国土空间优化发展实验区，2015 年 6 月，双方联合编制了全国首个地市级《鹤壁市优化国土空间开发格局规划（纲要）》，并通过了以江泽慧为组长、国家相关部委和科研院校有关专家为成员的专家组评审论证，经鹤壁市人大常委会审议批准，鹤壁市政府于 2016 年 3 月印发实施。鹤壁市将《鹤壁市优化国土空间开发格局规划（纲要）》作为战略性、基础性、约束性规划，初步探索了"多规合一"的方法与途径，指导鹤壁市其他空间类规划的编制，引领鹤壁经济社会发展。2017 年 6 月，《鹤壁市优化国土空间开发格局规划（纲要）》被中国科学技术协会确定为创新驱动智库规划咨询模式。

（二）国家试点阶段

为进一步推进国土空间优化发展实验区建设，2016 年 8 月 24 日市委专题议事会提出，以《鹤壁市优化国土空间开发格局规划（纲要）》为基础，谋划启动鹤壁市全域国土空间规划编制工作。2016 年 12 月 27 日，中共中央办公厅、国务院办公厅印发了《省级空间规划试点方案》，选择包括河南省在内的 9 个省开展省级空间规划试点，河南省也是原国土资源部唯一指导牵头的试点省；2017 年 4 月，河南省委、省政府将有工作基础的鹤壁市作为省市协同编制空间规划试点市。

按照国家和省有关要求，鹤壁市委托中国土地勘测规划院和河南省测绘局遥感院分别编制空间规划和建设规划信息平台，委托中国国土经济学会组织成立了由 20 余位专家组成的专家咨询委员会。在试点中，坚持省市协同、上下衔接，紧密结合鹤壁实际，开展了资源环境承载力和国土空间适宜性评价、生态空间自然用途管制研究，深入分析、研究解决各类规划间的冲突差异。同时还将空间规划编制、自然生态空间用途管制试点、信息平台建设"三位一体"统筹协调推进，最终形成了《鹤壁市国土空间总体规划（2019 - 2035 年）》文本、图集、专题报告、信息平台建设等系列试点成果。2017 年 10 月，邀请专家进行了评审论证，12 月通过了鹤壁市委深改组讨论，基本完成了国家和省安排的试点任务。

（三）国土空间规划编制阶段

2018 年，随着国家机构改革的深入，自然资源部围绕"两统一"职能，加快构建国土空间规划体系。2018 年 7 月，河南省省长陈润儿与自然资源部陆昊部长、赵龙副部长就河南国土资源工作进行会谈，期间陆昊部长专门提出特别感谢河南在国土空间规划方面所做的工作，并要求河南继续做好试点，帮助探索解决"双评价"、城镇开发边界划定等重大问题。2018 年 9 月，河南省空间规划领导小组办公室明确指出，鹤壁市已基本完成国家空间规划试点各项任务，要按照自然资源部新的要求，融合土地利用规划、城乡总体规划、主体功能区规划等，编制面向 2035 年的实施性国土空间规划。按照自然资源部和河南省有关新精神、新要求，鹤壁市在国家空间规划试点成果基础上，深入开展 2019～2035 年的鹤壁市国土空间规划编制工作。由鹤壁市自然资源和规划局牵头，相关部门共同参与，委托河南省国土资源调查规划院和河南省城乡规划设计院联合编制《鹤壁市国土空间总体规划（2019－2035 年）》，积极探索市县协同编制的路径和模式，2019 年 5 月已形成初步成果。之后，随着中共中央、国务院《关于建立国土空间规划体系并监督实施的若干意见》，中共中央办公厅、国务院办公厅《关于在国土空间规划中统筹划定落实三条控制线的指导意见》，以及自然资源部关于开展国土空间规划工作通知等系列关于规范国土空间规划的工作文件出台，鹤壁市按照新规范、新要求，及时完善提升规划，同时推进所辖浚县和淇县的国土空间规划编制。目前，鹤壁市国土空间总体规划已形成阶段性成果，争取在全省率先批次获审批实施。

二、主要做法及经验

鹤壁市国土空间优化编制以习近平新时代中国特色社会主义思想为指导，统筹推进"五位一体"总体布局，协调推进"四个全面"战略布局，坚持新发展理念，坚持以人民为中心，深入实施生态文明建设、乡村振兴、区域协调发展战略，优化全市国土空间格局，统筹城乡融合发展，促进生产空间集约高效、生活空间宜居适度、生态空间山清水秀，不断满足人民日益增长的美好生活需要，为建设高质量富美鹤城、在中原更加出彩中走在前出重彩提供有力的空间支撑和基础保障。具体工作中，主要是做到"六个一"。

（一）一张蓝图绘到底

《鹤壁市国土空间总体规划（2019－2035 年）》的编制过程可以说是"六年磨一剑"。早在 2014 年，鹤壁就开始与中国国土经济学会合作建立国土空间优化发展实验区，并于 2015 年编制出台了全国首个市级层面的《优化国土空间开发格局规划纲要》；2017 年，与省级空间规划试点同步，开展市级试点探索；2018年 10 月，根据城市发展需要和空间规划体系改革的新要求，对现行土地利用规划、城乡总体规划实施情况进行评估，以资源环境承载能力和空间开发适宜性评价为基础，启动了《鹤壁市国土空间总体规划（2019-2035 年）》的编制工作，其间数易其稿，于 2019 年 10 月形成最终成果。

（二）一套机制保落实

鹤壁市成立了由市长任组长、5 名副市长任副组长的工作领导小组，负责对试点工作进行决策和协调，建立"政府主导、专家领衔、部门协作、市县联动"的工作机制和重大问题及时沟通、日常工作定期通报、相关工作共同研究的省市合作机制，保障了规划编制工作顺利推进。

（三）一条底线管到位

鹤壁市把"底线管控、绿色发展"作为编制规划的基本原则，以"双评价"为基础，结合土地利用现状、相关调查、规划成果、规划期内经济社会发展需求和重大发展战略等，统筹考虑解决目前空间开发、资源利用中存在的主要问题，科学划定生态保护红线、永久基本农田保护红线和城镇开发边界线"三条控制线"。

（四）一体推进促协同

结合鹤壁资源多样、要素齐全、特色鲜明的实际情况，注重各项要素的统筹协调，加强鹤壁市与周边区域的统筹，强化基础设施的共建共享和南太行生态环境共治共保，积极推动建设豫北区域城镇协同发展区；全域构建"一体两翼"的城镇发展格局，市级国土空间总体规划框架基本确定后，同步启动两县国土空间规划编制，保持技术思路和技术方法衔接。

（五）一网通办强应用

鹤壁市同步抓好空间规划编制和信息平台建设，整合发改、住建、生态环境等 30 个部门的 70 余类空间数据，搭建坐标一致、边界吻合、上下贯通的数据资源体系；融合打造空间规划实施监督信息系统和建设工程项目审批管理平台，建设业务协同审批管理系统，实现了全事项办理、全过程闭环、全流程监管、全空间覆盖，积极推行区域评估和多评合一，工程建设项目审批时限最长 90 个工作日，比国家和省定目标分别减少 30 个和 10 个工作日。

（六）一以贯之广纳言

鹤壁市坚持开门编规划，把听取各方意见建议融入《鹤壁市国土空间总体规划（2019－2035 年）》编制全过程，先后 10 多次向省自然资源厅进行专题汇报，争取帮助协调解决相关问题，保障规划的合法合规性。《鹤壁市国土空间总体规划（2019－2035 年）》初稿完成后，先后 4 次组织国家和省有关专家进行咨询论证，按照国家建立国土空间规划体系新规范、新要求及时完善提升，确保规划的科学性。

国土空间优化持续探索的实践，为鹤壁市编制城乡规划、土地利用总体规划、国民经济和社会发展规划、各项事业发展规划以及进行各项建设活动提供了宝贵经验，对推动我市产业转型，实现均衡、协调、可持续发展，加快建设高质量富美鹤城具有重要意义，也为其他地区提供了借鉴。

三、需要解决的问题与启示

通过近年来国土空间优化的实践探索，我们深刻体会到优化国土空间开发格局是习近平总书记生态文明思想要求的具体体现，是生态文明思想的具体践行，是新时期高质量发展的新起点，是实现社会生态经济协调、均衡、可持续发展的基础支撑。在实践中，我们取得了宝贵的经验，也发现了一些亟待解决的问题，一些是暂时的，一些是需要通过政策制度完善来解决的。

（一）各类空间规划的衔接需进一步加强

国土空间规划"五级三类"体系已建立，纵向上讲，各层级总体规划编制尺度和深度把握、指标约束与传导，横向上讲，总体规划与专项规划、详细规划之间编制深度，特别是城市规划内容，总体规划的刚性约束和弹性指导，需要进一步细化规范并明确。建议一级政府一级事权要求和五级三类规划各自定位，合理确定本级规划调控重点、编制和表达深度，做"适度"的规划。对上承接刚性管控内容和指导思想，对下明确引导、管控、传导内容，对本级管理区域作出针对性、操作性强的空间布局结构和实施方案，发挥五级三类规划组合拳作用。

（二）建设用地规模问题需进一步研究

地方经济发展需要建设用地保障，建设用地规模始终是政府最为关注的焦点。当前，还一定程度存在沿海与内陆、东部与中西部、平原和山区、工业与农业等区域经济发展不平衡，城镇化发展水平不一致的现象，对开发规模的确定全面实行减量规划一定程度上制约部分区域经济发展，需因地制宜研究确定区域差异化建设用地规模。

（三）规划编制、审批、实施需进一步加快

目前，各级国土空间总体规划尚处于编制过程中，国土空间规划体系的健全和国土空间优化之路还很漫长，规划编制、审批时间长一定程度影响规划的时效性、前瞻性和严肃性。如今多规合一的规划涉及内容更全更广，矢量化要求更高，专项要求更实，各级规划的"一张蓝图"画到什么程度，仍需各方达成共识。尽快编出"能用、好用、管用"的规划，完善顶层设计，加快推进规划配套法律法规完善，尽快审批实施，在实施过程中强化评估，不断检验和完善。

（鹤壁市国土资源局）

‖案例之二‖

绿色立县　建设美丽沁源

　　沁源县位于山西省中南部，面积2549平方千米，地下储存着丰富的煤炭资源，地上拥有丰富的绿色生态资源。2017年8月，我到沁源任职以后，深深地被沁源的自然生态资源所吸引、所震撼，并结合学习贯彻党的十九大和十九届二中、三中、四中、五中全会精神，对沁源的现在与未来进行了一次深刻的调研和思考，开展了积极的探索与实践。

一、基本情况

　　沁源是典型的资源型经济县份，和山西其他财政富县一样，过去经济支柱主要是煤炭资源，占到财政收入的90%以上，多年来一直处于"一煤独大"的产业现状。现在，沁源共有矿井数量30座，是长治市范围内煤矿数量最多的县区。我们在享受资源红利的同时，也陷入了发展的困境。煤炭依赖性财政让人担忧，煤炭价格一下降，财政马上就"缩水"；生态环境让人担忧，煤炭、铝矾土等资源的开采以及焦炭的冶炼，在一定程度上会对生态环境产生影响；安全生产让人担忧，县域内煤矿大部分是高瓦斯矿井，安全生产压力很大。沁源的长远发展让人担忧，矿产资源是祖辈留下的宝贵资源，总有被挖完的一天，挖完以后怎么办？这些担忧，是沁源高质量发展进程中必然面对和亟待破解的重大课题，必须用历史的、发展的观点来认识和解决。

　　沁源的发展何去何从？历届县委、县政府都作过努力，都试着谋求转型发展的路子，但区域的封闭、思想的保守和生活的安逸，阻碍了沁源的转型发展，煤炭形势好的时候无心转，煤炭形势不好的时候又无力转。党的十九大以后，党中央把生态文明建设提到前所未有的战略高度。习近平总书记指出"绿水青山就是金山银山"。沁源是山西最绿的地方，绿水青山就是沁源最核心、最宝贵的资源。

我们如何转型发展，就是要往优势上转，让沁源的绿水青山成为"摇钱树"和"聚宝盆"。因此，县委紧紧抓住中央和省市绿色发展、转型发展、能源革命等利好政策，审时度势、着眼长远，提出"绿色立县，建设美丽沁源"发展战略，确定了"转型、增绿、开放、强基、富民"五大发展思路和"修路、种树、治水、兴文、尚旅"五条发展路径，努力把沁源建设成为"绿色沁源、康养沁源、文化沁源、幸福沁源、美丽沁源"。

思路一变天地宽，"绿色立县，建设美丽沁源"发展战略的确立，开启了沁源经济高质量转型发展新征程。近三年，沁源相继作出了《绿色立县建设美丽沁源的决定》《关于加快把文化旅游产业培育成战略性支柱产业的决定》《依托丰富的红色文化资源和绿色生态资源振兴乡村的决定》，这三个"决定"理论逻辑相互支撑、实践逻辑环环相扣、目标指向一以贯之、各项部署接续递进。我们就是要着眼沁源的长远和未来，一年接着一年干，一任接着一任干，坚定不移将转型进行到底，努力实现从"一煤独大"到"八柱擎天"的动能转化，走出一条具有沁源特色的资源型经济高质量转型发展绿色之路。

二、主要做法

（一）擎绿色旗，做好治山理水、显山露水的文章，变"生态优势"为"发展优势"

持续加大生态文明建设，扎实抓好种树、治水、修路等打基础、利长远的事情。一是种树，增添绿色发展底色。我们不满足于近 60% 的森林覆盖率，启动大规模绿化、大范围绿化、大面积绿化行动，逐步提高森林覆盖率、绿化覆盖率，做足、做实、做大"增绿"文章。我们启动建设国家菩提山森林公园、国家沁河源湿地公园、国家花坡草原自然公园；实施荒山、荒坡绿化，做到无山不绿；实施河道滩涂生态绿化，做到有水皆清；实施村庄、企业绿化美化，做到村企有景；实施原生态草地、湿地水草、园林花草、野生花草的治理开发，做到绿草如茵；实施全民义务植树，做到"人人多栽一棵树、家家多种一片草"。同时，在增绿的基础上，坚持绿化、彩化、财化有机结合，进一步扩大生态优势，坚决在增绿与增收、生态与生计两个战场上共同发力、互促共赢。二是治水，激活绿色发展灵气。我们以水而定、量水而行，防洪水、保供水、抓节水、护源水、用活水、强管水，打造"千泉之县"和"百里沁河生态绿廊"；举办以"挖掘沁河文化　传承沁河文脉"为主题的沁河论坛，保护传承弘扬沁河文化，谋划推动沁河经济带发展；沁河出境断面水质持续达到国家Ⅱ类水标准，一河清水绵延后世、惠泽人民。三是修路，畅通绿色发展路径。近两年，把"修路"作为践行"两山"理论的基础性工作来抓，黎（城）霍（州）高速公路胜利开工，黄土坡隧道进展顺利，太岳通航机场加紧实施，修建完成"四好农村路"204 条、长600 千米，实现了山山相连、村村贯通，形成了护林防火和生态旅游的循环大网络，打通了"对外开放、对内畅通"的大通道。今天的沁源呈现出山清水秀、天蓝地绿、村美人和的美丽画卷，绿色发展的基础越来越牢固。

（二）走绿色路，做好兴文尚旅、生态康养的文章，变"生态优势"为"产业优势"

沁源坚持把"文化旅游、生态康养"作为"两山"转化方向。一是发展文化旅游产业。沁源紧紧围绕全省"三大品牌建设年""三大旅游板块""三个人家""安顺诚特需愉"六字要诀等部署要求，积极构建全域旅游格局，加快文化旅游景区、农家乐、民宿、旅行社建设，规划打造了中巴（轿车）、越野车、徒步三类16 条精品旅游线路；以池上宿集、隐居乡里沁源项目为突破，打造更具吸引力的民宿旅游品牌；以"二沁"英雄大道①建设为重点，塑造更具影响力的抗战文化旅游品牌；以"两中心一平台"②为载体，提升更具凝聚力的"冬享民俗年"文化旅游品牌。2019 年前三季度全县接待旅游人数达到 163.4 万人次、收入 13.5 亿元，2019 年文化及相关产业增加值实现 1.5 亿元。二是发展生态康养产业。我们深入贯彻"健康中国""康养山西"的决策部署，依托沁源丰富的道地中草药资源优势、独特的山地优势，将旅游、医疗、康复、保健、教育、文化、体育等融合发展，以森林生态体验、生物多样性展示、森林康养度假、观光旅游休闲、森林科普宣传为途径，积极打造 15 个森林康养特色小镇、25 个森林康养基地，全力把沁源打造成康养目的地、自驾目的地、采风目的地、研学目的地、会议目的地以及运动员训练基地。三是发展现代特色农业。沁源以创建有机农业示范县为目标，突出道地中药材、马铃薯种薯繁育两大主导产业，以"一区六基地"建设推动特色产业发展。"一区"就是要建设道地中药材种植优势区，

---

① 指沁源和沁县之间的交通要道。
② 指新时代文明实践中心、融媒体中心和"学习强国"平台。

突出"两参两黄连柴菊"① 等优势品种；"六基地"就是要创建中药材标准化种植基地、中药材标准化育苗基地、有机旱作农业示范基地、太岳山马铃薯种子繁育基地、马铃薯水肥一体机械化种植高产基地和道地中药材收购与仓储基地。同时，沁源大力发展林药、林菌、林禽、林牧等林下产业，重点培育以党参、黄芪、蒲公英、甘草、连翘、沙棘、酸枣叶为主的"沁源药茶"品牌，已发展药茶企业3家，注册了"沁兰舒""沁参源"药茶商标，切实把沁源现代农业打造成绿色生态产业、脱贫攻坚奔小康的富民产业。

（三）打绿色牌，做好转型发展、绿色崛起的文章，变"生态优势"为"经济优势"

"在转型发展上率先蹚出一条新路来"，是沁源的重大使命，也是历史责任。一是增强生态文明意识。依托新时代文明实践中心（所、站）和"绿色沁源大讲堂""绿色沁源乡村小夜校"，广泛宣讲森林文化、河流文化、生态文化等；开展全国低碳日、世界环境日、国际爱鸟日等重大节日宣传；选树环境保护、植树造林、修路治水、森林防火、爱鸟护鸟等典型；2020年，国庆"丹雀小镇·嘉禾乡韵"文化节，对宣传沁源传统民俗和乡土文化、展示沁源特色旅游资源、推动沁源高质量转型发展起到极大的促进作用。"满脑子都是绿色沁源"已成为每个沁源人的真实写照。二是坚定走煤炭"减优绿"之路。这几年我们着眼于转型发展，关停矿井60多座，在关停煤矿旧址上，新的产业破土重生。同时，我们关停了7个采石场，对7个铝矾土企业进行了限制生产。目前，先进产能占比达到57%，高效矿井占比62%，战略性新兴产业增长5.6%，制造业占工业增加值比重提高了1个百分点；全县转型项目投资占固定资产投资比重85.2%，工业"结构反转"迈出坚实步伐。三是提高绿色立县的含金量。2019年，全县地区生产总值达到129.3亿元，财政总收入达到37.5亿元；2020年以来，沁源统筹推进疫情防控和经济社会发展各项工作，前三季度地区生产总值完成91.7亿元，财政总收入累计完成24.67亿元。近年荣获"国家生态文明建设示范县""'绿水青山就是金山银山'实践创新基地""中国天然氧吧""中国百佳深呼吸小城"等20多项国家级荣誉称号。

---

① 指党参、苦参、绵黄芪、黄芩、连翘、柴胡、菊花。

三、基 本 经 验

两年多的实践证明，绿色立县战略符合时代发展要求、顺应县域发展实际、契合群众期盼和意愿，从一个县反映了习近平总书记"绿水青山就是金山银山"生态文明思想的真理性。沁源在探索实践中总结出了几点经验。

（一）解放思想是根本

解放思想，黄金万两。沁源要谋划、推动绿色发展，首先得统一思想、转变观念，把握好"破"与"立"的关系。"破"，就是要破除全县干部群众僵化保守、因循守旧、封闭狭隘、资源依赖的思想；"立"，就是要在全县干部群众心中立起新发展理念和"两山"理念，立起绿色发展、转型发展的信心，立起建设美好家园、享受美好生活的目标。所以，我们在提出"绿色立县，建设美丽沁源"这一发展战略前，围绕"破"与"立"的辩证关系，组织开展大培训、大讨论、大调研、大宣讲，进一步统一干部、群众、企业家的思想，形成共识。

（二）找准路子是关键

沁源县委按照"先清底、再梳理，先定位、再部署，先策划、再规划，先设计、再建设"的思路，针对绿色立县、工业立县、商贸立县、三产立县等内容，专门组织问卷调查，1000 多份问卷调查中 90% 以上同意走"绿色立县"的发展路径。同时，积极聘请中共中央党校、清华大学、北京师范大学、中央美术学院、山西大学等教授，住房和城乡建设部、文化和旅游部等专家，清华大学建筑设计研究院、中国城市规划设计研究院等顶级规划专家，中冶天工集团有限公司、山西景峰集团等投资集团走进沁源，帮助沁源进行资源分析、优势挖掘、定位策划、前期设计，提出发展思路。通过广泛调研、征求意见、专家论证，县委最终确立了"绿色立县，建设美丽沁源"发展战略。

（三）"两山"转化是核心

"绿水青山"强调生态资源，"金山银山"侧重经济优势，但生态资源并不直接就是经济优势，它们之间的转化需要通道。如何转化？这就需要解决好"绿"与"黑"的矛盾，依靠科技创新、产业创新、管理创新，推动煤炭企业实现由"黑"变"绿"的蝶变；推动好"绿"与"红"的融合，以红色文化激发绿色发展动能，以绿色发展扩大红色文化传播，以红绿辉映构筑绿色发展特色；实现"绿"与"金"的转化，将生态优势转变为生态福利和民生福祉。

（四）团结奋斗是保证

团结出凝聚力，出战斗力，出新的生产力，也出干部。绿色立县所取得的阶段性成绩，得益于全县干部群众九牛爬坡、个个出力，八仙过海、各显神通。特别是全县上下团结奋斗，克服了一切艰难险阻，打赢了火灾处置、防洪抗旱、疫情防控等硬仗，进一步彰显了英雄沁源、英雄人民的斗争精神。

（五）群众实惠是目的

坚持绿色发展，必须坚持"以人民为中心"的价值取向，否则就难以实现经济效益、社会效益和生态效益的统一。近年来，沁源的绿水青山带来的不仅仅是生态环境的改善、品质生活的提高，而且通过发展乡村旅游、特色农业、林下种植、生态补偿等渠道，让当地群众得到了经济上的实惠。

四、问题与启示

在推进"绿色立县，建设美丽沁源"发展战略中，我们也清醒认识到以下问题：一是传统产业量大势弱，新兴产业势强力弱，"一煤独大"的结构性问题还没有彻底解决，正处在工业化中期向工业化后期迈进的门槛上；二是农业产业"小而散"，技术装备落后，科技含量不高，品牌意识不强，质量和效益不明显；三是文化旅游产业发展步伐不快，"吃住行游购娱"等要素还不完善；四是服务业弱小、低端、门类不全，管理、专业人才相对短缺；五是一些干部思想落后，僵化保守，不思进取，缺乏责任心、进取心，改革意识不强，创新能力不足。充分认识这些问题，给下一步的工作带来以下几点启示。

一是传统产业和新兴产业不能偏废、不可或缺。我们要坚持"两点论"，既要坚定绿色立县战略，做大做强战略性支柱产业，也要发挥煤炭作为传统产业在战略性新兴产业发育成长过程中的有力支撑作用，为转型赢得时间和空间。

二是转型发展必须系统、整体、协同推进。要彻底有效解决好推进"绿色立县，建设美丽沁源"发展战略中存在的问题，就必须全面、系统推动观念转型、经济转型、方式转型、路径转型、动力转型、结构转型、机制转型、管理转型，真正构建起"一切为了转型、一切服务转型"的工作格局。

三是蹚新路要聚焦"六新"求突破。习近平总书记视察山西时鲜明提出"在新基建、新技术、新材料、新装备、新产品、新业态上不断取得突破"的重大要求，为推动高质量转型发展指明了方向。沁源在践行"两山"理念和新发展理念过程中，一定要牢牢抓住未来5~10年的转型窗口期、关键期，坚决打赢打好"六新"攻坚战、争夺战。

绿色发展不动摇，美丽沁源定可期。今后，沁源县委将继续坚定不移践行新发展理念和"两山"理念，保持战略定力、坚定必胜信念，深入推动"绿色立县，建设美丽沁源"发展战略，不反复、不折腾，久久为功，乘势而上，在转型发展上率先蹚出一条新路来，奋力开创绿色沁源、英雄沁源崛起新局面！

（沁源县委书记　金所军）

常山：全域土地综合整治 与生态修复的实践

近年来，常山县把全域土地综合整治作为激活乡村振兴、建设乡村大花园的新引擎、新动能，围绕重构生产、生活、生态空间布局新格局，优化土地利用结构，节约集约调配土地，统筹发力、集成推进"田水路林村"和生态环境全要素、全区域整治修复。2018 年以来新增耕地面积 288.1 公顷，盘活建设用地 73.3 余公顷，获增减挂钩指标 59.3 公顷，保发展、优生态、促转型成效明显。

一、主 要 做 法

（一）规划引领，一张图联动一盘棋

坚持规划统领、项目统排、资金统筹，强化顶层设计、谋好具体战术。坚持一张图布局。按照"多规融合"的要求，完善村级土地利用规划，划定"适建村、限建村、禁建村"，为全域土地综合整治提供实施依据，为农村土地高效利用提供规划基础。同时，编制全域土地综合整治专项规划和实施方案，围绕"矿山生态环境整治、农用地整治、建设用地整治"三大行动，确定规模布局，明确实施步骤。坚持一盘棋统筹。围绕项目一个库，立足产业现状、资源分布、空间布局，谋划全域土地综合整治项目 25 个，总面积达 2.87 万公顷。同时制订项目推进计划表，构建了完整的项目库、责任状、工作链。围绕资金一本账，从全域角度考虑资金平衡问题，以土地资产为基础，既算当前经济投入账，又算长远综合效益账，构建多元化资金投入体系。

（二）优化用地，强保障促产业融合

现代化农业发展，必然是一二三产融合的、规模化的产业发展模式。常山县以产业振兴为出发点、以产业导入为突破口，通过规模化整治流转，保障农业项目一二三产融合发展用地、建设用地等多种土地，同时项目化市场运作，实现农地转入、特色融入、业态植入，有效推动农村"三产"融合发展。第一，突出龙头引领，全力打造金色同弓田园综合体项目，该项目占地 1933 公顷，总投资25.8 亿元[1]，涵盖乡村休闲旅游、农业产业园、健康产业园等多种业态，成为衢州市全域土地整治的龙头示范性项目，并成功入选 2019 年度浙江省级田园综合体建设名单。第二，突出规模效益，以全域土地综合整治为抓手，聚力打造胡柚小镇，推进胡柚产业规模化、链条化、高端化发展。胡柚小镇项目计划首期投资20 亿元，涵盖胡柚产业基地、胡柚文创衍生品开发等产业全链条[2]。第三，突出亮点打造，立足地方特色、促进自然融合，有效打造了一批乡村振兴样板村。比如，新昌乡黄塘村通过土地整治拆除 5.4 公顷宅基地，建立游客服务中心、浙江省首个国家林木公园等，每年吸引游客约 60 万人，实现创收 350 万余元，成功践行了"土地整治 + 产业振兴"的思路。

（三）突出创新，新思路破解资金难题

资金一直是困扰项目的短板，为破解制约，积极进行金融创新。第一，鼓励银村合作。出台了《常山县农村建设用地增减挂钩节余指标质押融资实施办法》，对符合条件的农整区块，有信誉基础的村集体由乡镇（街道）担保向县农商银行申请融资，充分发挥出全域整治在指标、资金的再分配功能，确保指标平衡使用，保障资金安全，实现三赢。第二，促进银企合作。促进常山绿色大地农业发展有限公司与农行合作，以项目为担保融资了 8000 万元资金，极大缓解了资金难题，促进了项目进度。第三，吸引国投参与。常山县农村投资集团有限公司作为业主，采用封闭运行的模式参与了辉埠镇、青石镇、招贤镇、球川镇等全域土地综合整治与生态修复项目的建设管理，分别与中国农业银行、中国工商银行等银行合作，计划融资 10 亿元以上资金，实现多方共赢。

---

[1][2] 常山县打造全域土地综合整治"升级版"［EB/OL］.（2021 – 08 – 03）. http：//zld. zjzwfw. gov. cn/art/2020/5/26/art_1659650_43457019. html.

（四）整治为基，组合拳治出靓丽风景

强化"整治＋保护＋修复＋重构"的有机统一，形成"一户一处景、一村一幅画"的全域大美格局，实现"1＋N"的叠加效应、放大效应，打造衢州有礼诗画风光带。第一，聚焦风貌整治。在衢州市率先打响"一户多宅"整治攻坚战，持续打好小城镇环境综合整治、无违建创建持久战，2018 年以来已累计整治农村违建 4.1 万多处、整治面积达 167 余万平方米。第二，聚焦土地整治。按照现代农业生产需要，集中连片推进农用地综合整治。2018 年以来，累计垦造旱地 100 公顷、水田 400 公顷、旱改水 266.7 公顷、高标准农田建设 1113.3 公顷，形成了"田成方、路成网、渠相通"的配套网络。第三，聚焦生态整治。积极践行"两山"理论，将矿山修复纳入全域整治范围，重拳出击轻钙产业整治，做好"土地整治＋生态修复"文章，打造"山水林田湖草"生命共同体。辉埠镇路里坑村、宋畈村、才里村、双溪口村、石姆岭村、东乡村 6 个村全域土地综合整治与生态修复工程，项目总面积 3533 公顷，工程总投资 8.98 亿元。其中土地整治 144 公顷，可获得新增耕地 49 公顷，旱田改水田 12 公顷，建设用地增减挂钩指标 83 公顷；关停 89 孔石灰立窑、201 条石灰钙加工生产线、16 家轻钙企业，生态修复矿山 193 公顷；矿地综合利用 44.7 公顷，可开采矿石 1500 万吨；宋畈村夏家自然村整体搬迁，涉及农户 110 余户；并对境内碱性水进行整治，三衢山景区入口环境进行提升、改造农村公厕、实施农民饮用水提升工程、建设村文化礼堂等，完善环保基础设施，改善村庄人居环境，达到"显山、露水、透绿"的整体环境提升。

（五）精准导向，双管齐下亮显著成效

通过全域土地综合整治与生态修复工程实施，综合效益明显。一是建设用地复垦，优化用地结构。一直以来，农村建设用地复垦项目的特别之处就是地块零散、面积小、复垦为水田面积更少。而辉埠镇全域整治项目拆除了大片生产工艺落后轻钙和水泥企业，石灰钙园区连片面积 26.7 余公顷，后社片区 10.67 余公顷。二是生态修复成效突出。2013 年以前，后社片区上共有 134 条石灰钙生产线、2 个轻钙厂、60 余孔立窑和 8 条破碎加工生产线。经过前期的三轮整治，134 条石灰钙生产线、2 个轻钙厂、60 余孔立窑全部关停，拆除附房及钢棚 20 处、清理煤渣 100 万吨、迁移坟墓 6 穴。并通过工程措施对 36.5 公顷开采后的

陡边坡进行生态复绿,让寸草不生的岩壁变为花草丛生的绿墙。三是矿地综合利用效益显著。后社2号片区有剩余矿石储量1500万吨,开采后的遗留矿山严重影响区域面貌,按现有的政策已无法审批开采,但包装入全域整治项目后,根据全域整治政策红利,可审批矿石开采,即削平了难看的矿山包、开采矿石,又能通过覆盖耕植土垦造为耕地,改善环境,一举多得。四是整村搬迁利于民。夏家自然村位于后社矿山开采影响区,多年来一直深受粉尘困扰,村庄布局也没有整体规划,基础配套设施落后,2号片区审批采矿后,夏家自然村必须在开采前整村搬迁,目前已初步选定安置区,并有进城上楼、集镇安置等多种选择,搬迁后原址复垦为耕地,可新增耕地3.87公顷。五是节点景观改造项目提升整体环境。通过并对境内碱性水进行整治,三衢山景区入口环境提升、改造农村公厕、实施农民饮用水提升工程、建设村文化礼堂、村庄节点景观建设等,全面改善区域环境,让这片尘霾满天的土地真正变为三衢蓝天。

(六)以民为本,内生力实现村强民富

通过全域土地综合整治项目落地,激发各村及村民内生动力,实现脱贫致富。第一,助力村集体消薄。已实施的全域整治项目中,通过土地流转助力村集体消薄,收入达700万元,同时通过整合资金投资,积极探索村企结对、多村联合等抱团发展的新机制,由企业出资、村集体抱团入股再加政府补助扶持,突破单个村"单打独斗"的发展瓶颈,互利共赢,实现逐步壮大村级集体经济,截至目前,涉及全域整治的行政村已全面完成消薄工作。第二,助力农户富裕。将全域土地综合整治与乡村休闲旅游结合,通过"首届农民丰收节""传统晒秋文化节""琼奴与苕郎爱情文化节""中国·常山胡柚采摘节"等系列活动,共吸引游客10万余人,农户通过兴办农家乐等,实现增收致富同步推进。

二、经验与教训

(一)坚持系统思想,尊重生态环境

"山水林田湖草是一个生命共同体",人类社会不能脱离自然,特别是土地利用开发要尊重自然,顺从自然,保护自然,要坚持系统思维,坚持"绿水青山就

是金山银山"理念，始终将生态环境保护放在优先位置，打造人与自然和谐共生发展新格局。

（二）坚持节约集约，高效利用土地

要强化"多规融合"和规划引领，按照控制总量、优化增量、盘活存量、释放流量、实现减量的要求，促进土地资源要素有序流动，提升土地节约集约利用水平。

（三）坚持因地制宜、循序渐进

项目开展要充分考虑本地资源禀赋、产业特色、人文风情，一方面要探索符合本地情况、具有本地特色的整治模式和路径，选择有潜力、有意愿、有条件的区域开展；另一方面也要考虑本地村民的获得感、承载力，尊重和保障农民的知情权、参与权、监督权和收益权，发挥农民主人翁地位，让农民共享全域土地综合整治成果。

三、问题与启示

（一）农民对土地整治工作了解不够

项目区存在本村土地整治工作了解的情况，甚至存在完全不了解的情况，受限于文化水平，大部分村民对土地整治项目的了解仅限于村干部这单一渠道。参与土地整治较为被动，应拓宽宣传途径，提高公众参与度，土地整治和项目区内每个个体的切身利益相关，广泛的公众参与，是整个过程的关键节点。在土地整治过程中，要增加和拓宽宣传渠道，使农民更为深层次地理解土地整治的内涵，为更好地争取村民支持，开展土地整治工作打下基础。

（二）土地整治要充分考虑当地水资源现状及规划

在农村土地整治工作中会对当地农田灌溉工程进行重新设计，配套一系列的水利工程，优化排灌系统。为保障农业生产，区域水资源会较为集中的分配在水田上，导致在农业生产季节，区域内用水会出现供应不足。土地整治项目应做到控制水资源空间分布平衡，综合考虑各类用水，土地整治工作仅考虑了项目水资源的分配情况，而忽视了水资源空间分布的问题。因此需充分考虑水资源空间、时间分布问题，合理协调农田灌溉用水、居民生活用水和其他用水，尽量规避项目区内的水资源分布不平衡的现象。

（三）全域土地综合整治项目设置要科学论证，精心组织

全域土地综合整治与生态修复工程涉及农用地整治、建设用地整治和生态环境修复，各类子项目众多，时间跨度长，需要多部门整合各类资源，项目设置要系统化，并相互之间互补协同，发挥项目最大效益。

（中共常山县委宣传部）

‖案例之四‖

睢县：践行新发展理念，
促进高质量发展

近年来，中共睢县县委、睢县人民政府始终以习近平新时代中国特色社会主义思想为指引，按照河南省和商丘市决策部署，落实高质量发展要求，践行新发展理念，坚持"持续求进、能快则快"总基调，围绕"争先晋位、富民强县"总目标，以脱贫攻坚统揽经济社会发展全局，团结带领全县人民，着力打造中原鞋都、中原水城、中原电子信息产业基地、中原运动旅游休闲中心，努力建设活力富强宜居和谐幸福新睢县，奋力争创省级县域治理"三起来"示范县，不断谱写新时代中原更加出彩睢县绚丽篇章。2020年4月2日，中共河南省委书记王国生到睢县调研指导，对睢县工作给予充分肯定，并提出殷切期望。2020年4月28日，睢县代表商丘市参加全省县域经济高质量发展观摩，4月29日全省县域经济高质量发展工作会议上，河南省委书记王国生和河南省省长尹弘在讲话中对睢县工作多次给予肯定。

一、主要措施及成效

2020年，睢县经济呈现明显的"筑底起势"迹象，经济活跃度不断增强。全县财政总收入累计完成13.6亿元，同比增长3.5%；地方一般公共预算收入突破10亿元；税收收入完成7.1亿元，完成年度预算的73.7%，增长8.4%；全社会用电量同比增长7.1%，位于商丘市第3位；固定资产投资同比增长6.4%，位于商丘市第3位；社会消费品零售总额实现73亿元，位于商丘市第3位；各类存款余额达到256亿元，同比增长12.4%，位于商丘市第3位；贷款余额达到113亿元，同比增长21.7%，位于商丘市第4位。总的来看，经济发展呈现出较为强劲的回升势头。产业集聚区建设、开放招商、脱贫攻坚等多项工作位居全市第一方阵。

（一）聚焦产业发展，增强县域经济

2020年1～10月份完成投资78亿元，占年度目标的100%。已开工项目107个（未开工或停工29个），开工率78.68%，完成投资167.9亿元，占年度目标的79.5%；省重点项目4个已全部开工，当年计划投资78亿元，市重点项目45个，已全部开工，当年计划投资194.5亿元，2020年1～10月份完成投资190.47亿元，占年度目标的91.8%，位居全市第一方阵；联审联批应批总数175项，截至2020年11月已完成175项，占年度目标的100%。"四比四看"工作在全市第一季度、第二季度评比中均获第二名。在全市季度观摩评比中，四项重点工作全部进入第一方阵，代表商丘市参加河南省县域经济高质量发展观摩点评。

第一，做大做强工业。持续培育壮大制鞋和电子信息两大主导产业，2020年，全县制鞋及鞋材配套企业达200家，年产能3亿双；电子信息企业20余家，年产能突破3亿件。全县纳税100万元以上工业企业38家，较2015年增加25家；纳税千万元以上8家，较2015年增加7家。睢县产业集聚区被评为全省综合先进产业集聚区，荣获河南省5星级产业集群金星奖，成功晋升二星级产业集聚区。先后对30多家企业实施智能化改造，2018年代表商丘市参加全省智能制造观摩，获得黄淮四市第一名。

第二，抓实抓好农业。粮食总产超9亿千克，实现了"十六连丰"；高标准农田建设面积达3.18万公顷，流转土地面积1.33万公顷以上，发展辣椒种植面积6666.7公顷、芦笋种植面积3333公顷；发展中药材种植面积266.7公顷以上，被评为河南省药材种植基地。总投资5.5亿元，建成日加工鸡蛋300万枚的宏泰蛋粉深加工工厂，充分发挥"襄豫园""老家乡""水城德福"等品牌作用，引进"老实人"等大型优秀农产品加工、流通企业。其中，"老家乡"品牌成功入选国家品牌战略计划，实现了二三产业融合发展。

第三，发展壮大服务业。截至2020年11月，商务中心区完成固定资产投资约35.6亿元，同比增速48.6%，位居全市第1位；主营业务收入约48.3亿元，同比增长15.6%，位居全市第1位。期末从业人员约1.54万人，同比增速约20%，预计新增规模以上服务业企业26家，亿元以上固定资产投资项目入库9家，吸引阿凡提有限公司、深圳春雨高端企业服务平台、河南智达物流科技有限公司、中国再生资源开发有限公司4家高新技术企业成功入驻。凤鸣岛正式对外运营，《睢县全域旅游规划》已定稿，湿地公园已基本建成，预计2020年底建成过路桥梁，使苏子湖、濯锦湖融为一体。铁佛寺湖项目绿化补栽和彩色路面铺装工程已完成，预计年底建成开园。

（二）聚焦城乡一体，推动融合发展

坚持把城镇和乡村贯通起来，积极探索以人为核心的新型城镇化发展道路。第一，做优中心城市。以"两城一园"创建为抓手，大力实施百城提质工程，河南省文明城市创建、中原水城国家湿地公园顺利通过验收，成功入选"美丽中国·深呼吸小城高质量发展实验区"城市。第二，打造特色乡镇。加快"三场一街一厕"建设，实施美化亮化硬化改造，推进"四好公路"建设，打造潮庄芦笋小镇、城郊中顺辣椒基地等一批特色小镇。全省"四好公路"示范县创建顺利通过验收。第三，建设美丽乡村。开展"四美乡村""五美庭院"创建，实施"三清一改"，推进"厕所革命"，实现城乡垃圾收运一体化县域全覆盖。建成商丘市首家生物质发电厂，根本解决农村废弃秸秆焚烧污染问题，2019 年首次实现城区集中供暖。引进建设静脉产业园，实现垃圾处理的减量化、无害化、资源化，走在全省前列。

（三）聚焦绿色发展，建设中原水城

坚持绿水青山就是金山银山理念，全力打造生态宜居睢县。第一，围绕"净"字求提升。坚决打好蓝天、碧水、净土保卫战，大气环境质量持续改善，城市黑臭水体基本消除，水环境质量稳中向好，农业面源污染有效控制。第二，围绕"绿"字上台阶。实施国土绿化提速行动，新建中原水城国家湿地公园、铁佛寺郊野公园、利民河带状公园 3 个千亩以上公园[①]，绿化覆盖率达 41.38%；完成农村公路路肩培护绿化 1000 多千米，被河南省交通运输厅授予全省绿色交通试点县。第三，围绕"清"字下功夫。持续推进"四水同治"，实施"三湖一河"水体综合整治和生态修复工程，呈现出"半城绿色半城水、四季常青四季花"的生动画面。建成河南省首家新概念污水处理厂，被命名为河南省环保教育基地。

---

① 黄业波，甄林. 睢县：稳产保供促增收对标小康补短板 [EB/OL]. (2020 – 03 – 09). https：//www. suixian. gov. cn/index/index/detail/id/31253/type/2. html.

（四）聚焦改革开放，持续激发活力

截至 2020 年 11 月，商丘市认定汇绿新能源项目、安琪特种酵母、襄玉园 3 个 3 亿元项目，容城鞋业园、晋江鞋业园 2 个 5 亿元项目。完成省外资金 54 亿元，占目标任务的 76%，同比增长 2%，位居全市第一方阵；实际利用外资 4728 万美元，超额完成全年商丘市确定目标任务的 15.9%，同比增长 19.5%，位居全市第一方阵。完成外贸进出口额 1.6 亿元，其中，河南嘉鸿鞋业有限公司、河南省百盛鞋业有限公司等重点企业成功实现出口转内销，销售金额已突破 3 亿元。通过"云签约"，共签约投资 30 亿元的中疆科技智能终端电子设备制造、投资 20 亿元的 5G 智能终端产业园、投资 10 亿元的中原鞋业鞋材大市场、投资 5 亿元的鞋业物流港、投资 3 亿元的禧玛诺鞋服 5 个合作项目。

（五）聚焦共建共享，切实改善民生

全面落实"外防输入、内防反弹"的阶段工作要求，全县未发生一例确诊、疑似病例，疫情防控形势稳健向好。全体居民人均可支配收入实现 9029.2 元，增长 3.7%，位于商丘市第 2 位，其中，城镇居民人均可支配收入、农村居民人均可支配收入增幅分别位于商丘市第 3 位和第 2 位。围绕全国文明城市创建，着力补齐基础设施建设短板，产业集聚区路网项目、富民路北延、复兴路东延、凤城大道升级改造等项目已完工并通车。铺设热力主管网 680 米，康桥半岛热力管网正在试压，悦府小区、碧桂园小区二次管网外架工程正在施工，预计 2020 年冬季供暖面积将达 46 万平方米，彻底摆脱了城区无集中供热历史。投资 600 万元，改扩建公办幼儿园 8 所，新增幼儿学位 720 个；新建、扩改建农村寄宿制中小学 11 所，建筑面积 6 万多平方米。民生和社会事业发展步伐明显加快。

二、存在问题

（一）工业形势不好

2020 年 1～9 月份，睢县规模以上工业增加值增长 2.3%，位于商丘市第 7

位。9 月份，睢县全社会用电量完成 12114 万度，增速 20.4%；工业用电量完成 3200 万度，增速 7.5%；工业增值税完成 472 万元，同比下降 72.6%，三项评价因素增速均处于商丘市末位，导致 2020 年 1 ~ 9 月份睢县工业增加值累计增速仍难摆脱落后位次。

（二）实体经济发展不快

受疫情影响，睢县不少企业特别是中小微企业因消费延迟、供应链不畅、产品原材料价格上涨等因素，出现了资金紧张、库存增加、生产趋缓等新的困难，市场主体总量增速缓慢。企业融资难问题仍没有得到明显缓解，部分中小微企业贷款难度大，县级金融机构普遍缺少放贷自主权，信贷优惠政策没有完全落实到位。

（三）财政收支不平衡

虽然财政总收入略有增长，但从实际情况来看，睢县财政难以平衡刚性支出，在疫情防控、脱贫攻坚、基本民生保障、基层运转、基础设施建设等重要领域还需要大量财政资金投入，"三保"支出压力较大。此外，在社会领域各类矛盾明显增多，消防和安全生产领域还存在较多隐患等。面对疫情带来的新变化，更要善于危中寻机、化危为机，进一步坚定高质量发展的信心和决心，科学应对各种风险和挑战，持续保持睢县高质量发展的良好态势。

（四）对外开放水平不高

2020 年睢县招商工作虽然取得了不错成绩，在商丘市排序名次靠前，但仍存在工作进展不平衡、项目质量不高的问题，招商引资大项目落地乏力。招商项目整体层次不高，一般项目多，支撑带动力强的大项目、好项目，高科技、高附加值项目和大块头企业、知名企业少，招商引资形成的新项目对税收的贡献少。新冠肺炎疫情影响外贸企业出口订单。受国际疫情的影响，商丘三和实业投资有限公司、河南嘉鸿鞋业有限公司、河南省百盛鞋业有限公司等企业停止出口，全县完成市定目标任务压力较大；个别企业的订单小部分被取消和延迟交货的情况，导致企业产品有积压，资金周转存在困难。

（睢县发改局）

常口村：画好山水画　绘就新篇章
——福建省三明市将乐县常口村绿色发展的探索与实践

　　将乐县常口村是习近平生态文明思想的孕育地和实践地，位于将乐县东部、闽江支流金溪河畔，与国道 528 线毗邻，距县城 15 千米。村域面积 13.83 平方千米，其中耕地 80 公顷、林地 1267 公顷，现有 7 个村民小组、246 户、1062 人。1997 年 4 月 11 日，时任福建省委副书记的习近平同志莅临常口调研时提出了"青山绿水是无价之宝""山区要画好山水画，做好山水田文章"等重要指示。20 多年来，常口村党员群众上下一心，牢记嘱托，一任接着一任干，将习近平同志生态文明理念融入常口经济社会发展的全过程，转化为绿色发展的具体行动。如今的常口村发生了翻天覆地的变化，村民们收获了满满的幸福感，2019 年，村集体年收入达 122 万元，比 1997 年增长 40.6 倍；农民人均年收入 2.36 万元，比 1997 年增长 9.58 倍，先后获得"全国文明村镇建设先进单位""全国文明村""全国乡村治理示范村""省级先进基层党组织""省级园林式村庄""省级生态村""省级水利风景名胜区"等荣誉称号，绘就了常口践行习近平生态文明思想的生动画卷。2020 年 11 月，将乐县打造"绿水青山"赢得"金山银山"的典型经验做法得到国务院办公厅通报表扬。2020 年 11 月 26 日，新华社等十多家主流媒体组成的"三明实践"采访团到常口村采访报道 20 多年来的变化。

一、主 要 做 法

（一）坚持科学合理规划

　　20 多年来，将乐县常口村立足村情实际，按照习总书记"要选准发展路子，因地制宜"的指示要求，坚持"高起点规划、分阶段实施、按能力建新、有重点改旧、全方位整治"原则，先后于1999年、2012年和2018年三次制定了村庄发展规划，奏响了"社会主义新农村建设""家园清洁行动""农村环境综合整治"和"乡村振兴"进行曲，明确了打造"生态、宜居、美丽新常口"的奋斗目标和"农业立村、工业兴村、旅游强村"的绿色发展之路，立足区位、资源优势优化了产业布局，制定了常口联村区域发展总体规划，实现村庄建设、产业布局、交通路网、公共服务、生态保护"五规合一"。

（二）坚持产业富民强村

常口村充分利用资源禀赋，走绿色发展道路，不断调优农业种植结构，巩固传统农业，发展特色农业，盘活林地资源，做旺全域旅游，山、水、田焕发出勃勃生机。在做好"山文章"上，利用林地资源，发展苗木产业；深化林权制度改革，推进"林票"改革，与福建金森集团、国有林场合作，稳步提高林业收入；以多村联建为抓手，统筹联村区域内8333公顷的林地资源，培育新型林业经营主体，探索新型林业合作经营模式，推动林业规模化差异化发展。在做好"田文章"上，巩固传统农业，大力发展烟叶、旱芋、食用菌等特色农业。流转土地和开垦抛荒地53.3公顷，推进"地票（耕地）"改革，建设以纽荷尔脐橙为主的特色水果产业基地，同时结合"产学研"模式，建立常青研学培训基地，带动村财、村民"双增收"，村民在家门口就有事做、有钱赚。在做好"水文章"上，充分挖掘回头山和常上湖省级水利风景名胜区优势，发展文旅康养产业。2012年引进云衢山漂流项目，年平均游客量达1万人次；2019年，常青旅游区获评国家AAA级旅游景区，福建省旅游发展集团有限公司拟投资6亿元在常口村建设常上湖森林康养基地，投资近2亿元的"两山学堂"和回头山滨水度假酒店项目已完成地勘；同时，根据《金溪百里画廊规划》，完善常上湖公园、亲水码头、观景平台等设施，利用常上湖举办中国皮划艇、马拉松大赛，吸引国内外体育人士在常口集训比赛、休闲养生。

（三）坚持保障改善民生

常口村两委坚持以人民为中心，坚持发展为民增福祉，坚持每年实施一批为民办实事项目，着力解决好涉及村民利益的重点民生问题，村容村貌得到极大改善，人居环境持续优化。由村里出资向年满60周岁以上村民根据年龄段每季发放生活补助 80～120 元，设立教育基金对品学兼优的学生予以奖励。截至 2020 年，全村共有大中专生 141 人（其中，博士 4 人、硕士 14 人），平均每 7 个村民中就有一个大学生；先后完成村自来水改扩建工程，改善了村民的饮水条件；新建了常口村农民公园、灯光篮球场、游泳池等设施，丰富群众业余生活；开展村庄环境整治，实施垃圾分类处理，完善污水治理设施，开展绿化美化亮化净化工程，村庄生态环境良好，全村森林覆盖率达 92%、村道亮化率 100%、道路硬化率 100%、绿化率达 85% 以上，先后荣获了"省园林式村庄""省级生态村""省级美丽乡村示范村"等荣誉称号。

（四）坚持培塑文明乡风

将乐县常口村将"绿水青山、金山银山、永续利用、惠泽子孙"等生态文明理念写进村规民约，用村规民约无形的力量保护村里的山山水水、一草一木，并且延伸出了"创十星评十户"的精神文明创建典型经验，成为首批全国精神文明创建工作先进单位。每年村里都要通过村民自评，党员、村民代表互评，村两委干部评议的形式，评选表彰孝行廉风星、勤劳致富星、遵纪守法星、社会道德星、团结和睦星、移风易俗星、诚实守信星、学文重教星、卫生健康星、生态环保星 10 个典型户，在全村张榜宣传，使村民学有目标，赶有榜样。特别是 1997 年 4 月习近平同志到常口村调研后，生态文明的理念更是深深扎根于每位村民的心中，生态环保星成为村民争抢的"最高荣誉"。1999～2005 年，常口村连续两届荣获"全国文明村镇建设先进单位"称号。2017 年获得"全国文明村"称号。

（五）坚持党建示范引领

20 多年来，常口村历届党支部始终牢记习总书记的嘱托，秉持生态文明理念，一任接着一任地推进"五好"支部建设，在选优配强"领头雁"的基础上开展干部"传帮带"工作。常口村现有两委干部 5 人，其中 2 人已担任村干部十余年，既保证了队伍的稳定性，又保障了生态保护工作的持续性。发挥好"三会一课"① 制度功能，把生态环境保护纳入党小组活动中，不断增强党员带头保护生态环境的意识和责任。2011 年，常口村获评"省级先进基层党组织"。2017 年8 月，常口村作为福建省"三会一课"现场会考察点接受检查。2017 年 12 月，

---

① 指定期召开支部委员会、党小组会、支部党员大会，按时上好党课。

整合周边5个行政村成立全县首个联村党委。2018年，常口村代表三明市接受了中共福建省委、福建省人民政府工作检查。村党支部书记张林顺同志先后获评"全国绿色小康户"市级"最美村官"，并于2018年1月当选为第十三届全国人大代表。

二、经 验 启 示

（一）注重村庄规划，突出生态优先

常口村20多年的发展，就是按照习近平同志的重要指示，守住了生态的底线。坚持科学规划，谋定后动，既提出思路要求又明确办法举措，既兼顾当前又考虑长远，把生态文明建设融入经济、社会和文化建设的各个方面、各个环节，与打好精准脱贫攻坚战、建设美丽乡村、推进《农村人居环境整治三年行动方案》等相结合，坚持一张蓝图绘到底，真抓实干，久久为功，经济社会才能得到持续健康的发展。

（二）注重产业支撑，突出生态保护

常口村在培育产业的过程中，牢牢把住绿色发展入口关，将高污染、高耗能项目拒之门外，充分利用良好的山水田资源优势，发展绿色产业，在带动村财增收、村民致富的同时，守住了绿水青山。经济发展高素质与生态环境高颜值是高质量发展的两面，把生态优势、资源优势转化为经济优势、发展优势，就是要辩证处理好发展与保护的关系，充分利用好自然资源，推进资源产业化、产业绿色化，形成绿色发展体系。

（三）注重民生福祉，突出生态惠民

良好的生态环境是最公平的公共产品，是最普惠的民生福祉。常口村站在村民的立场上，把产业培育当作乡村振兴的动力源，把村民的山、水、田通过资源发包与资源入股形式发展生态产业，充分释放了生态红利，提升了村民的幸福感和获得感。全面建成小康社会的关键一招是要变"输血"为"造血"，实现可持续的自主发展，才能最终实现共同富裕。

（四）注重文明养成，突出生态价值

乡村之美，美在人文。长期以来，常口村把生态文明理念纳入村规民约，创新"创十星评十户"活动载体，增强了村民节约意识、环保意识、生态意识，形成了人人保护环境，助推乡村振兴的行动自觉。生态文明是人民群众共同参与共同建设共同享有的事业。推进生态文明建设，就是要把习近平生态文明思想转化为群众认同遵循的共同价值理念、共同行动指南，树立正确的生态价值观，形成共同推进生态文明建设的局面。

（五）注重党建引领，突出制度保障

常口村通过党员示范带动，把生态文明的理念深深根植于党员群众的心中，把保护和改善环境变成党员群众的共同责任，是建设生态美丽常口的关键。生态文明建设是系统工程，必须由党进行全面领导、总体设计、整体推进，充分发挥党组织统领全局的作用，才能在推进生态文明建设征程中凝聚起最广泛的群众力量。

（中共将乐县委办公室）

魏县：河北人口第一大县
成为扶贫样板

魏县位于河北省南部，隶属于邯郸市，是中国鸭梨之乡、全国绿化模范县、国家水利风景区、国家农村劳动力开发就业试点县，也曾是国家扶贫开发重点县。党的十八大以来，坚持以习近平新时代中国特色社会主义思想为指引，以脱贫攻坚统揽全县经济社会发展全局，把脱贫攻坚作为最大政治任务和民生工程，凝聚各方力量，打了一场以人民群众为主体的脱贫攻坚战。2018年9月29日，魏县正式退出贫困县序列。2019年10月，魏县荣获全国脱贫攻坚奖组织创新奖。

一、魏县基本情况

魏县位于河北省最南端、冀鲁豫交界处，隶属河北省邯郸市，总面积864平方千米，2020年总人口106万人，是河北省人口第一大县。地处华北平原腹地，地势开阔平缓，河流水系发达，是传统农业大县、著名鸭梨之乡。

县境南北长42.24千米，东西宽33.5千米，总面积864平方千米，占河北省总面积的2.2%。北与广平县接壤，西与成安县、临漳县毗邻，东与大名县相连，南与河南省内黄县、清丰县、南乐县、安阳县相望，是邯郸、安阳、聊城、濮阳4城市的几何中心。

魏县地处漳河和黄河水系改道冲淤而成的冲积扇平原上，漳河、卫河古老河道的变迁对魏县现代地表微地形的变化起着重要作用。县域地势开阔平缓，由西南向东北缓缓倾斜，海拔高度在45.5~58.5米之间，高低相差仅13米，地面域降为1/2300。人工开挖的渠道，主要有东风渠、跃进渠、高潮渠、丰收渠、民有渠等8条干支渠道，全长103.7千米。漳河于魏县西南境浦潭营流入，从中部向东横贯全境，经南北拐村流出，境内总长32.3千米。卫河魏县段是魏县与河南省清丰、南乐两县的界河，为梨乡水城水源之一。卫河横贯境域南端，由西部北善村南入境，沿军寨村南、北留固村南、第六店村南、南英封村东、礼教村东、南辛庄村东南、高堤村南，蜿蜒于魏县边界，由东部南辛庄出境，进入南乐县的元村镇北，境内长15.9千米。

魏县地处中原要冲，地势险要，历来为兵家必争之地，素有"三魏重镇""晋齐咽喉""燕、赵、吴、楚孔道"之称，一度成为魏国国都，后以国名命名县名，自西汉建县至今已有2210年。六国诸侯会盟遗址就在魏县西部北皋镇。战国时期，苏秦召集楚、齐、魏、赵、燕、韩六国诸侯，在此地歃血拜告天地，制定盟约，六国联合，合纵抗秦。推荐苏秦为纵约长，挂六国相印，使秦国15年之久未敢越函谷关。在绵延的历史长河中，魏县形成了独具特色的魏文化、梨文化等地域文化，至今仍传颂着"天仙女嫁杜郎""神龟驮城""天龙下凡"等民间传说。

"十三五"以来，魏县把"工业立县、人才兴魏"作为发展战略，把实现"县强民富、绿美水秀、城乡一体"的冀鲁豫三省交汇区域新兴中等城市作为发展目标，经过多年的努力，魏县经济结构进一步优化，综合实力实现了新的提升。2018年，魏县被国家农业农村部评为2018年全国农村一二三产业融合发展先导区创建县。目前已基本形成了以新型工业经济为支撑，现代农业和现代服务业蓬勃发展的产业体系。

二、"五个围绕"：精准扶贫，异地搬迁换新貌

造成魏县贫困的原因有多个方面，自然条件差，地处黑龙港流域，全县三分之一多的耕地位于苦水区；财政收入不足，农村基础设施欠账多；工业基础薄弱；因病致贫、因病返贫现象比较突出等。魏县在"十三五"期间，按照习近平总书记"易地扶贫搬迁要实现可持续发展"的指示，坚持顶层设计、科学选址；设施配套、功能完善；弘扬特色、传承文化；产业支撑、生态宜居的原则，将漳河河堤内4个乡镇、12个村庄，人口21288人（其中建档立卡贫困人口2770人），搬迁到6个新社区，成为改变搬迁群众世代命运的丰碑工程，脱贫攻坚任务圆满完成。

（一）围绕群众乐意搬：坚持规划引领，做好顶层设计

为让搬迁群众住进满意的新房，魏县从新社区的总体规划、安置社区的选址，再到设施的布局、各种户型的设计，坚持让群众全面参与，处处体现了以人为本、充分尊重群众意愿，工程一建成，就形成了竞相选房的生动局面。一是尊重群众风俗习惯，户型设计让群众满意。在社区安置房设计上，从县情出发，坚持"能集中不分散"的原则，充分考虑农民生产生活习惯，克服县级财力紧张的巨大压力，规划设计了具有江南水乡风格的连排庭院住宅，同时配建部分多层楼房，充分满足不同安置户的住房需求。每一次规划设计图样稿出来后，都组织群众代表征求意见，充分尊重搬迁群众的意愿。二是方便群众农业生产，工程选址让群众满意。坚持行洪避险、就近便利原则，将安置社区全部选定在距离迁出村平均不超过3千米的地方，使搬迁对象在入住新社区的同时，"离家不离乡"，保留了原有的生产生活方式，极大地缩短了生活磨合过渡期。每个安置点拟定选址后，都会听取群众的意见，群众满意了，才最终确定选址。三是提升群众生活品质，配套设施让群众满意。按照"一步到位"的原则，每个安置社区均同步配套建设了相应的基础设施和公共服务设施，道路、通信、供排水、供电、供气、供暖、污水处理等基础设施一应俱全，学校、老年公寓、卫生室、村民服务中心、超市等公共服务设施应有尽有，切实保障群众搬出后的生活品质实现质的提升。四是严格把握政策界限，努力打造放心工程。严格执行国家易地扶贫搬迁政策，严守搬迁对象精准的"界限"，既不扩大搬迁范围，也不降低搬迁条件，做到应搬尽搬。坚决杜绝超标准建设，严守贫困人口人均住房建设面积不超过25平方米的"标线"。对有条件、有外援、有较强装修意愿的搬迁群众，合理引导理性、务实装修，既不降低标准，也不吊高胃口，严守搬迁群众不因大额举债难脱贫的"底线"。全面梳理所有安置项目建设程序，查缺补漏，确保项目手续齐全、合法合规，着力建设优质放心工程。

（二）围绕工程建得好：坚持群策群力，凝聚工作合力

围绕把魏县易地扶贫搬迁项目建成质量过硬、群众满意的品质工程、百年工程，魏县按照"政府主导、部门承建、乡镇负责、群众自愿"的工程建设总体思路，突出"四个统筹"，在资金保障、行政推进、施工力量、质量监管方面做足文章，确保工程建得快，建得好。一是统筹资金保障，确保有钱干事。以"不增

加群众脱贫负担"为基本原则，坚持向解放思想要出路，明确将县城投公司确定为项目的实施主体，积极承接政策资金。为了加速推进项目实施，在县财政十分紧张的情况下，魏县多方筹措配套资金3亿多元，启动项目前期征地工作，同时积极争取上级资金支持，先后争取到位中央预算内资金0.02亿元，承接省平台资金4.17亿元，财政县级地方债券8亿元，地方整合自筹3.33亿元，群众自筹资金1.67亿元，有力保障了项目的顺利实施①。二是统筹行政力量，确保共同谋事。实行工程切块，采取并联推进机制，统筹行政力量，将配套设施和公共服务设施建设任务分解到各责任部门，由各责任部门对上争取资金并负责建设，教育部门负责学校建设，卫生部门负责卫生室建设，民政部门负责老年公寓建设，交通部门负责对外主干道建设，水利部门负责供水管网建设，电力部门负责电力线路建设，形成了部门齐上阵、合力快建设的局面，确保了搬迁安置工程整体高效率推进，高质量建设。三是统筹施工队伍，确保如期成事。主动介入进度落后的标段，通过调整建筑结构、增派施工力量、协调物料供应等措施，帮助解决了板材生产能力不足等突出问题。同时，通过县住建部门在全县建筑市场寻找施工人员、社区内已完工的标段与落后标段结成帮扶对子、动员劳务公司在社区内招募施工人员等办法，加强施工力量，工人轮班、机械不停，确保工程日夜兼程、快速推进。四是统筹质量监管，确保安全无事。为把社区建成优质放心安置社区，始终坚持把易地扶贫安置社区工程质量监管紧紧抓在手上，采取监理公司现场监理、住建部门驻场监管、群众代表参与监督的方式，对安置社区工程施工环境、工程进度、工程质量等全面加强监管，对住宅进行分户验收，验收一户交付一户，完成全部分户验收后出具工程竣工验收报告并备案，不仅保证了工程质量，而且赢得了群众对工程的认可。

（三）围绕旧村拆得清：坚持目标导向，激发动力活力

旧房拆除是易地扶贫搬迁的重中之重、难中之难，是打赢脱贫攻坚不可或缺的主要工作，魏县按照"领取钥匙搬迁后6个月内完成旧房拆除"的要求，制订全县拆旧复垦实施方案，明确各搬迁村完成拆旧复垦的时间节点，实行"党政领导全面抓、分管领导牵头抓、乡村干部包片包户抓"的工作机制，倒排工期，销号推进，有效推动了拆旧复垦工作的顺利开展。一是典型引领带头拆。对首批入

---

① 杜俊利，王德峰，郭海民，等. 魏县加快易地扶贫搬迁推进乡村振兴［EB/OL］.（2020 – 05 – 27）. http：//www. hdbs. cn/pcjd/p/57297. html.

住的沙口集乡李家口、段家庄村，采取"党员自己带头拆、村干部动员亲人带头拆、建档立卡贫困户带头拆"的"三个带头拆"工作机制，为其他群众树好榜样，营造了拆迁氛围。同时，让村里有威望的人作为群众代表充实到拆旧复垦工作小组中，以点带面，全力推进拆旧复垦工作。二是派工派劳帮助拆。为加快群众搬迁，社区成立劳务小组，对积极配合拆旧复垦工作的由物业派工、派车帮助搬运物品，促进拆旧工作开展。同时，对搬迁户需要处置变卖的树木、旧砖等物品帮助联系收购方，旧房由施工单位统一拆除，大大提高了拆旧复垦的效率。三是制定政策激励拆。划定时间节点，对积极配合拆除旧村房屋的群众，实行供暖补贴，2019 年冬季供暖费用减半，在减轻群众经济负担的同时，提高群众拆除旧村房的积极性。同时，坚持每周一小结，每月一大结，定期总结拆旧复垦工作，对工作进度较好的小组进行奖励，对没有进度或进度较小的小组提出批评，充分调动干部的工作积极性。

（四）围绕迁出稳得住：坚持先行先试，强化管理服务

"搬得出"只是开始，"稳得住"才是根本。为让搬迁群众尽快适应新环境、融入新社区，魏县研究制定了加强社区后续管理的系列文件，并在贺祥社区先行先试，为其他社区提供了可借鉴、可复制的经验。一是以党建引领社区治理。探索实行"党建 + 三治"模式，"党建"即：设立社区党总支，党总支书记由乡党委副书记兼任，党总支下设四个党支部，充分发挥党员干部的先锋模范作用。"三治"即：推进社区德治、法治、自治，组建社区居委会，吸纳原迁出村的村"两委"成员，将贺祥社区划分为 4 个区域进行网格化管理，每 2 名居委会成员管理 1 个网格，做到了事有人管、难有人帮、诉有人解。二是以规范引领物业管理。成立社区物业服务中心，组建专职管理队伍，全面接管环境卫生、绿化美化等工作，使社区管理得到了全面规范，打造了整洁有序、绿色宜居的生产生活环境。实行垃圾清理积分制，即保洁员定时上门收取垃圾时，通过扫描该户垃圾桶上的二维码完成该户垃圾清理积分，用户年底可使用积分兑换毛巾、洗衣粉等日用品，有效提升了群众规范清理生活垃圾的积极性。三是以文化引领群众明理。坚持以"住上好房子、过上好日子、养成好习惯、形成好风气"为目标，通过制定村规民约，制作宣传画、喷绘标语、树立宣传牌等多种方式，大力宣传社会核心价值观、扶贫政策、文明乡风等内容，引导搬迁群众树立健康文明新风尚。同时，设立图书室、村民活动室，组织留守群众成立了社区文艺队，利用社区大讲堂开展道德宣讲、手工艺培训、健康讲座等，丰富了群众精神文化生活，增强了

群众的归属感和满意度。

（五）围绕群众能致富：坚持"两区"同建，做实产业就业

"能致富"是推进易地扶贫搬迁的核心目标。围绕让搬迁群众能够通过搬迁实现致富，魏县坚持搬迁安置社区、产业园区"两区同建"，积极发展产业、帮助就业，使搬迁群众实现了有事做、能致富。一是家门口建起了微工厂。"扶贫微工厂"是魏县的脱贫攻坚的创新之举，曾被国扶办认定为产业就业扶贫典型案例在全国推广，并入选"脱贫攻坚100计"第1计。魏县将这一模式引入魏县易地扶贫搬迁工作，在安置社区配套建设"扶贫微工厂"，目前和顺社区、贺祥社区、户村社区、江庄社区已建成"扶贫微工厂"10座，入驻箱包、服装等项目，搬迁群众实现了"家门口就业"①。二是老产业走向了现代化。在每个安置社区因地制宜发展密植梨、蔬菜、香菇等农业园区，带动群众增收致富。其中，贺祥社区建成了盆植蔬菜大棚84座②，贫困户可资金入股并在大棚区内就业，既有分红又得报酬。同时利用社区周边万亩桃园的优势，每年4月份举办桃花旅游节，7月份举行鲜桃采摘节，年接待游客50余万人次③，进一步增加了居民收入。三是搬迁农民拥有了新职业。借助贺祥社区毗邻县经济开发区的优势，有针对性地组织搬迁群众参加免费技能培训，并制定优惠政策鼓励企业优先聘用搬迁群众，许多群众通过在县经济开发区企业务工，实现"一人就业，全家脱贫"。对于不能外出务工的半劳力，在每个安置社区都规划建设了商业网点、便民超市、集贸市场等设施，优先满足建档立卡贫困人口的租赁意愿，并设置了社区保洁员、治安巡逻员、绿化维护员等公益性岗位，优先聘用贫困户，增加群众工资性收入。

三、面向未来：新蓝图，新梦想，建设全域水网

进入新时代，魏县县委、县政府提出了一系列发展新愿景，开启了现代化建设新征程，描绘了"魏文化、水文章、强项目、美城乡"发展蓝图。巩固拓展脱

---

① 杜俊利，王德峰，郭海民，等. 魏县加快易地扶贫搬迁推进乡村振兴［EB/OL］. (2020 - 05 - 27). http：//www. hdbs. cn/pcjd/p/57297. html.

②③ 吴苗苗，袁龙，段姝杉. 河北魏县：跨过大堤奔小康［EB/OL］. (2020 - 08 - 30). https：//baijiahao. baidu. com/s?id = 1676421408680946757&wfr = spider&for = pc.

贫攻坚成果与乡村振兴有效衔接，推动特色产业可持续发展和农村一二三产业融合发展，建设东风渠生态走廊和漳河乡村振兴示范带。

魏县坚持以习近平新时代生态文明思想和"节水优先、空间均衡、系统治理、两手发力"①的新时期治水思路为指导，贯彻落实"创新、协调、绿色、开放、共享"五大发展理念，遵循"三生"（生产、生活、生态）融合理念，把握"三网"（水网、路网、林网）共建原则，实施河渠坑塘连通工程，实现地表水全覆盖，促进地下水超采综合治理，优化全县水资源配置，促进水资源可持续利用。

建立全域水网的总体思路是：先干渠、后支渠，以干带支连坑塘，实现输水成网、蓄水入塘、丰蓄枯用、冬蓄春用；水网加坑塘、村村联网、互联互通，构建水网、路网、林网"三网"体系；鉴于西南片区是地表水盲区和粮食主产区，地下水严重超采，群众利用地表水愿望迫切，为顺应民意，按照统筹兼顾、重点突破、示范带动、全面推进的原则，西南片区率先启动，其他片区随后跟进。

全域水网规划建设以东风渠、漳河为界，将全县划分为四大片区。恢复开挖干、支、斗渠道共416条，总长720.6千米；利用废弃砖窑场、起土坑，整修坑塘221处，新建水闸489座、桥涵1237座、提水泵站22座，形成旱能浇、涝能排、平时能蓄水的绕田绕村水网；沿渠道硬化道路236千米，绿化渠道342千米。水网建成后，单次调蓄水达到2311万立方米，新增和改善地表水覆盖面积64.5万亩，占总耕地面积的70%。通过渠道和坑塘蓄水自然下渗，有效回补地下水，改善水生态环境，逐步实现地下水采补平衡。

（肖金成根据实地考察和魏县提供的资料整理）

---

① 陈雷. 新时期治水兴水的科学指南——深入学习贯彻习近平总书记关于治水的重要论述［J］. 中国水利，2014（15）：1-3.

西畴：石漠化治理见成效
昔日穷山变富山

西畴县位于云南省东南部，文山壮族苗族自治州中部偏南，北回归线直穿县城横贯全境，全县总面积 1506 平方千米，常住人口 20 多万人。距州府所在地直线距离 46 千米，距省会城市昆明直线距离 265 千米。境内主要为岩溶峰丛溶蚀地形、侵蚀中山峡谷地形和侵蚀中低山地形三类。中山峡谷山势陡峻，切割强烈，相对高差 1100 米，大部分地区处于海拔 1100～1500 米，耕地零星分散，土层瘠薄，石漠化问题严重。

一、西畴县的光荣历史

西畴县是集"革命老区、民族地区、边疆地区、贫困地区、石漠化山区"为一体的国家级贫困县。由于地理位置特殊，西畴县是新中国成立后文山州经历战争时间最长的边疆地区之一，从 20 世纪 50 年代援越抗法、20 世纪 60 年代援越抗美，特别是 20 世纪 70 年代末至 90 年代初对越自卫还击和边境防御作战，西畴都处在支前参战的最前沿。因长期支前参战，西畴县错过了许多发展机遇，经济社会发展总体比较滞后。

西畴县在 20 世纪 50 年代曾有一个少数民族女县长侬惠莲闻名遐迩。1952 年，侬惠莲就出面组织戈木乡达嘎村的农民成立帮忙组，也就是后来全国普遍成立的互助组，解决了土改后翻身农民缺少农业生产资料的问题。1953 年，成立了文山地区第一个农业生产合作社，当年不仅实现了温饱，而且户户有余粮。1954 年 11 月，侬惠莲任西畴县副县长，1956 年任西畴县县长。

1955 年，毛泽东主席为《一个混乱的合作社整顿好了》一文写了按语，并将其收录于毛泽东主编的《中国农村的社会主义高潮》一书。按语指出："得不到党的领导，当然就要混乱，领导一加上去，混乱就会立刻停止"。几十年来，毛主席的批示鼓舞了一代又一代西畴县的领导和广大群众，加强党的领导，艰苦创业。

二、西畴精神：等不是办法，干才有希望

在未实施石漠化综合治理之前，1135 平方千米的岩溶地貌占土地面积的 75.4%；石漠化面积 1078 平方千米，占土地面积的 71.6%[1]，西畴县是文山州乃至滇桂黔片区受石漠化侵害最严重的地区之一，这里山大石头多、人多耕地少、水土流失严重，曾被澳大利亚地质专家称为"基本失去人类生存条件的地方"[2]。

面对顽石雄踞、土地贫瘠、环境恶劣的生存困境，坚韧朴实、勤劳淳朴的西畴人民，以"逢山开路、遇水搭桥"的坚毅勇气，"石漠压顶不弯腰、贫困面前不低头"的顽强精神，"把恶劣变优势、把差距当潜力"的执着信念，敢于砸开环境恶劣、思想贫困、经济落后的枷锁，众志成城向大山进发、向石漠亮剑、向贫困宣战，因地制宜植树造林护生态、搬开石旮旯要土地强产业、凿开顽石修公路活流通、掀开石窝窝建小水窖解水渴……打响了一场场气壮山河的脱贫攻坚战，创造了闻名遐迩的"苦熬不如苦干，等不是办法、干才有希望"的西畴精神，谱写了石漠化地区脱贫攻坚的新篇章，先后被《人民日报》、新华每日电讯、新华社等发文点赞，传播到祖国的大江南北，把西畴县建成统筹推进环境美（塑造既有青山绿水，又有净美人居的人间美景）、生活美（创造既有现代文明，又有田园诗意的乡村品质）、产业美（培育既有特色鲜明，又有新兴业态的富裕经济）、人文美（讲好既有乡愁古韵，又有乡风文明的时代故事）、治理美（既有党建引领，又有"三治"融合的乡村善治）的"五美"乡村，向着巩固脱贫攻坚成果和乡村振兴冲刺。

以蚌谷长箐、兴街三光石漠化片区为重点，大力实施生态修复、基础设施、土地整治、村庄美化、扶贫安居、产业发展等项目建设，推进陡坡地治理，建设高产稳产耕地，打造形成了全省"土地整治连片、产业设施配套、生态修复良好、村庄美好亮化、农民素质提升"的石漠化综合治理示范区，实现了"三个增加"，即：粮食产量增加：粮食总产量增长 22.07%，人均有粮由 2010 年的 367

---

①②　云南省发展和改革委员会农业经济处 . 发挥西畴精神，让石山披上绿衣——西畴县石漠化综合治理先进典型材料［EB/OL］.（2020－11－20）. http：//yndrc. yn. gov. cn/zdxmjs/56890.

千克增加到 2019 年的 492 千克；群众收入增加：农村常住居民人均可支配收入由 2010 年的 2416 元增加到 2019 年的 11400 元，年均增长 20%，同比增速全州第 2 位，全省第 13 位；生态效益增加：全县森林覆盖率从 20 世纪 90 年代初的 25% 提高到了 2019 年的 50.68%，建成省级生态乡（镇）9 个、州级生态文明村 51 个，瓦厂、香坪山入选"国家森林乡村"，体现了在保护中发展，在发展中保护的生态文明思想，真正实现了"生态效益增加、经济效益增加、社会效益增加"三赢目标[①]。

西畴县兴街镇江龙村 58 岁的乡村教师刘超仁退休后申请入党，帮助本村村民发展橘子种植，实现全村整体脱贫致富奔小康，2019 年荣获"全国离退休干部先进个人"称号，受到习近平总书记亲切接见。该村以自力更生建设脱贫奔小康示范村为起始点，以统筹整治"山、水、林、田、路、村"为突破口，大力推进石漠化综合治理，逐步探索出了一条石漠化综合治理之路，使全村的生态环境、村容村貌、群众生产生活条件都发生了巨大的变化。一条条水泥路进村入户；一片片茂密苍绿的山林覆盖了往日的荒坡秃岭；一座座砖房小楼错落有致；一股股清洌甘甜的泉水滋润了久旱的土地；一棵棵桔子树枝繁叶茂。昔日因"树木砍光、水土流光、姑娘跑光"而得名的三光村已变成"光荣脱贫、光彩夺目、光明前景"的新"三光"，获批国家石漠公园。江龙村的变迁，体现了"苦熬不如苦干，等不是办法、干才有希望"的西畴精神，是西畴县委、县政府推进"生态立县"战略的真实写照，用实践诠释了习近平总书记提出的"绿水青山就是金山银山"的"两山理论"。

三、西畴模式："六子"登科，综合治理

西畴县针对石漠化侵害导致水土流失的实际，积极采取石漠化综合治理与生态修复相结合，与农村能源建设相结合，与基础设施建设相结合，与产业发展相结合，与劳务输出相结合的措施，探索出了"山顶戴帽子、山腰系带子、山脚搭台子、平地铺毯子、入户建池子、村庄移位子"的"六子登科"的石漠化综合治理模式。

山顶"戴帽子"：对山头采取封山育林、植树造林、公益林保护等措施修复

---

① 云南省发展和改革委员会农业经济处. 发挥西畴精神，让石山披上绿衣——西畴县石漠化综合治理先进典型材料 [EB/OL]. (2020 – 11 – 20). http://yndrc.yn.gov.cn/zdxmjs/56890.

森林植被，搞好水土保持、改善生态环境，严禁一切乱开垦、滥砍伐等破坏生态环境的行为。累计完成造林 50 万亩，实施封山育林 87 万亩，实施退耕还林（草）17.42 万亩、公益林保护 61.32 万亩、天然商品林停伐保护 21.3 万亩，森林蓄积达 332.15 万立方米①。

山腰"系带子"：对山腰耕作条件较差的石旯旮地进行退耕还林，大力发展核桃、八角、油茶等特色经济林果，在加强生态环境建设的同时，通过发展生态产业促进农民增收。全县共发展生态产业 54.48 万亩，其中杉木用材林 25.22 万亩，经济林 28.42 万亩（其中核桃 16.3 万亩，八角 8 万亩，油茶 2 万亩，杨梅 0.5 万亩，其他经济林 1.62 万亩），林下经济 0.84 万亩，经济林木成了农民的"绿色银行"②。

山脚"搭台子"：对山脚坡度小于 25 度，有改造条件的缓坡地和石旯旮地，实施坡改梯和炸石造地，营造生物埂，修建灌沟渠、拦砂坝等设施，形成"保土、保水、保肥"三保台地，确保人均 1 亩以上的基本农田。累计治理小流域面积 186 平方千米，有效遏制了石漠化的蔓延。

平地"铺毯子"：对地势条件较为平坦的土地，加大中低产田地改造力度，改善水源条件，实施高产稳产农田建设工程，增加灌溉面积。采取土地流转、合作入股等方式集中发展附加值高的特色产业，确保群众稳步增收。实施中低产田地改造、土地整理 24.4 万亩，新增耕地 9046 亩，人均增加 0.4 亩③。

入户"建池子"：对群众依靠砍伐森林解决生活燃料的问题，坚持走源头治理路子，为群众建沼气池，同时实施节能改灶，安装太阳能；在饮水困难地区鼓励群众自建小水池，改善农民生产生活条件，巩固石漠化治理成果。全县累计建成沼气池 4.36 万口、小水窖 4.3 万余件，实现户均拥有 1 口沼气池和小水池④。

村庄"移位子"：对石漠化地区失去生存条件的农户实施易地搬迁，村庄向条件好的地方迁移，劳力向发达地区输出，缓解人口对生态环境的压力。同时，搞好群众的科技培训和劳务输出工作，使群众"搬得出，稳得住，能致富"，累计实施易地扶贫搬迁 2014 户，共 7866 人⑤。

西畴县石漠化综合治理模式，得到省委、省政府的充分肯定。2015 年 3 月 24 日和 2016 年 2 月 2 日，时任省长的陈豪两次到西畴县调研指出：西畴县实施石漠化治理的实践充分体现了"等不是办法、干才有希望"的西畴精神，值得全省各族干部群众学习，要继续加大扶持力度，努力把三光片区打造成全省乃至全

<hr>

①②③④⑤ 云南省发展和改革委员会农业经济处. 发挥西畴精神，让石山披上绿衣——西畴县石漠化综合治理先进典型材料 [EB/OL]. (2020-11-20). http://yndrc.yn.gov.cn/zdxmjs/56890.

国石漠化综合治理示范区。2017年11月15日，时任省长的阮成发到西畴调研，要求把石漠化综合治理与脱贫攻坚紧密结合起来，把三光片区项目打造成全省、全国的一个样板。2018年4月28日，滇桂黔石漠化片区区域发展与扶贫攻坚现场推进会在文山召开，西畴县三光片区作为现场参观点，水利部、国家林业和草原局领导充分肯定了西畴石漠化治理成效和经验。2020年8月，时任国务院扶贫办党组书记、主任刘永富到西畴县调研脱贫攻坚，要求把新时代"西畴精神"作为全国脱贫攻坚重大典型学习好弘扬好；2020年9月，国务院扶贫办第92期扶贫简报刊发《用"西畴精神"凝聚起决战贫困的伟大力量——云南西畴县石漠化贫困地区的奋斗实践》，把新时代"西畴精神"的脱贫攻坚经验推向全国。2020年9月，中共中央政治局常委、全国政协主席汪洋对新时代"西畴精神"作出重要批示：沧桑巨变是干出来的！要注意宣传好。2021年1月，中共中央政治局委员、国务院副总理胡春华到西畴调研巩固拓展脱贫攻坚成果。西畴县先后荣获"全国民族团结进步模范县""全国乡村治理试点县""全省脱贫攻坚先进集体"。"石漠荒山也能成为金山银山"的发展理念，在勤劳纯朴务实的西畴人民身上得到了充分验证。

（肖金成根据实地考察和西畴县提供的资料整理）

振兴村的华丽蝶变

振兴村，从一个曾经名不见经传的贫困山村，到如今"宜居、宜业、宜商、宜游"的一方沃土，包揽 20 多项国字号荣誉的全国乡村振兴典范，是什么让振兴村实现了如此华丽的"蝶变"？"转型，才能跳出传统的发展套路，才能农业强、农村美、农民富。"振兴人先知先悟，从地下挖煤转向地上"挖文化"，从"一煤独大"到多元支撑，一业兴到各业旺，经济发展由"黑"转"绿"，走出一条创新驱动、转型升级的新路子。

一、思路之变，乡村旧貌换新颜

振兴村地处山西省长治市上党区东南部老雄山脚下，原名关家村，村民生活在落差 100 米的山坡与山沟里，由于山高石头多，祖祖辈辈过着行路难、吃水难、上学难的苦日子，挖煤、卖煤是唯一的主导产业。改变千百年来的落后面貌，建设一处生态宜居的新家园，是世代村民的梦想。

要金山银山，也要绿水青山。为解决资源消耗强度大、能源利用率低、环境污染和生态破坏严重等突出问题，作为当地主要煤炭企业的振兴集团，主动转变增长方式、积极谋求多元发展，延伸煤炭产业链条，上马煤矸石砖制造和洗煤项目，实现能源的循环开发和清洁利用。同时，依托当地生态优势，发展观光农业和商贸物流。思路新，天地宽；方式变，成效显。转型发展、创新驱动，新的发展思路、新的增长方式，不仅使企业效益得到迅速提升，而且村集体经济也不断发展壮大，振兴村靠吃"资源饭"挖到第一桶金。以企兴村，兴企建村。2007年，振兴村拉开新农村建设的序幕，投资 8.5 亿元①，建设新村（包括振兴村和

---

① 张旭彪. 振兴村："不起眼"的小山村"凤凰涅槃"之路 [EB/OL]. (2021 – 03 – 24). http：//www. shanxi. gov. cn/yw/sxyw/202103/t20210324_896108_ewm. shtml?ivk_sa = 1023197a.

向阳村）。为确保农耕文明传承、传统民居保护和现代功能开发达到和谐统一，建设之初，村里就定下"三不"原则：对原有生态植被不破坏、对原有山水景观不改变、对原有古建遗迹不拆迁。3 年时间，村里新建别墅式住宅和单元楼 569 套，配套学校、卫生院、宾馆、超市、公园、广场、会堂等，全村 2000 多人从破旧的土房搬进窗明几净的新房①。

同时，村里实施山坡植绿、身边增绿、庭院披绿三大工程，规划建设"五个千亩"种植基地：千亩干果经济林种植、千亩道地药材种植、千亩小杂粮生产、千亩花卉培育和千亩有机蔬果种植，山坡绿化的同时也催生了绿色经济。走进振兴村，就如同走进一座美丽的花园，山上苍松滴翠，村内别墅林立，亭台楼阁点缀其间，古风神韵相映成趣。房屋依山而建，整齐划一又不失协调自然，村民脸上幸福的笑容，装点起美丽乡村五彩斑斓的生活。

"煤海虽广，总有尽时；赢得未来，唯在转型。"振兴人深谙此道。振兴村背倚大雄山，四周群山环绕，生态环境优渥，与天下都城隍、南宋五凤楼紧依紧邻，与河南红旗渠、壶关太行山大峡谷咫尺相望，自然风光独具风韵，当地还素有"王莽赶刘秀""马刨神泉、止渴救主"的汉文化传说，存有"马刨泉""翠岩寺"等遗迹，雄山书院至今流传着三阁老讲学传经、教化村民的故事，古韵深厚。

二、有山有水好风光，何不借景生财

依托得天独厚的自然资源、文化资源等优势，振兴村开始以"特"为先、以"文"为魂、以"旅"为径，从生态环境、民居建设、景点挖掘、文化传承等多方面入手，精心打造、匠心独运，发展振兴乡村旅游，开拓"新的可能性"。由此，煤炭为基、文化旅游为魂、现代高效农业为本的发展思路愈加清晰。

从 2010 年起，振兴村先后建起抗战主题广场、孝廉公园、花间堂、槐荫寺、农民艺术馆、工人文化宫、民俗山庄等人文景点，特别是 2019 年，初心园开园，内含党群生活馆、家风家训馆、百家姓馆、展览馆、村史馆等，成为文化教育新阵地。规划建设雄山观景台、蝶恋花海景区、秋千园、拓展训练基地、赛马场等休闲娱乐设施，修通 11.6 千米景区环山路，从山上远眺，美丽振兴尽收眼底。

---

① 张旭彪. 振兴村："不起眼"的小山村"凤凰涅槃"之路［EB/OL］. (2021 - 03 - 24). http：//www. shanxi. gov. cn/yw/sxyw/202103/t20210324_896108_ewm. shtml?ivk_sa = 1023197a.

与此同时，从丰富旅游产品和旅游营销策划出发，振兴村大型活动丰富多样、高潮迭起：从"春节嘉年华"到正月十五元宵灯会，从二月十五根祖文化艺术节到五月端午民歌大赛，从九九重阳金秋文化旅游节到国庆节文艺晚会，形成"季季有看头、长年不断线"的文化风景线。如今的振兴村，已然成为一处自然风光与人文景观相融合、文化内涵与经济产业共生的特色乡村旅游景区。

三、格局之变：多元发展，齐头并进

转型，是振兴的出路，也是振兴人不断破解发展瓶颈、培育经济新增长点坚持不懈的"功课"。2018 年，振兴小镇入选国家 4A 级旅游景区，随着人流、物流的聚集，振兴村紧扣乡村振兴主抓手，加紧产业发展战略布局，逐步形成多点支撑、多业并举、多元发展的产业发展格局。

旅工结合、旅商互促，经济发展活力足。借助振兴的品牌效应，发展农产品加工制造业，马刨泉矿泉水、上党振兴村酒、振兴村老陈醋等三大门类十余个品种的农产品销售火爆，年产值达到 2000 余万元；容纳 160 余家商户的上党印象一条街人气爆棚，成为网红打卡地；全村农家乐 70 余户、民俗酒店 6 处、民俗养生会所 9 处①，餐饮住宿生意红火。

人才学院聚焦人才培养，助力乡村振兴。围绕产业、人才、文化、生态等主题，太行乡村振兴人才学院整合多方资源，培育懂农业、爱农村、爱农民的"三农"工作队伍，成为全市、全省乡村振兴人才的摇篮。构建校企合作新模式，抢占产教融合新高地。围绕办一流乡村教育的目标，与长治职业技术学院合作，建成长治职业技术学院振兴分院，力争办成基础教育与职业教育相匹配、初等教育与高等教育相衔接、课堂教学与户外实践相融合、学生毕业与学生就业相同步，全市一流、全省领先、全国知名的教育名镇。

建设孵化基地，汇聚人才"聚宝盆"。振兴小镇全国创新创业孵化基地以人才创新基地、农民讲习所、党政培训园、振兴会堂、乡村旅游创业街及创新创业实训基地为六大方向，支持各类双创主体开办新企业、发展新技术、开发新产品、建立新模式、开拓新市场，为现代农业注入新要素、为产业兴旺增添新动能。

---

① 张旭彪. 振兴村："不起眼"的小山村"凤凰涅槃"之路［EB/OL］.（2021 - 03 - 24）. http：//www. shanxi. gov. cn/yw/sxyw/202103/t20210324_896108_ewm. shtml?ivk_sa = 1023197a.

建设康养中心，打造生态宜居胜地。高标准建设振兴康养中心，提供"医、康、养、护、乐"五位一体的康养服务，实施"互联网＋智慧医疗"信息技术，构建以振兴康养中心为主体的医联体大数据中心，让其成为集养身、养心、养性、养德、养老于一体的旅游度假首选目的地。

为了让振兴的百姓生活得更有质量、更有保障、更有尊严。在实现全村就地入城、就地就业、就地入学、就地就医、就地养老的基础上，建立了五大社会保障机制。

一是就业均等机制。社区内青壮年劳力全部就业，因病、因残不能就业的，全部纳入社保范围。

二是医疗保障机制。成立了村民医疗互助会，全区群众和在职员工全部参加了"福村宝"，累计报销人数 565 人次，报销总额 336 万元，解决了群众看病贵的难题①。

三是教育免费机制。凡在振兴学校就读的学生免校服费、免住宿费、补伙食费，考上大学的凭入学通知书报销学费。

四是养老保障机制。60 岁以上老人每人每年发放 1200 元养老金，并进行两次免费体检，每年举办重阳节敬老活动。

五是社会福利机制。实行了供暖、供水免费，用气、用电补助，并发放每人每年福利 5100 元，开通了振兴至上党区、长治市区的免费公交车。

近年来，振兴村依托振兴集团先后解决辖区内及周边村剩余劳动力 3000 余人，村民人均收入由 2007 年的 6500 元到现在增长了近 6 倍，达到 36900 元；由原来的一个小山村，兼并了 3 个自然村，流转 4 个村土地；人口由原来的 865 人增长了 10 倍，变为现在的 8900 人；职工由原来的 200 人到现在增长了 10 倍，达到 2000 人；职工人均收入增长了十五倍，达到 56900 元②。转型不停步，创新有活力，前进有动力。振兴村跳出农村看农村、跳出农业看农业，一个个高成长、高附加值，发展空间大、市场前景广的产业项目落地开花，为经济发展注入了新动能。

振兴的昨天，敢想敢干建新村。振兴的今天，先行先试创新区。振兴的明天，再接再厉谱新篇。乡村振兴战略，振兴村恰如其名，要在希望的田野上，创

---

① 冯毅松，成静. 长治市上党区振兴村：以"党建＋"为引领助力乡村振兴 [EB/OL]. (2021 - 08 - 13). http：//epaper. sxrb. com/shtml/sxjjrb/20210531/643386. shtml.

② 振兴村：与"乡村振兴"同名同姓 是荣光更是动力 [EB/OL]. (2019 - 01 - 06). https：//baijia-hao. baidu. com/s?id=1621892810229736465&wfr=spider&for=pc.

造美好生活的榜样；乡村振兴道路，振兴村正当其时，要在绿色发展中，建成乡村振兴的典范。今后，按照习近平总书记提出的实施乡村振兴战略"五个振兴"的要求。坚持党建＋教育＋旅游＋康养发展模式，守初心，担使命，学名村，赶强村，以奋斗者的姿态努力书写高质量绿色转型发展时代答卷。

（长治市振兴村办公室主任　荣石平）

蕉岭：寿乡好风光，
等你来"深呼吸"

梅州市蕉岭县位于广东省东北部，韩江上游，闽粤赣交界处，是世界长寿乡、全国绿化模范县、全国林业生态建设先进县，以高颜值、优环境、好空气、零雾霾连续两年获得全国"百佳深呼吸小城"称号，是名副其实的"洗肺天堂"。近年来，该县以"世界寿乡·富美蕉岭"为发展定位，依托寿乡丰富的自然资源和优美的人文环境，以习近平新时代中国特色社会主义思想为指导，将深呼吸小城"五高一低"评价指标分解纳入县城总体规划内容，进一步践行生态环保理念，推进全县环境综合整治，不断优化升级，夯实全域旅游发展根基，驱动健康产业发展，高质量打造"百佳深呼吸小城"升级版。

一、实行环境"微改造" 实现乡村提档升级

位于该县文福镇白湖村的羊岃自然村，最近凭借卡拉比—丘理论发展四十年国际会议一炮而红，自2018年12月15日完工以来，前往参观拍照的人络绎不绝，俨然跃身为该县"网红打卡村"。

走进文福镇白湖村羊岃自然村，一条宽阔的主村道向村内延伸，沿着村道往前走，两边的民居外立面已注入客家元素进行格调升级，村口公园、耕读园、福寿堂、力田草庐等人文景观逐一出现在眼前，古朴的建筑伫立在山水田野间，勾勒出一幅和谐清雅的乡村图景。

羊岽村的美丽蝶变是该县实行农村人居环境整治，打造生态宜居美丽乡村的一大缩影。在该县、镇、村三级联动下，文福镇以"三清三拆三整治"为行动载体，通过加快基础设施提档升级、精心打造人文节点等举措，实现村庄面貌焕然一新。"没想到我们的村庄可以变得这么美，很有特色，变化十分大。"当地村民丘伯激动地说，看到家门口变成了美丽的精品公园，感觉很自豪。

为全力打造"干净整洁、净美清新、生态宜居"的美丽寿乡，擦亮"百家深呼吸小城"名片，近年来，蕉岭县聚焦改善农村人居环境，以厚植生态优势为导向，重点开展"三清三拆三整治"，创新性地实行分级负责制，落实"县主体、镇实施、村落实"责任要求，抓好农村垃圾处理、生活污水处理、"厕所革命"、养殖污染整治、农业生产废弃物资源化利用等人居环境整治仗，推行乡村环境"微改造"，提升客家特色和精细化建设水平，实现乡村大变化。

目前，全县农村生活垃圾处理自然村覆盖率达 100%，有效处理率达 95% 以上，分类减量率达 35% 以上。2018 年以来，全县共完成"三清理"15006 处41217 吨，拆除危旧弃房、露天厕所茅房等 6094 间 148910 平方米，拆除乱搭乱建、违章建筑和非法违规广告、招牌等 1301 处 14415 平方米，建成卫生公厕 106个（含改造提升）①，极大改善了农村人居环境。同时，蕉岭涌现出九岭、石寨、龙潭、石湖等一大批主题式"高颜值乡村大观园"，令人赏心悦目。

二、筑牢生态屏障　守护碧水蓝天家园

在该县重要环境检测节点经常可以看到一个白色仪器，仪器最上方的风车轮迎风转动，轮下长方形的液晶显示屏上标着 PM2.5、PM10、湿度等数值。这是该县环保局用来检测风速和空气质量的空气质量自动检测仪。据统计，全县共有9 个空气质量自动检测仪，记录着全县一年的空气质量指数。蕉岭县环境空气质量长年保持在优良状况。据统计，2020 年 5 月～2021 年 9 月，蕉岭县空气质量总体保持良好水平，空气质量达标天数比例（优良率）为 100%②。

---

① 陈萍，邱珂娜，祝银清，等. 打造农村环境升级版 擦亮世界寿乡品牌［EB/OL］.（2019 – 02 –01）. http://www.yidianzixun.com/article/0LE0GjrW.

② 根据蕉岭县环境保护局官网公布的数据得到。

据悉，该县坚持以环境综合整治示范县重点项目建设为突破口，坚决打好、打赢污染防治攻坚战，集中力量解决突出生态环境问题，科学施策，精准施治，筑牢生态屏障，为突破百佳深呼吸小城创建"五高一低"硬指标保驾护航。

为守护好百姓的碧水蓝天，该县重拳出击打好环境硬仗，以改善环境空气质量为核心，扎实开展大气污染防治行动，打好高污染燃料锅炉整治、重点行业的脱硫脱硝，除尘治理。截至2020年，该县空气优良率为100%，空气质量综合指数为2.58①，全县空气质量在梅州市位居前列。

同时，为重现清水绿岸、鱼翔浅底景象，蕉岭着力打好碧水保卫战，坚持保好水与治差水并重，治污减排和生态扩容并重，流域综合整治与控制单元治理并重，加快工业农业生活污染源和水生态系统整治，重点抓好水污染防治百日攻坚战行动、跨界污染联防联治协作、河道综合整治、生猪污染整治等工作，加大污水治理力度，全力消除黑臭水体，保障饮用水安全。截至2019年，该县县级、镇级集中式饮用水源水质达标率100%，水环境质量在全市排名第2名。

三、优化城乡格局　打造"三宜"山水绿城

在巩固生态成效的基础上，该县加快城市扩容提质的步伐，统筹蕉城、长潭建设基础，有机结合山、水、人、文等积极因素，重点建设桂岭新区、长潭休闲区和石窟河"寿乡画廊"，完善核心商住圈和交通、教育、医疗、旅游等市政基础设施和公共服务设施，促进新区与景区功能完善、经济与服务功能互动，推动产城融合，致力将本县打造成具有区域影响力和吸引力的宜居宜业宜游的山水绿城，实现城在绿中、水在城中、人在景中。

"这是蕉岭最美的一条线路，只要一有空，我就会邀请家人和朋友来这里骑行、看景，深呼吸，也明显感觉到休闲的人群多了不少。"家住蕉岭县蕉城镇的郭女士告诉笔者，石窟河是蕉岭的母亲河，这条游线既可以看到滨水县城景观，还能一览美丽乡村和美丽田园，沿路配套的休闲节点和设施简便实用，很人性化。

郭女士口中的精品游线正是蕉岭全力优化城乡格局，提档寿乡魅力的"标杆"工程——"寿乡画廊"，亦是该县从"景点旅游"向"全域旅游"转变的一大表现，是打造山水绿城的"重头戏"。据了解，"寿乡画廊"作为蕉岭县2018年十大

---

① 梅州市蕉岭县环境保护局.2020年底，哪个县的空气质量最好？［EB/OL］.（2021 - 01 - 12）.http：//www.jiaoling.gov.cn/mzqlhbj/gkmlpt/content/2/2116/post_2116261.html#12196.

重点工程之一，总投资约 2.3 亿元。2018 年 5 月，蕉岭启动广东美丽乡村精品线路创建工作，依托石窟河沿线的山水脉络和秀美风光，建设总长 20 多千米①、串联三个镇六个村的"寿乡画廊"精品线路，致力打造一张汇聚美丽乡村、生态产业、农村改革、乡村治理及寿乡人文的精致名片，进一步激活乡村持续发展动力，推动农旅结合、一二三产业融合发展。

四、发展绿色经济　壮大"富硒长寿"品牌

在晚稻收割季，走进该县长潭镇白马村科诚家庭农场，经常能见到大米加工生产线满负荷运转的场景，工人们有的在运送稻谷、有的在碾米、有的在包装……一排排放得整整齐齐的包装大米等待出厂，准备销往全国各地。

"因为有富硒品牌支撑，大米产品的附加值提升了，也更能打开市场。"科诚家庭农场主介绍说。据悉，作为蕉岭"一粒米"产业现代化发展的典型，集约有 1300 多亩土地的科诚家庭农场早已声名远播，农场主林干松种的米也早已成为"桂岭硒米"的重要代言。"我主要种植有红米、黑米，大部分是香粘米，都是采用生态、绿色种植。现在，米也走向深圳等珠三角大市场。年产值大约 1300 多万元。"林干松对未来农业的发展满怀希望。

近年来，蕉岭县立足"富硒长寿"的品牌效应，以壮大长寿健康产业为重点，依托吴清平院士和广东省科学院、广东省微生物研究所、广州甘蔗糖业研究所等科研团队，因地制宜探索多元特色发展模式，大力开发一杯茶、一瓶水、一粒米、一棵笋、一瓶蜜"五个一"富硒长寿食品，通过建设长寿富硒食品认证检测中心、申报国家地理标志产品等，做优做强"富硒长寿"品牌，并融合观光农业、休闲度假和养生体验等业态，促进农旅融合发展。得益于绿色经济打造，寿乡蕉岭吸引了许多种植大户、新农人等涉农企业进驻，产业聚集效益更加明显。据统计，目前蕉岭县现有农业龙头企业 45 家，农民专业合作社 420 家，培育发展家庭农场 207 家。仅三圳镇 5 年来就吸引了 70 多家涉农企业落户。同时，长潭镇上合农业公园被评为"梅州市十佳休闲农业长寿体验基地"，长潭镇被评为"广东省休闲农业与乡村旅游示范镇"。

林海青翠欲滴，鸟儿啾啾作响；乡村田野诗画，黄发垂髫齐乐。走进蕉岭，

---

① 以国际盛会为媒　展富美寿乡风采 [EB/OL]. (2018 - 12 - 19). http：//epaper. southcn. com/nfdaily/html/2018 - 12/19/node_3. htm.

你会发现这个小城如世外桃源般宁静，一切都是那么的原生态。这里青山绿林连绵不断，全县活立木总蓄积 650 万立方米，森林覆盖率达 79.38%，是全国最绿的地区之一；这里蓝天白云随处可见，空气质量优良，负氧离子爆棚，一呼一吸都是满满的负离子，空气中负氧离子含量每立方厘米达 3000～8000 个，有的地方达每立方厘米 50000 个以上；这里生态优美，风光如画，既有"接天莲叶无穷碧，映日荷花别样红"的十里荷塘，亦有"形似巫峡，景似漓江"的长潭，如诗风光，如画美景，让人流连忘返。

（中共蕉岭县委宣传部）

深呼吸小城看巫山
生态富民舒画卷

　　巫山在春秋战国时期为楚国巫郡，秦汉改郡为巫县，距今 2293 年，幅员面积 2958 平方千米，辖 26 个乡镇（街道）、341 个村（居），总人口 65 万人。近年来，巫山县委、县政府确立了"生态立县"发展战略，牢固树立"绿水青山就是金山银山"理念，坚决不允许污染企业落地巫山，为建设深呼吸小城打下坚实基础。

一、基 本 县 情

　　基本县情可概括为"一户五县"。一户：地处三峡库区腹心，是渝东门户。五县：一是旅游强县。可观"一江碧水，两岸青山，三峡红叶，四季云雨，千年古镇，万年文明"，长江三峡、小三峡、小小三峡驰名中外，巫山红叶、神女峰、大昌古镇等享誉全国。二是文化名县。巴楚文化、神女文化和巫文化衍生交融，204 万年前的龙骨坡"巫山人"是最早的亚洲人类，5000 年前的大溪文化遗址是新石器文化的代表，珍稀文物千余件，居库区之首。三是资源富县。铁矿储量 3 亿吨，是重庆唯一的大型铁矿床，水能蕴藏量 37 万千瓦，风能、太阳能和特色农产品资源开发潜力巨大。四是移民大县。是重庆库区首淹首迁县，淹没陆地面积 49.3 平方千米，动迁移民 9 万人，其中外迁移民 3 万人。五是生态美县。地处长江三峡生态屏障核心区、渝东北生态涵养发展区，是全国文明县城、国家卫生县城、国家园林县城，国家生态文明示范区试点县和国家淡水资源战略储备基地，空气优良天数常年保持在 340 天以上。

二、生态富民的主要做法

一是以大生态引领大发展。始终坚持"共抓大保护，不搞大开发"，坚决打好污染物防治攻坚战，全面筑牢库区生态屏障。做好"水文章"，念好"山字经"，办好"红叶节"，练好"气字诀"，打好"文化牌"，加快建设山清水秀美丽之地。长江干流水质保持上游来水水质。

二是以大扶贫推动大振兴。坚持以脱贫攻坚统揽经济社会发展，助推乡村振兴。按照"六个精准"要求，全县整合各类资金 49.8 亿元，实现交通、饮水、通信、电力、环保等硬件全覆盖；教育、就业、保障等精准扶贫应扶尽扶。尤其是创新健康医疗扶贫模式，累计救助贫困患者 15857 人次，报销救助比率达 97.7%，为解决"看病难、看病贵"开出一剂良方，经验做法在全国推广。开全国先河探索实施整乡易地搬迁，累计搬迁 2.75 万人，全面消除危房。大力推进山羊、烤烟、脆李、中药材、柑橘、干果"1+3+2"特色农业规模化发展，经济作物比重达 65%。其中巫山脆李规模达 22 万亩，已实现初产 10 万亩，产值达 10 亿元，被评为"中华名果""全国优质李金奖"和重庆市十大农产品区域公用品牌。

三是以大旅游融合大产业。按照 3 个 5A 和一批 4A 景区的总体布局，着力提升小三峡·小小三峡 5A 景区功能，加快创建神女景区国家 5A、当阳大峡谷国家 4A，加快推进五里坡自然保护区申报世界自然遗产和龙骨坡"巫山人"遗址申报世界文化遗产，连续举办了 12 届长江三峡（巫山）国际红叶节和三届神女杯艺术电影周，着力打造"神女恋城·红叶巫山"旅游品牌。

四是以大交通促进大开放。实施以交通为主的基础设施提升行动计划，2025 年基本建成渝东门户综合交通枢纽和"水陆空铁"联运示范基地。巫山机场已于 2019 年正式通航，郑万高铁巫山段加快推进，巫大高速开工建设。着力"内畅"，畅通毛细血管。新改建四好农村公路 1500 余千米，行政村通畅 100%、撤并村通畅 100%。切实做好"大交通"促"大发展"这篇文章，1~2 月签约招商项目 40 个以上，签约资金 400 亿元，成功吸引一批实体企业来巫投资兴业。

五是以大家园共享大民生。依托两江四岸，持续推动高唐组团宜居、江东组团宜商、早阳组团宜业、南陵片区宜游，打造美丽山水滨江之城。建成一批特色小镇、最美乡村，推动城市与乡村各美其美、美美与共。一批民生实事顺利实施，群众获得感稳步提升。群众安全感指数保持在 90% 以上，2017 年，该县被中央综治委表彰为 2013～2016 年度全国平安建设先进县。

三、发挥品牌优势发展旅游业

2017 年、2018 年连续两年荣膺全国"百佳深呼吸小城"。这是对巫山好山好水好空气的认可，也是对巫山坚持生态优先、绿色发展，使绿水青山产生巨大的生态效益、经济效益和社会效益的高度肯定。两年来，巫山县发挥深呼吸小城品牌优势和旅游业综合带动作用，将"绿水青山"转化为"金山银山"。

深呼吸小城推动生态环境更美好。为持续巩固创建成果，完成生态红线划定，实施植被恢复、退耕还林、天然林保护等营造林 29 万亩，创面植绿恢复 32 处，全县林地保有量达到 585 万立方米。开展石漠化综合治理 183.2 平方千米、水土流失治理 79.5 平方千米。开展"绿盾 2017"自然保护区专项行动，4 个自然保护区得到有效保护。淘汰落后产能企业 5 家、黄标车 455 辆。完成油气污染治理 34 处。全面推行"河长制"，明确河长 407 人。完成县城污水处理厂提标改造和二期扩建，26 个乡镇（街道）实现污水处理设施全覆盖，县城、场镇生活污水集中处理率分别达 90%、75%，城镇饮用水源水质达标 100%。全县空气质量优良天数达标率从 2016 年的 93.5% 提高到 98.8%，空气负氧离子含量高，吸入颗粒浓度（PM10）低于 0.0653 毫克/立方米。

深呼吸小城推动产业结构更优化。参照全国"百佳深呼吸小城""五高一低"评价指标体系，精准施策促进经济转型发展。三次产业结构比从 2016 年 25.6∶32.6∶41.8 优化为 20.3∶32.8∶46.9。2018 年 1～9 月实现地区生产总值 96.93 亿元，增长 10.2%，增速在全市和渝东北分别排第 4 位和第 3 位，较上年同期分别提高 13 位和 1 位。旅游带动第三产业实现增加值 52.86 亿元，同比增长 12.2%。以建筑业为主的第二产业稳步发展，实现第二产业增加值 24.62 亿元，同比增长 10.4%。干混砂浆、环新建材等为代表的制造业投资增长 45.1%。以特色效益农业为主的第一产业持续发展。"1＋3＋2"特色效益农业发展势头较好，巫山脆李、巫山庙党持续走俏，2018 年实现烟叶收购 12.6 万担，烟农户均收入 6.87 万元。

深呼吸小城推动旅游发展更高效。借力"深呼吸小城"品牌，加快长江三峡黄金旅游目的地打造。神女景区水陆南环线对外开放，三峡院子、神女天路、黄岩索道、九龙索道、梦幻客栈、星月客栈陆续投用；水陆北环线加快打造核桃坪度假区、三峡风景眼等业态。提档升级小三峡·小小三峡景区，建成投用小三峡游客接待中心，培育罗家寨、"白龙过江""水下餐厅"等景观，高规格开发安静村旅游，加快形成水陆环线。持续丰富当阳大峡谷业态，平河度假村投用，九大瀑布群、峡谷漂流对外迎客。推进"一心四片三圈"乡村旅游建设，实施乡村旅游"个十百千万"工程，打造"三峡院子"乡村旅游总品牌，开发巫山烤鱼、巫山脆李、巫山神茶等旅游商品50余个。2018年全县接待海内外游客1598.8万人次，实现旅游综合收入64亿元，较2016年分别同比增长40.88%、44.42%。

深呼吸小城推动山区百姓更富裕。发挥深呼吸小城品牌引领作用，将生态资源优势转化为产业扶贫的后发优势。依托精品景区及旅游公路等配套基础设施建设，创造贫困户就业岗位3000余个。培育农家乐经营户达700余户，带动贫困户1000余户5000余人精准脱贫。开展乡村旅游培训100余场次，带动贫困户就业达700余人。打造"三峡院子"民宿、万亩茶园、红叶博览园等"三变改革"示范项目，吸纳原住民直接或间接参与经营或管理。全县25个镇街45个贫困村靠发展旅游业稳定脱贫，直接带动贫困户2400余户6000余人脱贫。

（中共巫山县委宣传部）

‖案例之十一‖

青山绿水深呼吸
壶关百姓写奇迹

自 2014 年以来，山西省长治市壶关县已连续五年荣获"百佳深呼吸小城"荣誉称号。近年来，壶关县委、县政府围绕原生态发展这一核心，提出了建设国家全域旅游示范区、绿色发展示范区的奋斗目标，围绕"绿水青山就是金山银山"理念，巩固"百佳深呼吸小城"创建工作，成立了由县委书记、县长牵头的领导小组，组成单位有旅游、国土、环保、林业、农业和畜牧等部门，下设深呼吸小城共建办公室，办公室主任由县常委、宣传部部长兼任，制定了创建方案，加大投入力度，营造浓厚氛围，带领全县人民以实施"四五战略"为契机，各项工作都得到了长足发展。

一、生态立县　美丽壶关没有"戾"气

壶关县位于太行山东南端，境内山大坡广，沟壑纵横，是一个典型的山区县。1978 年以来，历届壶关县委、县政府把大搞造林绿化作为改变壶关贫穷落后面貌的一项基础工程、治本工程、造福工程来抓，40 多年来领导有变更，绿化步不停，都念草木经，都行绿化令，取得了生态效益、经济效益和社会效益同步提高、协调发展的突出成效。壶关有林面积从 1978 年的 8.7 万亩发展到现在的 103 万亩，森林覆盖率从 7% 提高到 52.6%。林草覆盖率达 74.9%。负氧离子含量 35000 个/立方厘米①。先后获得"全国造林绿化先进县""全球生态 500 佳提名奖""全国生态建设示范区""全国森林防火先进县""全国文明县城""国

---

① 冯毅松. 壶关：40 余年造林"筑"起"绿色银行"［EB/OL］.（2019 - 06 - 02）. https：// baijiahao. baidu. com/s?id =1635180704723682283&wfr = spider&for = pc.

家卫生县城"、"国家园林县城"、"中国优秀生态旅游县"、"中国绿色名县"等荣誉称号。与此同时，突出县城建设，推进"青山绿地"、"蓝天碧水"工程，切实保护和改善城乡生态环境。修编完成了县城总体规划，建成竣工了神山公园循环路、环山路、树人街、宜景街等道路建设工程，铺开实施了旧城区改造、保障性住房、县城集中供热二期、神山公园等工程，高标准完成了县城"五化"工作任务和体育场改造工程，特别是建成了总投资近4亿元的双向六车道上党城镇群路网连接线工程，与长治市区至长安高速连接线连为一体，成为带动壶关经济发展、展示开放形象的重要纽带，县城框架进一步拉大、功能进一步完善、品位进一步提高，县城绿化覆盖率达到42.8%，人均绿地面积达到23.5平方米。此外，强化节能降耗工作，规模以上工业企业万元工业增加值综合能耗下降7.9%，二氧化硫排放量同比下降3.8%，化学需氧量排放量同比下降0.9%，县城环境空气质量二级以上天数达到358天。

二、一村一品　憨厚乡民摈弃"穷"气

壶关的特色是生态，核心是发展，关键是转变发展方式。正如壶关县委书记李全心所言，建设美丽乡村，不只看村子美不美，还看人气旺不旺、产业兴不兴。从"外在美"到"内涵美"、从"环境美"到"人文美"、从"产业美"到"生活美"，注重乡土味道，保留乡村风貌，坚持传承文化，发展特色经济，打造环境整治型、文化传承型、产业发展型"三型"美丽乡村。环境整治型。壶关县因村制宜、因点设计、注重品位、体现特色，立足既有条件，摒弃"千村一面"，涌现出像"七彩村庄"南平头坞村、"美丽宜居"刘寨村等一批环境整治型美丽乡村。目前，全县每村固定一处垃圾填埋场，每户配发一个垃圾桶，每300~500名村民设一个环境保洁员，实现"生活垃圾不落地、生产垃圾不过夜"。文化传承型。乡村之美，美在人文。因地制宜做好规划、制定标准，不搞大拆大建，以有文化、有品位、有审美的眼光去治理，避免农村"空心化"，实现天人合一、勾连古今，让人望山见水、乡愁可寄。"明清民居"芳岱村依托丰富的古建文化、悠久的农耕文化，坚持治理与弘扬历史文化、彰显古村特色相结合，就地取材、修旧如旧，还原原汁原味的田园风光、乡村风貌。"瓷器记忆"河西村，利用旧时生产的陶瓷缸、碗、盆残片，以及石碾、石磙、石柱、石槽，打造河西文化广场，并将出生于该村的"太行山上板画王"王雪山、"上党唢呐王"刘长有的画像、简介置于广场，为子孙后辈留存记忆，丰富"乡村精神家园"。产业发展型。

形成"一村一品、一村一业"模式，呈现出以"乡村旅游"大河村、"休闲农业"绍良村、"文化旅游"常平村等为代表的产业发展型美丽乡村，实现农业生产聚集、产业规模经营，农业产业链条不断延伸，产业带动效果明显，农民朋友的获得感和幸福感得到大幅提升。以"一村兴一品、一县创一业"为方向，培育特色村、专业村115个，初步形成了食用菌种植、蔬果种植、旱地西红柿种植、小杂粮种植等特色板块，探索出了一条龙头带基地、基地联农户、依靠规模经营增加农民收入的现代农业发展之路。紫团公司着力打造食用菌产业园，已建成大棚620座，日产食用菌4万斤[1]，市政府在该县召开"一村一品、一县一业"紫团模式现场会，推广壶关发展食用菌产业、带动农民增收的做法。郭氏食品公司投资6300万元，开发了8000吨系列速冻水饺项目，年可加工转化猪、羊20万头（只），被国家商务部授予"中华老字号"企业，成为全市首家获此殊荣的企业。九牛寨公司投资3000万元，上马了年产3000吨老酸奶生产线项目，新增销售收入3500万元，成为全市率先通过国家乳品行业验收企业[2]。生猪养殖进入全省前20名，被省政府确定为"一县一业"生猪养殖基地县。覆盖9个乡镇，面积达3万亩的旱地西红柿种植基地，亩均收入6000元，是种粮食作物的10倍多。目前该县规模农业龙头企业达到20个，农民专业合作社达到398个[3]，初步形成了优质玉米种植、旱地西红柿种植、食用菌种植、畜牧养殖、乡村旅游等优势特色产业板块。全县龙头企业规模进一步壮大，带动能力进一步增强，广大农民吃上了特色饭，走上了致富路。

三、壮美山水　生态资源变成"财"气

壶关生态优良，风光壮美。县境东南的太行山大峡谷绵延百里，景色奇异，是国家4A级景区、国家森林公园、国家地质公园、国家攀岩基地、中国最美十大峡谷，享有"世界奇峡，天然氧吧"的美誉。

---

①② 李青. 壶关：绿色生态成了"金饭碗"［EB/OL］.（2013 - 02 - 19）. http://www.sxjjb.cn/zz/jbsd/news32187.htm.

③ 王月红. 壶关县：农业转型跨越发展的"特色之路"［EB/OL］.（2012 - 04 - 12）. http://sxcz.wenming.cn/xqxx/201204/t20120412_206857.html.

（一）体制创新是生态旅游遥控器

太行山大峡谷自 20 世纪 90 年代开发建设以来，经历了从无到有、从小到大、从弱到强的发展历程，随着市场发展的变化，原十大景点八泉峡、青龙峡、红豆峡、黑龙潭、紫团山、女娲洞、万佛山、十八盘、阁老岭和羊肠坂呈现出管理混乱、恶性竞争、开发雷同、产品单一、缺乏核心竞争力的局面。为了彻底改变这一状况，2013 年，由壶关县旅游产业发展公司、常平钢铁公司、长治市旅游产业发展公司，共同组建山西太行山大峡谷旅游发展股份有限公司，出资 4.1 亿元协议买断了原 10 个景区和 3 个宾馆的投资经营权[①]，顺利完成了太行山大峡谷旅游资源整合，实现了"统一规划、统一管理、统一开发、统一经营、统一品牌"的"五统一"旅游新格局，全景区于 2013 年 5 月 1 日实现了"一票通"。2018 年景区综合收入达到 1.3 亿元。

为了保障资源整合后的太行山大峡谷有一良好的发展环境，2017 年，壶关县"1+3"旅游行政体制改革有序推进。4 月 16 日壶关县旅游体制机制改革相关事宜已通过县政府县长办公会进行了决议，壶关县于 5 月 12 日成立了全省首家旅游警察大队；6 月 28 日成立了全省首家旅游法庭；7 月 18 日壶关人民检察院大峡谷旅游检察室在太行山大峡谷挂牌成立；旅游工商分局正在积极筹备中。

（二）景区发展是生态旅游引爆器

2016 年 2 月壶关县被国家列为全国首批全域旅游创建示范区，为了加速壶关全域旅游创建速度，确立了以太行山大峡谷自然风光旅游区为龙头，按照旅游交通、游览、安全等八大项对景区软硬件进行升级完善，资源景观质量已经通过国家 5A 级评定组评审，"厕所革命"荣登国家旅游局红榜，第三卫生间"靓妆"现形，太行山大峡谷"厕所革命"被中央综合频道和中央新闻频道作为经验推介片对外报道；母婴室、环园广播、移动"医疗室"、应急救援、WIFI 覆盖、智能景区建设等设施一应俱全。太行山大峡谷成功实现了资源整合和景区体制改革，有效促进了壶关县旅游产业快速发展，由此餐饮、住宿、运输等行业获得了较快的发展，旅游收入不断提高。依托太行山大峡谷和太行欢乐谷两大旅游资源吸引

---

① 乔栋. 一个国家级贫困县的三次旅游改革 壶关如何闯关［EB/OL］. (2018 - 10 - 14). https：// baijiahao. baidu. com/s?id = 1614255769786273339&wfr = spider&for = pc.

的服务接待设施，主要分布于县城、太行山大峡谷旅游区及各乡村旅游点。截至2018 年底，大峡谷内旅游宾馆及酒店主要有：红豆宾馆、大河宾馆、钓鱼台宾馆等 12 家共有客房 546 间、床位 1344 张。农家乐 255 家，床位 6814 张；县城内旅游宾馆及酒店主要有：壶关宾馆、常平金秋宾馆、五湖宾馆等 9 家共有客房397 间、床位 826 张。旅行社（服务网点）共有 17 家，其中旅行社总社 3 家，分社 11 家，营业部 3 家。全县现有正式导游 130 余名。从此，壶关县由景点旅游模式逐步向全域旅游模式转变。

（三）乡村机构是生态旅游服务器

随着太行山大峡谷的蓬勃雄起，带动了壶关休闲农业与乡村旅游点快速发展，主要集中在太行山大峡谷旅游区和县城周边。太行山大峡谷景区周边农家宾馆特色村 350 多家，当地农民主要通过农家客栈餐馆经营，人均纯收入已由 500元增至 5000 元，70% 的群众依靠旅游业走上脱贫致富的路子。清新空气、郁郁青山、潺潺绿水，大山里历久沉淀的这些现代社会最为稀缺的元素，已然成为太行山大峡谷在创建国家 5A 级景区过程中的"金山银山"。如今，生活在太行山大峡谷的老百姓再不用走出大山外出打工了，他们在自己的家里"上班挣钱"，享受着碧水蓝天，住在如诗如画般的村落，村民们已成为大峡谷如画风景中的一部分了。集店乡、常平经济开发区、龙泉镇、五龙山乡、店上镇等县城周边乡镇主要发展以农业观光、采摘、休闲娱乐为主的乡村旅游。2020 年，全县共接待游客 327.82 万人次，总收入达到 27.41 亿元[①]。

（四）旅游项目是生态旅游助推器

为了加快全域旅游发展步伐，加速了品牌项目建设：新建了太行欢乐谷、凤凰山庄两个大型游乐项目，新开一条从西到东的铁路旅游专线，新开发万佛山、羊肠坂、黄崖底、五里沟、仙居村等十多条徒步生态科考出游线路；提档升级县城，建设沿线美丽乡村，110 个美丽乡村和 500 余个农家乐初具规模；县城建设了东山远望塔旅游园与西山高望阁美术馆文化园。特别是对太行山大峡谷进行5A 级景区升级打造，形成公路与铁路互通，旅游区与农家乐互补，休闲度假与旅游观光一体的"两谷（太行大峡谷与太行欢乐谷）""两带（公路旅游带与铁

---

① 李杰. 壶关县政府工作报告［Z］. 2021.

路旅游带)""两园（东山旅游园与西山文化园)"全域旅游大格局。

如今农田变花园、二产变三产、黑色变彩色、农房变客房、产品变商品和"绿水青山就是金山银山"的发展目标正在成为现实。一个山绿、天蓝，河清、城美的古老壶关，如出水芙蓉一般，卓立在世人面前，深呼吸小城典范的美誉，更以其风情万种，在800里广袤太行大地创造了又一个"太行奇迹"!

（壶关县文旅局）

|| 案例之十二 ||

两当：坚持绿色发展
实现生态脱贫

　　两当县位于甘肃省东南部，地处陕、甘、川三省交界的秦岭山区，自古以来就有"秦陇之捍蔽，巴蜀之襟喉"之称。嘉陵江自东北向西南横贯全境，属长江上游嘉陵江水系和汉江水系。森林覆盖率和林木绿化率分别达 73% 和 84%，名列甘肃省第一、全国前列，县域面积 1408 平方千米。先后荣获全国绿化模范县、中国绿色名县、全国园林县城、全国文明县城、国家卫生县城、全国休闲农业与乡村旅游示范县、第二批国家生态文明建设示范县、中国百佳深呼吸小城、中国候鸟旅居县等多张县域名片。

一、践行"两山理论"，破解贫困难题

　　2018 年两当县成功退出贫困县序列，成为甘肃首批、陇南第一个摘帽退出的贫困县。全县 48 个贫困村、3350 户 1.32 万贫困人口稳定脱贫，脱贫攻坚圆满收官。近年来，两当县以"百佳深呼吸小城"和"全国低碳国土实验区"为契机，深入贯彻党的十九大精神和省市关于生态文明建设决策部署，自觉践行五大发展理念和"两山"理论，遵循高质量发展要求，把绿色发展理念贯穿于经济社会发展全过程，生态资源优势逐步转化为生态产业优势，有力推动经济社会可持续发展。坚持"有所为有所不为，扬长避短，后发赶超"的发展理念，着力推进绿色屏障、绿色经济、绿色家园、绿色制度、绿色文明建设，在青山绿水中，精准破解贫困难题，激发内生动力，实现"生态美"和"百姓富"共生，"生态脱贫"渐入佳境。在推进生态扶贫过程中，陇南市力推"大扶贫"和"大生态"战略相互融合，相互促进，把"生态文明要快速推进"作为全市脱贫攻坚之后第二位的工作来抓，确立了"把陇南建成长江上游重要生态安

全屏障"的发展目标，不追求"带血的GDP""污染的GDP"，走出了一条差异竞争、特色取胜，繁荣经济与保护生态融合互动、为民富民与强市兴市统筹推进的发展新路子。

二、农业特色产业提质增效

坚持绿色有机的特色产业发展方向，加大农业产业结构调整力度，全力构建生态农业生产和服务体系。充分发挥生态资源优势，培育发展"三养一育"富民产业，持续扩大绿色无公害农业种植面积，创建特色农优品牌。以打造资源节约型和循环型产业体系为导向，更加注重资源节约和环境保护，在能源消耗、水资源消耗、土地集约利用等方面持续降低单位资源消耗水平。研究出台特色产业发展奖补政策，扶持群众大力发展"两主四辅""三养一育"农业特色产业。全县发展食用菌490万袋、中药材7.5万亩、中蜂养殖6.1万箱、生态放养鸡117万羽，实现核桃、食用菌、中华蜂、生态鸡、中药材、珍稀苗木等特色产业适宜区全覆盖，成功争创全国优质核桃基地重点县、全省中药材种植大县和全省食用菌产业示范县等国家和省级牌子。

三、传统工业转型升级

以发展绿色环保产业为重点，加快推进农产品加工、矿产资源开发、水电产业等转型升级，工业经济实现稳定增长。引导工业企业实施技术改造、工程减排、结构减排、管理减排，积极开展淘汰落后产能工作，先后关闭高耗能小企业3户，淘汰落后生产线3条。金润玉石业有限公司大理石开采加工技术改造项目建成投用，绿色矿山建设项目即将开工建设。会成矿业利用采矿废石料加工建筑建材，历年堆积的采矿废弃物基本清除。积极培育和发展农产品加工业，建成年产300吨全自动蜂蜜生产线、年产500吨食用菌干品全自动生产线、年产500吨核桃干果全自动包装生产线各一条，农业产业化步伐不断加快。

四、文化产业蓬勃发展

放大两当生态环境优势，加快深呼吸国际慢城和全域旅游示范县创建步伐，按照"红绿结合、以红带绿、以绿托红"的思路，打造"两当兵变"国家4A级红色旅游景区、云屏三峡国家4A级旅游景区、灵官峡张果老登真洞景区、张家黑河森林公园、花园县城5大景区。举办了"红色福地·旅游胜地"纪念两当兵变86周年文化旅游宣传推介活动、"红色记忆·生态之旅"旅游推介会和"绚丽红叶醉两当·问道太极康养地"系列活动，连续五年跻身"中国百佳深呼吸小城榜"。旅游文化产业已逐步成为富民活县的支柱产业。近年来，两当县立足资源优势，把旅游产业作为富民活县、推动转型发展的重点工作来抓，举全县之力，做大做强红色旅游和生态旅游两大品牌，大力发展乡村旅游，扎实推进旅游扶贫，逐步探索出了一条从"扶贫"到"富民"再到"强县"三位一体，从"农家乐"到"乡村旅游"再到"乡村度假"华丽转身的乡村旅游共享发展之路。同时，依托绿水青山、田园风光、乡土民俗资源，结合全域旅游和国际慢城创建，统筹美丽乡村建设与乡村旅游发展，高点布局、彰显特色、融合推进，开发生态观光、养生休闲、农耕体验、文化传承等多种类型乡村旅游。创建了两当兵变、云屏景区2个4A级景区、鱼池乔河3A级景区和杨店陈沟、太阳火神庙2个2A级景区，发展农家乐、农家客栈143家。数据显示，2016～2020年，两当县共接待游客590万人次，实现旅游收入25.36亿元。连续5年位居中国百佳深呼吸小城前十名，争创为首批"美丽中国·深呼吸小城高质量发展实验区"、全省首批全域旅游示范县。从守护、保护、呵护生态，到如今的生态逐渐转化为发展的红利，转变为百姓幸福的笑颜，在这背后，是两当县坚持可持续发展战略，保护自然资源，注重人地关系协调和谐，大力推进绿色发展的结果。

五、商贸物流业不断拓展

新建改建6处乡镇农贸市场，新发展农村超市115家，实现县域全覆盖。培育物流企业14家，建成畅通西安、宝鸡、汉中、四川等地区的物流通道。整合万村千乡市场工程商品配送，邮政速递实现县域全覆盖，其他快递公司设立乡镇末端网点6处，初步形成了县有配送中心、乡村有配送站点的配送网络，有效解决了物流"最后一公里"问题。"十三五"期间，累积实现电子商务销售额 5.46 亿元，积极打造"互联网＋"新型农业发展新业态。随着特色林果进入盛果期和农产品电商的迅猛发展，绿色生态富民产业已为越来越多的贫困群众带来更多收益，为两当人实现脱贫致富目标提供有力支撑。

六、创新举措助推全域旅游

坚持全域规划、全业融合、全景覆盖，以旅游规划为统揽，推动旅游与文化、体育、农牧、商贸等融合发展，构建以县城为核心的环城精品旅游圈。全面落实河长制、路长制等工作制度，依托全县沿河沿线景观带，开发"森林、河边、田间"生态景区，建设生态景观廊道，串联县域景区，构建县城、乡村、田园、景区交相辉映的全域旅游格局。加快重大旅游交通干线建设，实施干道绿化、亮化、美化提质改造工程，开通主要旅游景区运输专线，完善旅游易通服务体系。在"住"的方面形成以"星级酒店为主体，商务、快捷、农家乐客栈为补充"的旅游酒店接待体系，在"吃"的方面形成一批叫得响的特色美食，在"购"的方面重点发展以蜂蜜系列产品为主、以玫瑰和牡丹系列产品为辅的营养保健品，在"娱"的方面打造了品牌文化娱乐项目。实施厕所改造工程，力争全县所有旅游景区、旅游交通沿线、旅游集散地旅游公厕全部达标。打造一批精品项目，集中力量引进建设一批高端休闲旅游综合体项目，大力提升全县现有 3 个 A 级景区旅游项目的档次品位，进一步加快张家黑河、张果老登真洞国家 3A 级旅游景区创建步伐。打造一批文旅融合项目，通过举办樱花节、秋季赏红叶等活动，带动提升游客服务中心、停车场、博物馆等功能设施。打造一批乡旅融合项目，大力发展旅游特色村、农家乐、乡村民宿等。打造一批农旅融合项目，扎实推进生态循环农业、观光休闲农业、中蜂标准化养殖等特色农业基地建设。打造一批体旅融合项目，探索开发徒步、登山、探险、户外骑行等旅游产品，积极举办山地自行车赛、钓鱼比赛、徒步登山等赛事。打造一批养旅融合项目，建设中医康体养生保健基地，打造省内外知名的养生养老旅游目的地。打造一批城旅融合项目，规划建设城区绿道、街头游园、健身广场，建设主题文化酒店，打造旅游购物、旅游餐饮美食街。聚焦利益联结，深入实施"旅游＋扶贫"行动，探索以村为单位组建旅游专业合作社、旅游企业，加强景区周边、沿线村开发建设，引导群众将资金、土地、林地、房屋等资源入股旅游公司或合作社，参与旅游开发。融合管理部门、行业协会、旅游企业、社区居民、媒介等各方力量，构建旅游营销组织体系。精心策划两当旅游形象品牌、主题口号，制作两当旅游形象宣传片，打造节会赛事活动品牌。按照"提升周边、巩固省内，主攻陕川、拓展入境"的目标定位，细分目标市场，推出个性化的旅游产品，策划主题营销活动。加强景区的智能化管理，做好智能导游、电子讲解、在线预订、信息推送等服务，支持旅游实体与大型旅游网站合作营销，实现网上订房、订餐、订购。

（两当县文旅局）

创新引领　苦干实干　打赢脱贫攻坚战

——长白朝鲜族自治县脱贫攻坚纪实

脱贫攻坚工作开展以来，吉林省长白县在"实"字上下功夫，出实招、用实力、压实责、求实效，坚持以实干为基，以创新为魂，不断探索扶贫工作新思路、新方法、新模式、新途径，勇于变革、力求突破，切实增强内生动力和发展活力，脱贫攻坚工作取得了较好成效。经过三年的攻坚克难、苦干实干，全县已于 2019 年 3 月顺利通过脱贫验收，4 月 28 日，吉林省人民政府正式批复长白县退出省定贫困县序列，脱贫攻坚圆满收官。

一、创建新机制，强化人员力量

始终把脱贫攻坚作为压倒一切的头等大事，积极构建县乡村三级统筹协调推进机制，着力破解人员紧缺瓶颈，坚持选硬人、硬选人，全力以赴，尽锐出战。在县级层面，明确 2 名县委常委分管扶贫工作，其中 1 名兼任县扶贫办主任专门负责扶贫工作。选派 5 名熟悉农村、经济工作的乡科级干部担任副主任，抽调 18 名后备干部充实到扶贫办工作，县扶贫办领导班子配到 1 正 8 副，专职干部队伍壮大到 30 人。在乡镇层面，全县 8 个乡镇分别由 1 名县委常委牵头组成包保工作组并担任组长，每个工作组配备 1 名扶贫办副主任协助工作联络和业务沟通。每个乡镇各指定 1 名副职干部和 3 名扶贫工作人员与原岗位脱钩，专职负责扶贫工作，乡镇扶贫队伍扩大到 32 人。在村级层面，在省市部门包保的基础上，为所有村派出专门包村工作队，做到派驻队伍全覆盖。县直包保部门由"一把手"担任第一责任人，选派 1 名副职干部作为驻村工作队队长，选派 3 名以上后备干部作为包村队员，驻村工作队扩大到 315 人。

二、树立新理念，激发攻坚热情

坚持把脱贫攻坚工作作为头等大事，努力营造"以扶贫为主、给扶贫让路、借扶贫发力"的工作氛围，切实坚定全县上下扶贫决心。为打造一支真干事、能干事、干成事的扶贫队伍，长白县向全县党员干部发出了牢牢把握"十个带着"、人人争做"五心干部"的动员令。先后召开动员部署、推进落实、誓师大会，要求各级干部带着荣誉、责任、感情、项目、资金、办法、目标、压力、使命、决心务实高效地推进脱贫攻坚工作，争做了解情况、服务群众、会算细账、科学指导、有始有终的细心、暖心、有心、贴心、耐心干部。深入开展"从我做起、向我看齐、对我监督"活动，一级做给一级看，一级带着一级干，全县上下齐动员，充分调动广大党员干部积极性、主动性、创造性，不断激发干事创业热情。加强对扶贫干部队伍的培养、选任、监督、考核力度，把脱贫攻坚实绩作为选拔任用干部的重要依据，先后有 151 名干部因扶贫成效突出得到提拔重用，占同时期提拔交流干部总数的 53.36%。

三、活化新方法，夯实工作基础

将现代科技手段引入到扶贫工作中，投入 36.58 万元，在全省范围内首建"精准识别云平台"，为 300 余名扶贫帮扶干部配备信息采集终端[①]，逐村逐户实景拍摄和录入贫困户居住条件、健康情况等各类信息，图文并茂反映真实情况，为进一步开展各项工作提供了详实的一手资料，避免识别工作上出现弄虚作假现象。通过多轮识别和动态调整，共剔除虚假贫困户 437 户，共 688 人，确认贫困人口 1081 户，共 1692 人，识别覆盖率和精准识别率均达到 100%[②]。切实保证帮扶成效，要求包保乡镇常委每个月做到扶贫"四个一"，至少开展一次调研、一次督查，听取一次工作汇报，向县委书记、县长汇报一次包保情况。深入开展抓党建促脱贫"支部联建"活动，累计投入资金 3307 万元，实施帮扶项目 65 个，不断增强"造血"能力。开展"结亲交友"活动，教育引导党员干部从思想和

---

①② 刘宝杰，郭小宇. 实干为基 创新为魂 全力打赢脱贫攻坚战——长白朝鲜族自治县脱贫攻坚成就综述［EB/OL］.（2020 - 05 - 06）. http：//www. jlncb. cn/jlncb/pc/paper/c/202005/06/content_65684. html.

感情深处真正把群众当亲人，进一步密切党群、干群关系，夯实脱贫根基。

四、探索新模式，实现提质增效

推行"四级联动"，统筹县、镇、村、户四级包保力量协同作战，一级抓一级，实施定对象、定政策、定措施、定责任、定目标的"五定"帮扶责任制，由县扶贫办牵头，纪委、组织部等部门参与组成巡察组，开展不间断反复指导、巡视和抽查，做到督查全覆盖，不留死角、不留空白，及时发现问题，及时进行通报，及时指导纠正。指导乡镇、村建立长效督查机制，定期开展督查"回头看"，持续传导工作压力。积极与省、市帮扶部门和对口帮扶地区吉林市开展对接，形成了协调一致、同心共进的强大合力，几年来，共投入帮扶资金3627万元，建设项目29个，有力地推动了全县脱贫攻坚工作进程。省、市、县三级驻村干部出勤率达100%，先后开展各类专项巡查50余次，通报26次。创新实施"五个一工程"，要求扶贫干部人手一本扶贫日记，每个贫困户有一个参与项目、有一本收入台账、有一张情况清单，全县有一套统一的考核办法，确保帮扶措施可追溯、可查询、可评价、可问责，切实提升了工作质量，增强了工作实效。

五、推行新举措，增进民生福祉

长白县始终将脱贫攻坚作为第一民生工程，围绕多角度、全方位脱贫目标，进一步细化工作任务，聚焦"水、电、路、房、学、医、保、业"等重点领域，整合各类资金，不断加大投入，全力打通脱贫攻坚"最后一公里"。推动停工多年的长松岭隧道竣工通车，建设和改造国边防公路、农村公路171千米，行政村屯道路硬化率达100%。建设各类水利项目141个，实现农村人口安全饮水全覆盖。完成12个中心村电网改造，县城和乡镇驻地供电可靠率达99.7%。改造完成危房515户，彻底消除贫困户危房①。创建"鸭绿江爱心助学基金"，筹集捐款242万元。开展医疗"四定"工程，切实保障农村基本医疗。将农村低保标准提高至3720元，实现了"两线合一"。充分发挥旅游、特产等产业带富能力，实

---

① 王天武. 脱贫攻坚书记当先锋——吉林省长白县委书记宋钦炜带领干部群众打赢脱贫攻坚战 [EB/OL]. (2018－11－08). https：//www. xyshjj. cn/newspaper－2018－11－8－9－5101900. html.

现贫困户参与产业、分享收益、脱贫致富。实施城市景区化建设工程，推广"千家万铺"特色民宿，建设采摘园、度假村，积极培育天池食客、圣山阿里郎等扶贫产业品牌。重点发展光伏产业，18毫瓦光伏扶贫项目实现并网发电，预计年收益达1130万元，贫困户人均可分红3000元以上，稳稳托住收入底线。三年来，共实施基础设施和产业项目170个，累计投入资金9.98亿元，农村基础设施全面改善，产业结构持续优化，生产生活水平不断提升。

六、培育新载体，筑牢脱贫根基

围绕实现高质量脱贫、有效防止返贫的目标，不断丰富脱贫载体，巩固提升脱贫实效。开展"我脱贫、我光荣"活动，对脱贫户进行奖励并颁发脱贫光荣证，激发脱贫内生动力，共评选出脱贫光荣户118户175人，让全县广大贫困户"学有榜样、行有示范、赶有目标"。开展脱贫攻坚有奖知识竞赛100余场，切实提高群众对精准扶贫的知晓率，加快补齐贫困群众"精神短板"，让贫困群众想干、敢干、能干、会干，靠自己的辛勤劳动改变贫穷落后面貌。通过教育引导、树立典型和政策激励，改变贫困群众的精神状态，引导贫困户变"要我脱贫"为"我要脱贫"，发挥好脱贫主体的主动性、积极性和创造性。拍摄扶贫微电影《在那高高的山岗上》《扶贫成效纪实片》，制作扶贫宣传片，建设扶贫展厅，举办典型事迹图片展，充分利用各种媒体进行大力宣传，营造了全社会广泛关注、参与脱贫攻坚的浓厚氛围。创新并推广爱心超市扶贫模式，在全县范围创办爱心超市75家，利用积分激励模式充分调动村民参与集体村务、学习培训、环境整治、弘扬美德等活动的积极性，切实把脱贫攻坚工作与乡村振兴、环境整治、基层党建相结合，努力探索乡村振兴的长白之路。

（中共长白县委宣传部）

‖案例之十四‖

发展全域旅游，助力脱贫攻坚

地处河南省西部的卢氏县，曾受制于交通等瓶颈，厚重的历史文化、优美的自然风光，一直藏于深山。近年来，卢氏县委、县政府坚持把资源优势转化为产业优势，不断加大投入，挖掘潜力，大力发展文化旅游产业，助力脱贫攻坚、乡村振兴。2020年，卢氏县先后荣获"中国最具特色生态旅游名县""中国文旅融合发展优秀县""2020中原文旅融合突出贡献奖"等荣誉称号。成功举办2020卢氏"百佳深呼吸小城"、第三届越野精英挑战赛等一系列特色活动，"自由山水·清清卢氏"旅游品牌持续叫响。依托深呼吸小城这一核心优势，卢氏县不断加快全域旅游创建步伐，卢氏旅游影响力显著提升，"自由山水·清清卢氏"旅游品牌逐步叫响。2020年，卢氏县累积接待游客815万人次，同比增长2.8%，旅游总收入28.7亿元，同比增长3.3%①。

一、坚持政府主导，形成部门合力

县委、县政府高度重视旅游产业发展助力脱贫攻坚工作，成立了由县长任组长，一名县委常委任常务副组长，分管副县长任副组长，相关职能部门为成员单位的全域旅游工作领导小组。领导小组定期、不定期召开会议，全面研究指导部署卢氏县的全域旅游创建工作，领导小组逐年下发年度创建工作考核细则，将旅游扶贫任务分解到各乡镇和各相关部门，充分调动各乡镇及相关部门发展旅游产业助推脱贫攻坚的积极性。形成了全域旅游全民共建氛围。同时，县委县政府制定出台了《卢氏县加快酒店服务业发展扶持政策暂行办法》《卢氏县鼓励支持总部企业发展的暂行办法》《卢氏县招商引资优惠政策暂行办法》《卢氏县企业研

---

① 张晓燕．卢氏县政府工作报告［Z］．2021．

发投入财政奖补办法》等一系列支持旅游业发展的相关优惠政策，吸引各地客商来卢投资创业。

二、注重规划引领，强化项目支撑

先后完成《全县旅游业发展总体规划》《全县乡村旅游发展规划》《卢氏县全域旅游发展规划》《卢氏县文峪乡庙沟村乡村旅游总体规划》《卢氏县狮子坪乡旅游发展规划》《卢氏县官坡镇旅游发展规划》《卢氏县范里镇旅游发展规划》等一批特色规划的编制和评审工作。《汤河乡特色风情小镇建设项目实施方案》《汤河乡高沟口村竹林会建设项目实施方案》《卢氏县梅花温泉生态小镇项目策划暨总体规划》《卢氏县瓦窑沟乡代柏村旅游项目实施方案》《卢氏县冠云山景区道路景观设计工程建设项目实施方案》《卢氏县官坡镇旅游公厕建设工程实施方案》等一批重点项目实施方案也先后通过专家审议，逐步进入实施程序，卢氏县乡村旅游建设工作逐步走向规范化。截至 2019 年，已建成豫西大峡谷、豫西百草园、双龙湾 3 个国家 4A 级景区和汤河裸浴养生度假区；正在建设大鲵湾、冠云山、红石谷·樱桃沟等一批特色景区和官道口镇、汤河乡等一批民宿项目；建成乡村旅游示范点 22 个，10 条旅游精品线路打造初见成效，5 个特色旅游小镇已相继启动。

三、创新扶贫模式，发挥示范带动

近年来，通过建立机制、结对扶贫、参与分享旅游红利等途径，卢氏县 1020 户 3850 名贫困人口通过参与旅游产业直接或间接实现增收脱贫目标，卢氏县也成功创建河南省旅游扶贫示范县。

一是推进旅游景区建设带动扶贫。积极引导支持景区发展，通过景区来带动周边群众致富。如豫西百草园景区核心的民俗古村落，原来已是残垣断壁，多年无人居住。经重新修缮一新后，把破旧的小山村变成了民俗村，经营起了美食大院、休闲书屋、老物件展示馆、特色购物商店等，该村原村民，每年可从经营收入中，得到不菲的分红。所以，就形成了远近闻名的参与劳动有"薪金"、土地流转有"租金"、房屋入股有"股金"的"三金扶贫模式"。从

2016 年开始，景区就与周边几个村，签订长期扶贫用工和土地流转合同，景区的 2500 亩中药花海，均是附近贫困户村民进行种植、维护，每年参与此项工作的村民超过 120 多人，年纪较大的贫困户，景区就聘用为卫生员，负责园区内的日常保洁清理。这样很多村民就可以在家门口务工，又能挣工资、又能拿土地流转费、还能照顾老人。该扶贫模式，曾吸引来自全国 100 个县领导参观学习。

二是加快乡村旅游扶贫示范村建设带动扶贫。通过打造乡村旅游示范点，给当地带来了人气、为贫困户创造了就业机会、增加了贫困户收入。如文峪乡抓住全县旅游大发展的好时机，大力发展乡村旅游，近年来，总投资 1100 余万元，将 54 户民居改造成白墙灰瓦、具有豫西特色的传统民宅，改造提升农家乐 12 户；聘请民间艺人手绘了以樱桃、农耕、道德为主要内容的文化长廊；修建景区道路，铺设污水管网，安装太阳能路灯，打造农耕文化墙、百福墙、樱桃卖场等八处景点；新建景区大门楼、游客服务中心、停车场和两个旅游公厕，完成了道路两旁绿化亮化工程；栽植新品种樱桃 10 万株，油菜花 500 余亩，改良樱桃 6 万株，通过基础设施的改善，环境卫生的整治和樱桃产业发展，庙沟村焕发出新的光彩；举办了"最具卢氏特色"乡村美食评选大赛活动、2018"卢氏赏花季·美丽自由行"启动仪式，大大提高卢氏乡村旅游的知名度。今年樱花盛开时间，全乡旅游接待超 3000 人次。

三是打造精品旅游线路带动扶贫。充分发挥乡村资源优势，重点开发建设了一批特色小镇，开发乡村旅游精品线路，在主要乡村旅游公路沿线建设生态旅游长廊，打造一系列农旅结合、生态休闲、文化体验、自驾露营等特色乡村旅游产品，吸引自驾游、探险游、背包族等新业态游客。如双龙湾镇把旅游产业发展作为推动镇域经济转型升级，保护和改善人居环境，加快第三产业的发展的重中之重，充分发挥政府的主导作用，补好基础设施上的短板，优化旅游"软硬"件条件。投资 1300 万元对省道 250 线至景区 7 千米旅游道路进行了拓宽改造；投资 900 万元对景区大门口至东虎岭高家沟停车场 5 千米道路进行了改建；投资 8000 余万元对蚂蚁岭至上店街段进行了升级国道改建；投资 1200 万元建设了龙驹至双槐树旅游公路；投资 2000 余万元建设了曲里至东虎岭旅游公路，极大地提高了双龙湾的通行能力；投资 600 万元在双龙湾景区内建设大型生态停车场 3 座，在国道 344 沿线建设旅游休憩点 7 处，实行了大小车分区，安排专人管理，极大地方便了旅游车辆的进入、停放和短暂休息；投资 300 余万元升级改造环保卫生间 9 座，完全满足游客需要；投资 800 万元建设了双龙湾景区、磨口街、东虎岭村 3 座游客服务中心，建成景区渔台山庄酒店、双龙湾大酒店、漓江宾馆等 4 家规模酒店和 40 余家农家宾馆，可同时接待 5000 人就餐，3500 余人住宿，助推当地群众脱贫。

四是发展旅游产业带动脱贫。在全县发展连翘产业，建设了文峪乡望家山、豫西百草园、范里镇西庄村生态休闲园等集休闲观光、科普科研于一体的连翘产业观光园、度假村。举办了豫西大峡谷连翘花节，成立连翘专业合作社 80 余家，开发连翘茶，带动 6000 余户 2.3 万贫困人口增加收入。其中，双龙湾镇东虎岭村因为种植连翘获得了收益，摆脱了贫困，还成了省级乡村旅游示范村。再如，横涧乡淤泥河村充分发挥该村桑蚕资源优势，采取"公司 + 农户"模式，带动群众共同参与乡村旅游综合开发，走"桑—蚕—菌—茶—果—丝—旅"三产融合道路，实现农游一体化。

四、注重品牌建设，提升综合形象

积极举办参加各类节庆、赛事活动，利用各类媒介大力宣传卢氏旅游，提升了卢氏旅游知名度和美誉度。

一是举办 2018、2019 "卢氏赏花季·美丽自由行"启动仪式、2018 卢氏越野精英挑战赛暨第二届深呼吸小城迷你马拉松赛、老家河南·卢氏首届爆米花节等一系列活动，吸引大量外来游客前来游赏观光，有力地带动了餐饮、农产品销售等相关产业发展，激发了全域旅游全民创建的动力。

二是坚持绿色发展理念，大力推进大气、水、土壤污染防治攻坚战，全县环境质量得到持续改善。全年优良天数、PM10、PM2.5 浓度等各项指标均排全省前列、全市首位。累计创建国家级生态乡镇 1 个，省级生态乡镇 10 个，省级生态村 46 个，市级生态村 48 个。卢氏先后荣获"国家级生态示范县""中华民族文化旅游生态名县""中国优秀休闲度假旅游县""美丽中国·生态旅游十佳示范县"、大中华区"十佳绿色生态旅游目的地""全国休闲农业与乡村旅游示范县"、全国"最具绿色宜居投资潜力城市""华旅奖·2017 全国最佳乡村旅游示范县""百佳深呼吸小城十佳示范城市""首批国民休闲旅游胜地"和"中国天然氧吧"等称号，卢氏旅游形象全面提升，旅游扶贫带动效应明显，于 2018 年底被评为"河南省乡村旅游扶贫示范县"。

下一步，卢氏县将继续以全域旅游创建为抓手加大招商引资力度，积极指导贫困村高标准打造乡村旅游点，并通过培育产业融合发展、科学布局扶贫项目、搭建创业就业平台、推动基础设施提档升级、宣传推介特色旅游产品等举措，以

"旅游＋文化"促进文旅共进,"旅游＋农业"促进农旅一体,以"旅游＋城镇"促进产城融合,以"旅游＋服务业"促进三产优化,以业态的多样化促进旅游与其他产业融合发展,探索出一条以旅游精准扶贫助力脱贫攻坚、助推乡村振兴的发展之路。

(卢氏县文旅局)

附　录

2020 年中国国土经济高质量发展大事记

2020 年 1 月 9 日　为了搭建国土综合整治政府、银行、企业合作平台，湖北省自然资源厅、中国农业发展银行湖北省分行、湖北省长江产业投资集团有限公司共同签署了《共同开展全域国土综合整治助推乡村振兴和生态文明合作协议》，提出在未来 5 年内，中国农村发展银行湖北分行计划提供不低于 1000 亿元的意向性融资支持，推进全域国土综合整治。

2020 年 2 月 12 日　国家发展改革委印发了《生态综合补偿试点县名单的通知》，公布包括安徽省、福建省、江西省、海南省等在内的 10 省份共 50 个生态综合补偿试点县名单。

2020 年 2 月 28 日　国家发展改革委印发了《美丽中国建设评估指标体系及实施方案》的通知，方案指出，美丽中国建设评估指标体系包括空气清新、水体洁净、土壤安全、生态良好、人居整洁 5 类，按照突出重点、群众关切、数据可得的原则，注重美丽中国建设进程结果性评估，分类细化提出 22 项具体指标。

2020 年 3 月 17 日　国家发展改革委发布了《北京市通州区与河北省三河、大厂、香河三县市协同发展规划》，对于推进北京非首都功能疏解、优化首都发展格局、建设以首都为核心的世界级城市群、保障北京城市副中心高质量发展具有深远的意义。

2020 年 3 月 31 日　河南省自然资源厅印发了《2020 年度全省村庄规划工作意见》，明确指出开展"百镇千村规划"工程，年底前所有地区在县域层面编制完成村庄分类和布局规划，进一步提升乡村地区规划管理水平，优化乡村生产生活生态空间，促进乡村振兴。

2020 年 4 月 3 日　国家发展改革委印发了《2020 年新型城镇化建设和城乡融合发展重点任务》的通知，提出了 2020 年我国城镇化和城乡融合发展的重点任务，强调要提高转移人口市民化质量、优化城镇化空间格局、提升城市综合承载能力、加快推进城乡融合发展。

2020年4月8日　北京市人民政府印发了《北京市战略留白用地管理办法》，规定在全市2760平方千米城乡建设用地范围内统筹划定约132平方千米战略留白用地，实施城乡建设用地与建筑规模双控，原则上2035年前不予启用。

2020年5月13日　深化甘青合作推进兰州西宁城市群高质量发展工作会议暨签约仪式在兰州举行，甘肃省和青海省签署了《深化甘青合作共同推动兰州—西宁城市群高质量协同发展框架协议》，有关地区签署了市（州）级合作框架协议，有关部门还签署了10个专项领域合作行动计划。

2020年5月14日　自然资源部印发了《关于加快宅基地和集体建设用地使用权确权登记工作的通知》，要求各地要以未确权登记的宅基地和集体建设用地为工作重点，按照不动产统一登记要求，加快地籍调查，对符合登记条件的办理房地一体不动产登记。

2020年5月17日　中共中央、国务院印发了《关于新时代推进西部大开发形成新格局的指导意见》，提出要确保到2020年西部地区生态环境、营商环境、开放环境、创新环境明显改善，与全国一道全面建成小康社会；到2035年，西部地区基本实现社会主义现代化，基本公共服务、基础设施通达程度、人民生活水平与东部地区大体相当，努力实现不同类型地区互补发展、东西双向开放协同并进、民族边疆地区繁荣安全稳固、人与自然和谐共生。

2020年5月22日　自然资源部办公厅印发《关于加强国土空间规划监督管理的通知》，明确提出对国土空间规划实行全周期管理，要求依法依规编制规划并监督实施规划，防止出现违规编制、擅自调整、违规许可、未批先建、监管薄弱以及服务意识不强、作风不实等问题。

2020年5月29日　国家发展改革委印发了《关于加快开展县城城镇化补短板强弱项工作的通知》，规划包含推进县城城镇化补短板强弱项工作的总体要求、主要任务、要素保障和组织实施，公布了涵盖24个省份的共120个县城新型城镇化建设示范名单。

2020年6月3日　国家发展改革委、自然资源部发布《全国重要生态系统保护和修复重大工程总体规划（2021－2035年）》，系统分析了我国生态保护和修复面临的形势和主要问题，明确提出到2035年全国生态保护和修复工作的总体要求、基本原则和主要目标，提出了9项重大工程以及保障措施，形成了推进全国重要生态系统保护和修复重大工程的基本框架，对推动全国生态保护和修复工作具有战略性、指导性作用。

2020年6月29日　《黄河青海流域国土空间规划（2020－2035年）》通过评审，规划提出要坚持黄河流域"共同抓好大保护、协同推进大治理"的规划导向，以实现生态保护和高质量发展为主线，优化主体功能区，调整国土空间开发保护格局，守住国土安全底线，明确不同空间保护、修复和合理开发利用的空间策略。

2020 年 7 月 14 日　山西省林业和草原局印发了《关于推进黄河流域国土绿化高质量发展的通知》，提出加快黄河流域国土绿化步伐，确保到 2025 年宜林荒山实现基本绿化。

2020 年 8 月 21 日　中共中央、国务院批准《首都功能核心区控制性详细规划（街区层面）（2018 年 – 2035 年）》，批复指出，首都功能核心区是全国政治中心、文化中心和国际交往中心的核心承载区，是历史文化名城保护的重点地区，是展示国家首都形象的重要窗口地区。要深刻把握"都"与"城"、保护与利用、减量与提质的关系，把服务保障中央政务和治理"大城市病"结合起来，推动政务功能与城市功能有机融合，老城整体保护与有机更新相互促进，建设政务环境优良、文化魅力彰显、人居环境一流的首善之区。

2020 年 8 月 26 日　云南省人民政府印发《滇中城市群发展规划》，提出了滇中城市群的规划背景和总体要求，主要内容包含构建适应资源环境承载能力的空间格局、构建现代产业体系、完善互联互通的基础设施网络、共建生态美丽宜居环境、提升对外开放水平等，共六个方面。

2020 年 9 月 9 日　自然资源部等 7 部门明确指出，农民的宅基地使用权可依法由城镇户籍子女继承并办理不动产登记，明晰了农村宅基地的产权特质，解决了长期存在于现实中的宅基地继承问题，对于促进城乡要素双向流动、推动农村转移人口市民化和保障农民财产权益具有重要意义。

2020 年 9 月 10 日　国务院办公厅印发了《关于坚决制止耕地"非农化"行为的通知》，明确提出严禁违规占用耕地绿化造林、严禁超标准建设绿色通道、严禁违规占用耕地挖湖造景、严禁占用永久基本农田扩大自然保护地、严禁违规占用耕地从事非农建设、全面开展耕地保护检查、严格落实耕地保护责任等要求，坚决守住耕地红线。

2020 年 9 月 17 日　国家林业和草原局公布 39 处全国首批国家草原自然公园试点建设名单，涵盖温性草原、草甸草原、高寒草原等多种类型，标志着我国国家草原自然公园建设正式开启。

2020 年 9 月 22 日　自然资源部办公厅印发《关于开展省级国土空间生态修复规划编制工作的通知》，提出了省级国土空间生态修复规划编制工作的总体要求、基础工作、规划布局、目标和安排，要求依法履行统一行使所有国土空间生态保护修复职责，统筹和科学推进山水林田湖草一体化保护修复。

2020 年 9 月 22 日　自然资源部办公厅印发《市级国土空间总体规划编制指南（试行）》的通知，指导和规范市级国土空间总体规划编制工作，明确了市级国土空间总体规划的定位、工作原则、规划范围、期限和层次等，并对编制主体与程序、成果形式作出了规定。

2020 年 9 月 23 日　中共中央办公厅、国务院办公厅印发了《关于调整完善土地出让收入使用范围优先支持乡村振兴的意见》，提出了调整完善土地出让收入使用范围的总体要求、重点举措和保障措施，提高了土地出让收入用于农业农村的比例，是实现乡村振兴、城乡融合发展的重大改革措施。

2020 年 10 月 15 日　以"开放合作、共赢共享"为主题，2020 中国海洋经济博览会在深圳举行，吸引了 608 家国内外海洋领域的龙头企业参展。随后，自然资源部部长、国家自然资源总督察陆昊出席并主持召开了"海洋经济高质量发展企业家座谈会"。

2020 年 11 月 2 日　习近平总书记对推进农村土地制度改革、做好农村承包地管理工作作出重要指示，强调要坚持把依法维护农民权益作为出发点和落脚点，坚持农村土地农民集体所有制不动摇，坚持家庭承包经营基础性地位不动摇，扎实推进第二轮土地承包到期后再延长 30 年工作，使农村基本经营制度始终充满活力。

2020 年 11 月 5 日　自然资源部举行《社会资本参与国土空间生态修复案例（第一批）》新闻发布会，公布了第一批社会资本参与国土空间生态修复的 10 个示范性案例，为各地吸引社会资本参与生态保护修复提供借鉴。

2020 年 11 月 17 日　自然资源部办公厅印发《国土空间调查、规划、用途管制用地用海分类指南（试行）》的通知，建立了全国统一的国土空间用地用海分类，为科学规划和统一管理自然资源、合理利用和保护自然资源，加快构建国土空间开发保护新格局奠定了重要工作基础。

2020 年 12 月 10 日　国家发展改革委、自然资源部发布了《中国海洋经济发展报告 2020》，全面总结了 2019 年全国和沿海地方海洋经济发展情况。报告指出，2019 年，我国海洋生产总值超过 8.9 万亿元，比上年增长 6.2%。海洋经济对国民经济增长的贡献率达到 9.1%，海洋经济三次产业结构为 4.2∶35.8∶60.0。

2020 年 12 月 14 日　住房和城乡建设部与辽宁省人民政府签署合作框架协议共建城市更新先导区。提出要以部省共建城市更新先导区为契机，推动辽宁省城市结构调整优化和品质提升，转变城市开发建设方式，不断提升城市人居环境质量、人民生活质量、城市竞争力，走出一条内涵式、集约型、绿色化的老工业基地城市高质量发展新路。

2020 年 12 月 15 日　国务院同意设立新疆塔城重点开发开放试验区，对于深化与周边国家全面合作，推进共建"一带一路"高质量发展，打造我国西北地区重要的国际合作平台，促进生产要素集聚，增强内生发展动力，形成沿边地区新的经济增长极具有重要意义。

2020 年 12 月 26 日　第十三届全国人民代表大会常务委员会第二十四次会议通过《中华人民共和国长江保护法》（以下简称《长江保护法》），旨在加强长江流域生态环境保护和修复，促进资源合理高效利用，保障生态安全，实现人与自然和谐共生和中华民族永续发展。《长江保护法》明确了长江流域的法律属性，确立了"生态优先、绿色发展"的基本原则，创新了长江流域管理体制机制，为中国流域治理和高质量发展提供了宝贵示范。

（黄　艳　整理）

2020 年关于国土经济高质量
发展的政策文献

发文机关	文件名称	主要内容
中共中央办公厅、国务院办公厅	《关于调整完善土地出让收入使用范围优先支持乡村振兴的意见》	要坚持农业农村优先发展，调整土地出让收益城乡分配格局，稳步提高土地出让收入用于农业农村比例，集中支持乡村振兴重点任务
中共中央办公厅、国务院办公厅	《关于构建现代环境治理体系的指导意见》	提出了构建现代环境治理体系的总体要求和基本原则，提出到 2025 年形成导向清晰、决策科学、执行有力、激励有效、多元参与、良性互动的环境治理体系
中共中央、国务院	《关于新时代推进西部大开发形成新格局的指导意见》	提出了推进西部大开发形成新格局的总体要求，主要内容包括贯彻新发展理念，推动高质量发展、加大西部开放力度、加大美丽西部建设力度、坚定不移推动重大改革举措落实等
国务院	《关于促进国家高新技术产业开发区高质量发展的若干意见》	指出要以深化体制机制改革和营造良好创新创业生态为抓手，以培育发展具有国际竞争力的企业和产业为重点，以科技创新为核心着力提升自主创新能力，围绕产业链部署创新链，围绕创新链布局产业链，培育发展新动能，提升产业发展现代化水平，将国家高新区建设成为创新驱动发展示范区和高质量发展先行区
国务院办公厅	《关于防止耕地"非粮化"稳定粮食生产的意见》	提出要充分认识防止耕地"非粮化"稳定粮食生产的重要性紧迫性，坚持把确保国家粮食安全作为"三农"工作的首要任务，坚决防止耕地"非粮化"倾向，强化激励约束，落实粮食生产责任
国务院办公厅	《关于推动都市圈市域（郊）铁路加快发展意见》	指出要积极有序推进都市圈市域（郊）铁路建设，统筹规划布局，加强资源共享，创新投融资模式，优化运营服务，强化与城市建设有机衔接、深度融合，进一步增强市域（郊）铁路运营供给能力、提高服务水平

发文机关	文件名称	主要内容
国家发展改革委	《美丽中国建设评估指标体系及实施方案》	提出了面向2035年"美丽中国目标基本实现"的愿景，按照体现通用性、阶段性、不同区域特性的要求，聚焦生态环境良好、人居环境整洁等方面，构建包括空气清新、水体洁净、土壤安全、生态良好、人居整洁5类指标体系，由第三方机构开展美丽中国建设进程评估
国家发展改革委	《2020年新型城镇化建设和城乡融合发展重点任务》	要求坚持新发展理念，加快实施以促进人的城镇化为核心、提高质量为导向的新型城镇化战略，提高农业转移人口市民化质量，增强中心城市和城市群综合承载、资源优化配置能力，推进以县城为重要载体的新型城镇化建设，促进大中小城市和小城镇协调发展，提升城市治理水平，推进城乡融合发展，实现1亿非户籍人口在城市落户目标和国家新型城镇化规划圆满收官
国家发展改革委	《关于加快开展县城城镇化补短板强弱项工作的通知》	要求抓紧补上疫情暴露出的县城城镇化短板弱项，大力提升县城公共设施和服务能力，促进公共服务设施提标扩面、环境卫生设施提级扩能、市政公用设施提档升级、产业培育设施提质增效，适应农民日益增加的到县城就业安家需求
自然资源部办公厅	《关于加强国土空间规划监督管理的通知》	要求规范规划编制审批，不在国土空间规划体系之外另行编制审批新的土地利用总体规划、城市（镇）总体规划等空间规划，不再出台不符合新发展理念和"多规合一"要求的空间规划类标准规范，建立健全国土空间规划"编""审"分离机制
自然资源部办公厅、财政部办公厅、生态环境部办公厅	《山水林田湖草生态保护修复工程指南（试行）》	"山水工程"的实施提出总体要求，明确了保护修复原则和一般规定，并对"山水工程"实施范围和期限、工程建设内容及自然生态空间保护修复、技术流程、监测评估和适应性管理、工程管理等，有针对性地提出了具体要求
自然资源部办公厅	《国土空间调查、规划、用途管制用地用海分类指南（试行）》	明确了国土空间调查、规划、用途管制用地用海分类应遵循的总体原则与基本要求，提出了国土空间调查、规划、用途管制用地用海分类的总体框架及各类用途的名称、代码与含义。主要内容包括：总则、一般规定、用地用海分类

续表

发文机关	文件名称	主要内容
自然资源部办公厅	《关于进一步做好村庄规划工作的意见》	提出要统筹城乡发展，有序推进村庄规划编制，全域全要素编制村庄规划。在规划中尊重自然地理格局，彰显乡村特色优势，精准落实最严格的耕地保护制度。工业布局要围绕县域经济发展，原则上安排在县、乡镇的产业园区。规划编制和实施要充分听取村民意见，反映村民诉求
自然资源部	《关于加快宅基地和集体建设用地使用权确权登记工作的通知》	要求各地以未确权登记的宅基地和集体建设用地为工作重点，按照不动产统一登记要求，加快地籍调查，对符合登记条件的办理房地一体不动产登记。坚持不变不换原则，不动产统一登记制度实施前，各历史阶段颁发的宅基地和集体建设用地使用权证书继续有效，对有房地一体不动产登记需求的，完成地上房屋补充调查后办理登记
自然资源部	《关于2020年土地利用计划管理的通知》	提出了2020年土地利用的总体要求、配置方式、激励政策和考核方式。要求在控制总量的前提下，计划指标跟着项目走，切实保障有效投资用地需求。坚持节约集约用地，统筹安排新增和存量建设用地，推动全面高质量发展
自然资源部、农业农村部	《关于保障农村村民住宅建设合理用地的通知》	提出了包括计划指标单列、改进农村村民住宅用地的农转用审批、加强规划管控、统一落实耕地占补平衡等在内的相关要求。明确指出农村村民住宅建设要依法落实"一户一宅"要求，严格执行各省（自治区、直辖市）规定的宅基地标准，不得随意改变
生态环境部、财政部	《关于加强土壤污染防治项目管理的通知》	旨在加强中央土壤污染防治专项资金支持项目管理，规范项目管理程序，提高资金的使用效益，明确规定了土壤污染防治项目的类型与周期，项目管理分工和项目管理程序
农业农村部、国家林业和草原局、国家发展改革委、财政部、科学技术部、自然资源部、水利部	《中国特色农产品优势区管理办法（试行）》	旨在加强中国特色农产品优势区管理，做大做强特色农业产业，塑强中国农业品牌，提升农业竞争力，促进农民增收致富，明确指出了特色农产品优势区的特征、认定条件、组织管理以及监测与评估方法

（黄 艳 整理）

后　　记

2020 年 1 月 5 日，由中国国土经济学会主持的《中国国土经济高质量发展报告》编撰工作正式启动，为了保证发展报告的权威性、科学性，学会成立了学术指导委员会，由学会首席顾问、第九至十二届全国政协人口资源环境委员会副主任的江泽慧院长任学术指导委员会主任，学会首席顾问、著名经济学家、国家发改委原副秘书长范恒山任主编。经过一年多时间的精心编撰，本报告终于出版。

本报告编撰过程中，范恒山两次召开编写委员会会议，确定编辑大纲并对报告内容进行系统指导，肖金成负责统稿。本报告的写作分工为：总论篇，肖金成、安树伟、董红燕、李瑞鹏、庞晓庆；专题一，张俊祥、王宏广；专题二，史育龙、王大伟；专题三，李国平、朱婷；专题四，严金明、董立宽、郭栋林、赵哲；专题五，谷树忠、王兴杰；专题六，董祚继、孟海燕。肖金成、杨巧英、王京涛、张云慧、丁小伦、陈志强在案例征集和整理过程中做了大量工作，同时，学会"一城三区"和部分中小城市的领导和相关部门负责人为本报告提供了部分案例，在此一并感谢。

本报告出版得到了智慧旅游河南省协同创新中心、旅游管理河南省特色骨干学科和旅游管理国家级一流本科专业（洛阳师范学院）的大力支持，在此特别致谢！

囿于编撰工作、组织工作复杂，本报告可能存在许多不足和错讹，深望各界前辈、专家和有识之士不吝赐教！

《中国国土经济高质量发展报告》编写委员会办公室
2021 年 8 月 10 日